U0895098

湖北省社科基金2014年项目成果

严鹏　著

地区产业竞争力之演化：湖北纺织工业的发展（1800—2012）

华中师范大学出版社

新出图证(鄂)字10号

图书在版编目(CIP)数据

地区产业竞争力之演化:湖北纺织工业的发展(1800—2012)/严鹏著.—武汉:华中师范大学出版社,2016.4

ISBN 978-7-5622-7328-8

Ⅰ.①地… Ⅱ.①严… Ⅲ.①纺织工业—工业史—湖北省—1800～2012 Ⅳ.①F426.81

中国版本图书馆CIP数据核字(2016)第079763号

地区产业竞争力之演化:湖北纺织工业的发展(1800—2012)

作　　者:严　鹏©

责任编辑:古　沁　　**责任校对:**缪　玲　　**封面设计:**罗明波

编 辑 室:学术出版中心　　**电　　话:**027－67863220

出版发行:华中师范大学出版社有限责任公司

社址:湖北省武汉市洪山区珞喻路152号

电话:027－67863040(发行部)　027－67861321(邮购)

传真:027－67863291

网址:http://www.ccnupress.com　　**电子邮箱:**press@mail.ccnu.edu.cn

印刷:武汉鑫昶文化有限公司　　**督印:**王兴平

字数:291千字

开本:710mm×1000mm　1/16　　**印张:**17.75

版次:2016年4月第1版　　**印次:**2016年4月第1次印刷

定价:44.00元

欢迎上网查询、购书

自　序

我对于纺织工业的研究，多少出自意外。

本科尚未毕业时，受“徐工并购案”的影响，我已经确定了要将机械工业作为今后研究的课题，也得到了导师彭南生教授的认可。在近代中国的机械企业中，上海的大隆机器厂因有一本调研著作行世而最为人所熟知，我查到上海市档案馆与上海市社科院经济研究所均藏有该厂原始资料，遂于本科毕业后的暑假赴沪，希望能依据一手史料展开研究。孰料恰逢上海社科院放暑假，而上海档案馆正对大隆厂的档案进行电子化，完全无法查阅资料，悻悻然逛了几天大上海的著名景点便打道回府了。回到武汉后，深感读研前毫无压力的暑假不能浪费光阴，遂抱着试试看的心情去武汉市档案馆查阅档案。当时并无任何特定目标，只是作为三代以上土生土长的武汉人，乡土情结浓郁，便想着不妨花两个月的时间对抗战前武汉的工业发展做一个全面的资料搜集。这当然只是一个从未查过档案的门外汉的天真想法。而第一次看到发黄的案卷上那些潦草涂画的繁体字时，花了一个下午的时间才勉强读通了几页，沮丧至极。好在一两天就摸索到规律，基本能做到畅读无碍了。与此同时，我也放弃了此前不切实际的想法，决定将精力集中于一种行业。纺织业是近代中国的主导产业，武汉又是晚清、民国的棉纺织工业重镇，我认为这个行业最有研究价值，于是，在武汉市档案馆泡了一整个夏天，尽可能地调阅了1938年之前武汉棉纺织工业的档案。可以说，一开始我确实没想过会研究纺织工业，但对纺织工业的研究竟成为我从事经济史研究的起点。

读研之后，虽仍然心系机械工业，无奈只能假期赴沪查阅档案，平时只好对已抄录的武汉纺织工业档案进行分析，并利用华中师大近代史所资料室的收藏，补充报纸、期刊、调查报告等史料。导师彭南生教授乃研究中国近代手工业史之权威，彼时刚出版《半工业化》一书，我在第一时间仔细拜读后，发现我所搜集的史料呈现出的历史图景，与导师之理论暗合。兴奋之余，与导师数次长谈,得到导师之信任,嘱我深入探讨,并纳入其课题。此后,我多次奔赴湖北省档案馆、上海市档案馆、苏州市档案馆、上海社科院经济所企业史中心等机构,主要精力虽放在机械工业上,但也同时搜罗了更多有关纺织工业的史料。大约在 2008 年,我完成了 15 万字的文稿,结构上已形同一本专著,内容即为 1800—1938 年湖北棉纺织工业的发展史。毫无疑问,那 15 万字的文稿是本书的基础。最初的底稿是按照彭南生教授的“二元工业化”理论进行架构的,重点分析近代湖北棉纺织业中的城市工业企业与农村手工业之间的关系。作为课题的一部分,原稿中有关手工业的部分已整合进《固守与变迁:民国时期长江中下游农村手工业经济研究》,感兴趣的读者尽可参阅。本书虽不可避免仍涉及近代手工纺织业,但考虑到前书已出,就对相关部分进行了最大限度的精简与压缩,而突出前书所无的城市纺织工业。

在完成前述 15 万字的文稿后,我便专心研究机械工业,但平时若发现有关湖北纺织工业的史料,仍会留心,并对文稿进行补充。2009 年,我读到《穷国的〈国富论〉》,开始皈依演化发展经济学,并与该书编著者中国人民大学经济学院的贾根良教授取得联系。从此,我开始构想一个问题:能否复兴德国历史学派式经济学?德国历史学派主张通过长期、演化的视角来研究经济,并强调经济发展的时空相对性特征。然而,与流行的误解不同的是,德国历史学派并非没有理论,只不过,该学派认为,在积累足够多的经验案例研究之前,最好不要轻易构建一般性理论。是故,该学派的领袖施穆勒,也曾对普鲁士的纺织业进行过专门研究,借以伸张其关于重商主义之理论。我赞同此种将历史与理论相结合并优先展开个案研究的态度。因此,在向贾根良教授问学后,我一直保持着对中国演化经济学年会的参与,也参加了贾老师创建新李斯特主义经济学的活动。李斯特,这位德国历史学派的先驱,自然是在当代复兴历史学派可以借鉴的思想资源。在学习演化发展经济学的过程中,我也在思考如何构建一个一般性的演化理论,作为分析历史的工具。2013 年,借用演化发展经济学的思想,我完成了关于机械工业的博士学位论文,并提出了“战略性工业化”这一理论构想。预答辩及答辩过程中,均有老师提出:演化发展经济学的理论是否具有普适性?能否运用于机械工业之外的其他产业?——这对我提出了挑战。恰好,我想到手头还有 15 万字关于湖北棉纺织工业的文稿,遂决定将其重新架构,使之成为演化发展经济学理论的一个经验样本。由于之前的文稿在时段上仅考察到武汉沦陷前,我感到视角还不够长，就利用博士答辩后的空闲时间，重新进湖北省档案馆搜集史料，重点查阅 1949 年后的档案。另一方面，我认为区域个案研究若无比较视野，意义不大，遂利用在复旦大学历史系跟随朱荫贵教授做在职博士后的机会，又在上海市档案馆查阅了一些新中国成立后上海化纤工业的档案，期望通过比较分析，对当代湖北纺织工业为何在化纤领域出现短板这一现实问题，求得一个历史视角的解答。在复旦学习期间，我坚持去听朱荫贵教授给本科生开设的中华人民共和国经济史课程，获得极大启发，这对于我补完 1949 年后湖北纺织工业的发展史有很大帮助。如是，经过反复锤炼，以及一些意外的挫折，我在 2014 年夏天完成了本书的初稿，并申请到了湖北省社科基金的资助，又花了近一年的时间抽空修改，终于在 2015 年秋天完成了本书定稿。

自然，本书并非一部真正的"湖北纺织工业发展史"，而是以湖北纺织工业的历史轨迹作为案例，探讨地区产业竞争力的长期演化问题。就理论方面来说，本书还有可以继续完善的空间。2014 年，机械工业信息研究院组织翻译、出版了《制造繁荣:美国为什么需要制造业复兴》一书，承蒙吾友陈琛赠阅一本。我清楚地记得我是在高铁上读完了这本小书，当时即有相见恨晚之感。该书提出的"产业公地"概念，与我的一些思考相合，只不过我的理论"提纯度"比该书要低。这自然提示了我今后的努力方向。而以纺织工业本身来说，我国的经济史学界基本还在探讨工业化(industrialization)问题，而发达国家的学者已聚焦于工业衰退(industrial decline)或去工业化(de-industrialization)问题。从发展阶段来说，我国仍是一个正在进行工业化的大国，与发达国家国情有别，但是，我国的局部地区、个别产业，早已经历或正在经历工业衰退，以我家乡武汉的纺织工业来说，这一现象是很明显的。当然，就我国而言，局部地区个别产业的衰退，实际上是产业转移到了国内别的地区，以国家为视角来衡量，总体上并无大碍；然而，一旦如本书这般采取"地区"视角，则个别产业的衰退对于很多具体的、活生生的人来说，却可能是一个长期性的困境——主流经济学家所鼓吹的劳动力的部门间转移，在现实中比在纸面上要困难得多。本书的遗憾在于，对武汉纺织工业的工业衰退现象研究得并不充分，也基本上只是立足于"经济"进行分析，完全没有对工业化(与去工业化)进程中的"社会"给予观照。可以辩解的是，这是本书主旨所决定的。今后如有可能——我是指时间与资金上的保障——我当然希望可以展开一些更加具有历史学人文色彩的研究。但是，在重建历史学派之宏旨下，相当长的一段时间内,我都不会再选择纺织业这一非战略性产业作为系统研究的个案了。

因此,本书可视为我重建历史学派理论基础的一个努力,也是对我初入历史专业学习所得的一个总结,亦是我以省为单位研究产业演化问题的一个尝试。这三层面向,今后或继续展开,或暂时收止,然则,复兴历史学派之志业仍将持之不懈。

2015 年 10 月 30 日

目录

地区产业竞争力之演化：湖北纺织工业的发展(1800—2012)

导论　变动中的地区产业竞争力

经济发展具有空间不平衡性，地区间的产业竞争乃经济史上最基本的现象之一。从宏观角度看，这种竞争体现为民族国家间的竞争，从微观角度看，竞争主体实为单个之企业。国家作为企业发展所无法忽视的背景固毋庸赘言[①]，但一国之内，企业又植根于特定地区，该地区遂构成企业发展所依托的具体的空间背景。同一产业在一国内部不同地区具有相异的发展可能性，而不同地区之间也会产生激烈的竞争，导致资本的流动与产业的兴衰[②]。因此，国家内部的"地区"实为研究产业发展不可回避的分析单位。尤其对于中国这样的洲级大国，某一省区在规模上往往可以匹敌某个国家，分区研究更显必要。本书拟以湖北纺织工业的发展为个案，考察该地区这一主要产业的长期演化态势，从历史的角度剖析影响地区产业竞争力的诸要素。

一、产业竞争优势的历史审视

在经济思想史上，对产业竞争力问题的探讨可以溯源至重商主义(mercantilism) 时代。目前，绝大部分讨论产业经济的著述，都会对相关理论加以铺叙。概括地说，相关研究存在着一个由比较优势（comparative advantage）理论到竞争优势（competitive advantage）理论的范式转移。实际上，竞争优势理论对比较优势理论的替代，从本质上说是将静态的比较优势动态化的过程。而这一理论上的动态化，突显了时间与演化的重要性，进而也就突显了历史研究的意义。从历史角度审视产业竞争优势，无论是基于资源的比较优势，抑或是人为构筑的竞争优势，都相当重要，关键则

① 迈克尔·波特：《国家竞争优势》（上），李明轩等译，中信出版社 2012 年版，第 61 页。

② Laurence F. Gross: *The Course of Industrial Decline: The Boott Cotton Mills of Lowell, Massachusetts, 1835-1955*, Baltimore & London: The Johns Hopkins University Press, 1993, p. 240.

在于产业持续进化的能力。

（一）作为正统的比较优势论

比较优势理论或比较优势原则，在现代经济学中占据着正统理论的地位。比较优势理论最初被用于解释国际贸易，即如果各国专门生产和出口其生产成本相对低的产品，就会从贸易中获益[①]。换言之，各国应该利用其固有资源禀赋展开自由贸易，以增进彼此福利。恰如该理论创始者大卫·李嘉图（David Ricardo）所言："如果一位制造商用等量资本在煤炭丰富的地方比煤炭稀少的地方生产更多的铁，那么国家就会从这笔差额中受益。如果任何地方都没有丰富的煤炭，如果他进口铁，并用等量的资本和劳动所生产出来的一种商品换取这种增加量，他便以同样的方式用铁的这种增加量使其国家受益。"[②] 由此可见，比较优势理论虽主要是为了解释国际贸易，但由于贸易的基础是商品生产，该理论也是一种产业发展理论。进一步说，由于比较优势理论强调资源对于产业发展的主导作用，该理论不仅可用来分析国家，更可用以分析小范围的地区。

在现代西方主流经济学的理论体系中，比较优势理论被认为"是经济学中最深刻的真理之一"[③]。实际上，尽管比较优势理论是李嘉图创造的，但其思想内核却师承亚当·斯密（Adam Smith），强调的是经济发展的"自然进程"（the natural course of things）。在斯密看来，自由市场（free market）这只"看不见的手"（an invisible hand）在引导个人无意识地追求自身利益时，可以促进社会公益，其效果远胜于他有意为之，由此推论，一个国家在能够进口更便宜的外国商品时却自行制造是愚蠢的[④]。斯密的这一观点与比较优势原则的政策推论是一致的。故李嘉图亦认为"在商业完全自由的体制下，各国都必然地将其资本和劳动用于对本国最有利的方面"[⑤]。在当代经济学界，斯密理论的传人，如杨小凯，明确指出："经济

① 保罗·萨缪尔森，威廉·诺德豪斯：《经济学》，萧琛等译，人民邮电出版社2004年版，第241页。

② 大卫·李嘉图：《政治经济学及赋税原理》，周洁译，华夏出版社2005年版，第225—226页。

③ 保罗·萨缪尔森，威廉·诺德豪斯：《经济学》，萧琛等译，人民邮电出版社2004年版，第246页。

④ Adam Smith: *The Wealth of Nations*, New York: Bantam Dell, 2003, pp. 572-573.

⑤ 大卫·李嘉图：《政治经济学及赋税原理》，周洁译，华夏出版社2005年版，第94页。

发展的根本在于依靠市场的力量，而不是政府无谓的干预。"[1] 这一"市场的力量"，若细究起来，其实质即在于比较优势原则对产业演化的引导。而在将比较优势原则提升至"战略"高度的学者看来，该原则的要点在于"资源的约束"[2]。

尽管比较优势理论在现代经济学体系中占据正统地位，但自其诞生以来，即饱受诟病，而在对比较优势论的长期批判中，竞争优势论逐渐兴起。

（二）对比较优势论的反思

根据马克思主义的见解，经济学理论是为特定的利益群体服务的，这一观点证诸比较优势论尤为明显。在李嘉图的时代，英国是全球第一个工业化国家，若按照比较优势原则展开自由贸易（free trade），英国的工业制成品能保持对其他国家的优势，赚取更大的附加价值，并诱导其他国家成为英国工业的产品市场及原料产地。这种前景令美国、德国等国的一批精英感到忧虑，遂从政策上采取提高关税等保护本国民族工业的措施，从理论上构造出反对比较优势论的幼稚产业（infant industry）保护论。幼稚产业保护论的代表性人物为德国人李斯特（F. List）。李斯特对于以斯密、李嘉图为代表的英国正统经济学持强烈批判态度，他主张落后国家如德国应致力于工业化。李斯特认为，国家"如果感觉到自己有能力发展成为一个工业强国，就必须采用保护制度"，而这种制度首要的任务是"把外国工业品逐渐从我们市场排除出去"[3]。与李嘉图对固有资源禀赋的强调不同，李斯特更注重人为因素在经济发展中的作用，他写道："不论何处，不论何时，国家的福利同人民的智力、道德与勤奋总是成正比例的，财富就随着这些因素而增进或减退；但是个人的勤奋与俭约、创造与进取，如果没有内政上的自由、适当的公共制度与法律、国家行政与对外政策，尤其是国家的团结和权力这些方面的支持，就决不会有任何重大的成就。"[4] 李斯特

---

① 杨小凯，张永生：《新兴古典经济学与超边际分析》，社会科学文献出版社 2003 年版，第 134 页。

② 林毅夫，蔡昉等：《中国的奇迹：发展战略与经济改革》，上海三联书店 1999 年版，第 38 页。

③ 李斯特：《政治经济学的国民体系》，陈万煦译，商务印书馆 1997 年版，第 117 页。

④ 李斯特：《政治经济学的国民体系》，陈万煦译，商务印书馆 1997 年版，第 98 页。

的论点实际上已经蕴含迈克尔·波特的国家竞争优势理论的核心要素了[①]。

从理论的角度看，比较优势论比幼稚产业保护论具有更严密的逻辑，更加抽象，并且更能适应数学推导。因此，在正统经济学体系中，比较优势论构成学科的理论基础，而幼稚产业保护论或保护主义迄今并不被一些经济学者所承认。然而，在实践中，那些违背比较优势原则的落后国家往往取得更大的发展，遵循比较优势原则的国家却常常沦为殖民地或依附国[②]。例如，尽管非洲国家“遵循了自己的比较优势”，其工业化却并不成功[③]。这一理论与实践相背离的局面，说明比较优势理论存在着缺陷。反之，保护主义学说虽然不严密，却有其合理内核。其实，尽管学者一般将李斯特作为斯密和李嘉图的对立面，但李斯特与二者具有相通之处。首先，对于正统经济学鼓吹的自由贸易，李斯特并未从根本上表示反对，他只是认为发达国家与发展中国家之间的自由贸易对发展中国家而言是不公平的，无法实现要素配置的最优化。相反，如果发展中国家通过产业升级而与发达国家并驾齐驱，则自由贸易是可行的。换言之，李斯特的学说是一种考虑发展中国家特殊国情的经济学[④]。其次，看似水火不容的李斯特与李嘉图亦有统一的一面。如速水佑次郎所言，李嘉图的比较优势论是一个静态的理论，而在动态的现实经济中可能会出现令该理论失效的严重的市场失灵，故李斯特将之扩展为一个“可应用于以生产成本结构发生重大变化为特征的长期发展过程的动态理论”[⑤]。因此，尽管当代研究产业竞争力的学者对保护主义仍莫衷一是，但多与李斯特一样，将比较优势视为动态可变的，从而提出竞争优势的概念。其最具代表者如迈克尔·波特，批评比较

---

① 关于两者之关联的详尽分析，参见：埃里克·赖纳特：《竞争力及其思想先驱：五百年跨国比较的视角》，埃里克·赖纳特，贾根良主编：《穷国的国富论：演化发展经济学论文选》下卷，贾根良等译，高等教育出版社 2007 年版，第 114—135 页。

② 可参考：梅俊杰：《自由贸易的神话：英美富强之道考辨》，上海三联书店 2008 年版；张夏准：《富国陷阱：发达国家为何踢开梯子？》，肖炼等译，社会科学文献出版社 2009 年版。

③ 林毅夫：《新结构经济学：反思经济发展与政策的理论框架》，苏剑译，北京大学出版社 2012 年版，第 151 页。

④ 大河内一男：《过渡时期的经济思想——亚当·斯密与弗·李斯特》，胡企林等译，中国人民大学出版社 2000 年版，第 214 页。

⑤ 速水佑次郎，神门善久：《发展经济学——从贫困到富裕》，李周译，社会科学文献出版社 2009 年，第 213 页。

优势论为“全然静态的概念”，他自己的竞争优势理论则以“动态与不断进化的竞争”为前提[①]。波特的理论认为某个地区的产业欲取得竞争优势，须发展高级生产要素和专业性生产要素，而这两种生产要素“通常是创造出来的”[②]。换言之，经典比较优势理论重视的是地区原有的资源禀赋，竞争优势理论则认为资源禀赋是可以通过人为努力创造的。要之，比较优势不是自然的与绝对的，而是人为的与相对的。这种观点就给产业政策的实施提供了理论依据。

因此，对某个地区的产业来说，其竞争力并非简单由地理资源所决定，而包含着人为努力的可能性。这种人为努力可以打破资源的约束，从长远来看，对产业发展而言是更加根本的。同时，一旦将静态的比较优势视为动态的竞争优势，则时间的重要性不言而喻。对研究而言，这就意味着长时期的历史研究有重要的参考价值。从历史角度审视产业竞争力问题，关键或在于产业是否具有持续进化的能力。

（三）产业持续进化能力

产业持续进化能力，可以指产业在长期演化的过程中，面对变动中的市场环境与政治环境，发展出的适应环境的学习能力。企业“学习能力”这一概念，在演化经济学（Evolutionary Economics）中并非新论。所谓演化经济学，是一种广泛使用生物学尤其是进化生物学隐喻的经济学[③]。此处借用演化经济学的理念，意在表明，产业的竞争力在本质上就是其成功适应外部环境的能力。特定地区的某个产业如同特定生态环境下的某一物种，与其生存的环境逐渐建立起了协同互动的关系，构成一个相对稳定的体系。但是，在大自然中，新物种的闯入或气候的变动都会改变原有的生态体系，甚至使原有物种面临被淘汰的危机。对产业而言，市场上的新进入者或宏观环境的变化，也会发起相同的挑战。与必须成功进化以适应新环境的物种相一致，产业要生存，也不得不学会应对新形势。故此，在由

---

① 迈克尔·波特：《国家竞争优势》（上），李明轩等译，中信出版社 2012 年版，第 17 页。

② 迈克尔·波特：《国家竞争优势》（上），李明轩等译，中信出版社 2012 年版，第 72—73 页。

③ 杨虎涛：《演化经济学讲义——方法论与思想史》，科学出版社 2011 年版，第 33—52 页。

市场和政治构成的大环境中，产业必须保持持续进化的能力。而从历史和理论的角度来看产业持续进化能力，以下几点值得注意：

首先，产业持续进化能力暗示了外部环境的重要性，而这是将传统比较优势论与竞争优势理论相统一的一个契机。事实上，尽管竞争优势论正确地指出了人为努力可以重构比较优势，但这也并非绝对的。在很多情况下，人类仍然是自然地理的囚徒。例如，在国际贸易中，沿海口岸比内陆山区更具优势，甚至到人类已经发展出高铁技术的今天，这仍然是一个普遍性的现象，也是单凭努力很难改变的事实。部分取决于类似的地理因素，部分取决于其他因素，在特定历史时期，经济活动常集中于有限的地区，从而形成核心-边缘的结构[①]。事实上，从马克思主义的角度看，核心-边缘结构意味着发展的不均衡性，对现代经济来说，这不仅是不可避免的，而且是必要的[②]。因此，就地区间的产业竞争而论，某些地区的产业因享有特殊的地缘优势，可谓赢在了起跑线上。同时，时至今日，一些产业仍依赖自然资源作为原料，这使得原始意义上的比较优势仍然有相当大的作用空间。唯其如此，产业持续进化能力既意味着天然资源禀赋的比较优势划定了产业演化的轨道，又意味着产业具有顺应或是改变该轨道的可能性。

其次，产业持续进化能力暗示了时间累积对于产业成长有重要意义。尽管产业的应变能力有快有慢，但一般而言，能力的获取存在着一个长期学习与积累的过程，非一日之功。同时，产业能力的发展在时间上是非均质的，各个阶段的外在表现并不一致。也就是说，在某些阶段，产业的进步看上去相当缓慢，在某些阶段，产业则似乎取得了重大突破。然则，这两者实际上是不可分割的，没有那些经年累月的不起眼的积累，可能也不会有什么突破。以英国工业革命来说，这场革命的不少基础性技术在此前的欧洲早已存在，只是到了18世纪又进一步改良或重新组合。因此，考察英国工业革命不能只看18世纪的突破而忽略了此前的长期积累。换言之，对产业某些能力的发展来说，长期不间断的持续性积累是很有必要的，如果其积累过程被中途打断，则突破性变革无从谈起。从这个意义上说，历

---

① 皮埃尔-菲利普·库姆斯，蒂里·迈耶等：《经济地理学：区域和国家一体化》，安虎森等译，中国人民大学出版社2011年版，第104页。

② 尼尔·寇等：《当代经济地理学导论》，刘卫东等译，商务印书馆2012年版，第54页。

史对于产业发展相当重要，产业的成功与失败都可能源于某些结构性因素。而且，正因为如此，某些短期内缺乏收益的政策在长期来看会有回报，例如，日本与韩国的汽车工业都历经了漫长的保护阶段，而诺基亚公司(Nokia) 在具备竞争力之前长期亏损，接受了 17 年的补贴[①]。当然，从另一方面说，由于产业发展具有时间非均质特性，其演化前景也就具有高度不确定性，对于某个长期表现平平的产业来说，很难确定它究竟能否达到突破点，或是根本无药可医。这意味着产业演化的行为主体必须具备承担风险的魄力。

最后，产业持续进化能力既包含延续，也包含断裂，在本质上是一个熊彼特式竞争的过程。熊彼特（Joseph A. Schumpeter）被认为是演化经济学的先驱之一，其核心理论为“企业家精神”与“创造性毁灭”。熊彼特认为“开动和保持资本主义发动机运动的根本推动力，来自资本主义企业创造的新消费品、新生产方法或运输方法、新市场、新产业组织的形式”[②]，因此，所谓企业家精神，就是一种打破日常循环周转的创新精神。熊彼特式企业家精神对产业发展至关重要，它是促成产业升级的内在驱动力之一，而企业家精神的产生主要源于市场竞争的压力。如前所述，产业演化的时间非均质特性孕育了巨大的风险，而所谓熊彼特式企业家，就是那种敢于承担风险，乃至“逆着潮流游泳”以改变循环周转管道的产业行为主体[③]。而只有实现了这种与旧传统的断裂，产业才能创新，并获得持续发展的生命力。但是，熊彼特式竞争同时意味着“创造性毁灭”，即经济发展“不断地破坏旧结构，不断地创造新结构”[④]，这种创造性破坏若在产业内部发生，将更多地体现为“创造”，若在产业外部发生，则可能会带来摧毁整个产业的“破坏”——例如电灯代替油灯、汽车取代马车等。换言之，熊彼特式竞争既是产业持续进化能力的动力，也可能会毁灭产业持续进化能力。因此，对以“创新”为主要特征的熊彼特意义上的经济发展，

---

① 林毅夫：《新结构经济学：反思经济发展与政策的理论框架》，苏剑译，北京大学出版社 2012 年版，第 116 页。

② 熊彼特：《资本主义、社会主义与民主》，吴良健译，商务印书馆 2007 年版，第 146 页。

③ 熊彼特：《经济发展理论》，何畏等译，商务印书馆 2014 年版，第 91 页。

④ 熊彼特：《资本主义、社会主义与民主》，吴良健译，商务印书馆 2007 年版，第 147 页。

实不可渲染为玫瑰色，相反，这种发展是一场残酷的竞赛。同时，从经济意义上说，创造性毁灭确实代表了产业的发展，但从社会角度看，创造性毁灭也可能意味着企业破产浪潮后的大规模失业问题①，而这个潜在的社会问题是任何地区在谋求发展时都必须承担的风险。进一步说，重要的不仅是熊彼特，卡尔·波兰尼（Karl Polany）同属必要②。

综上所述，对特定地区的产业竞争力而言，产业是否具有持续进化能力是至关重要的。从研究的角度说，这就需要建立一个多层次的分析框架，来剖析在特定历史阶段影响产业发展的诸因素，并以一个长期跟踪观察的视角加以整合。因此，选择某一个案进行详尽的历史研究，有助于观察创造性毁灭过程的全景，从而更全面地分析产业的演化机制。此处所使用的方法，正是演化经济学家所谓的“解释型的理论推导”，即“通过密切观察经济生活中的细微变化，从而对正在发生的事情做出描述，提出解释”③。这一方法，将避免纯粹理论推导的过度抽象化与脱离现实，同时使历史研究围绕问题展开，从解释问题的角度将经验材料组织起来。

二、个案选择依据与学术前史

为了更有效地阐释产业持续进化能力这一概念，有必要展开经济史的个案研究。本书选取的个案为1800—2012年间的湖北纺织工业，其研究价值如下所述。

（一）研究湖北纺织工业的意义

纺织工业是和人类日常生活有最密切关联的民生产业之一。从文明发展的角度看，穿衣不仅使人类避寒保暖，而且其遮羞作用具有使人区别于动物的文化功能。因此，纺织工业是最古老的产业之一，并与当前的人类

---

① 对该问题的详尽研究，可参考：威廉·拉让尼克：《创新魔咒：新经济能否带来持续繁荣》，黄一义等译，上海远东出版社2011年版。

② 卡尔·波兰尼从大萧条的惨痛教训中，认识到自我调节的市场包含着毁灭社会的危险，并能激发包括法西斯主义在内的社会自我保护措施。因此，有必要“发现社会”，以遏制自由市场的自毁性倾向。卡尔·波兰尼：《大转型：我们时代的政治与经济起源》，冯钢等译，浙江人民出版社2007年版，第171页。

③ 理查德·尼尔森：《经济增长的源泉》，汤光华等译，中国经济出版社2001年版，第5页。

文明共生。研究纺织工业，有可能从相当长的时间跨度内观察产业的演化，符合考察产业持续进化能力所需要的条件。当然，更重要的是，从英国工业革命开始，纺织工业就一直属于很多国家工业化初期的主导产业之一，具有理论分析的价值。此外，纺织工业和服装业不仅是最早实现全球化的制造业，而且，直到今天，该产业仍然是发达国家重要的就业来源，在老牌工业化国家中保有相当地位，并因此成为全球贸易争端的源头之一[①]。综上，纺织工业是一个具有现实价值的产业史研究样本[②]。

中国的工业化发端于清末洋务官僚创办的军事工业，但是在1949年之前，棉纺织工业成为中国最重要的主导产业。1949年之后，中国大陆最初确立了重工业优先的发展战略，将资源倾斜至机械、钢铁等战略性产业，但纺织工业也获得了相当大的发展。改革开放以后，由于中央政策一度转向消费品工业优先，纺织工业再度成为主力产业之一，并构成中国大陆外向型经济战略的产业基础。进入21世纪后，在市场经济条件下，中国的重化工业化再度推进，纺织工业的地位有所降低，但作为劳动密集型产业，该产业在吸纳就业的作用方面仍然举足轻重。据统计，2011年中国纺织业规模以上企业共22945个，总产值32652.99亿元，全部从业人员平均人数588.83万人。同年，纺织服装、鞋、帽制造业的规模以上企业数量为11750个，总产值13538.12亿元，从业人数年平均382.41万人[③]。不计具有重化工业特征的化学纤维制造业，2011年中国纺织工业主干行业规模以上企业有34695个，总产值46191.11亿元，年平均从业人数达971.24万人。当年中国规模以上工业企业共325609个，总产值844268.79亿元，全

① 彼得·迪肯：《全球性转变——重塑21世纪的全球经济地图》，刘卫东等译，商务印书馆2009年版，第269页。

② 作为最早的主导产业之一，纺织业在当今世界也是工业衰退（industrial decline）的典型产业，尤其见之于工业先行国家。因此，研究纺织业的演化史，不仅可以分析工业化问题，还可以分析去工业化（de-industrialization）问题。相关研究可见：Mary B. Rose: *Firms, Networks and Business Values: The British and American Cotton Industries since 1750*, Cambridge: Cambridge University Press, 2000; Timothy Minchin: *Empty Mills: The Fight Against Imports and the Decline of the U. S. Textile Industry*, Plymouth: Rowman & Littlefield Publishers, INC., 2013。

③ 国家统计局工业统计司编：《中国工业经济统计年鉴2012》，中国统计出版社2012年版，第50—56页。

部从业人员年平均人数9167.29万人[①]。是则整个纺织工业规模以上企业数量占全部工业企业的10.7%，总产值占5.5%，吸纳就业人数占10.6%。由此可见，尽管纺织工业的产值较低，但对于吸纳劳动力就业的贡献是巨大的。进一步说，以上数据仅为规模以上企业的状况，按其统计标准，即年主营业务收入2000万元及以上的工业企业，而未进入统计范围的规模以下纺织类企业，亦同样起着吸纳劳动力就业的作用。中国是一个拥有巨量人口的后发展大国，其工业化进程注定是多方面不平衡的，即使已经进入重化工业化阶段，纺织工业等劳动密集型产业对于吸纳就业、维持社会稳定仍然有着重要的价值。就此而言，对中国纺织工业的研究意义重大。

在中国各地区中，湖北省的纺织工业又具有极高的研究价值。早在明代，由于在植棉、种麻等方面具有自然地理上的比较优势，湖北的传统棉、麻纺织业已颇为发达。晚清开埠通商以后，尽管湖北的传统纺织工业受到进口洋货的冲击，但新的生产方式也由此引进。尤为重要的是，张之洞督鄂时期，在武汉地区创办了现代纺织工厂，使湖北在纺织工业现代化进程中得全国风气之先。受此影响，直到抗日战争爆发前，湖北的棉纺织工业在全国范围内都具有一定的优势地位，产生了裕大华集团这样颇具竞争力的企业。因此，湖北的纺织工业实际上可视为中国早期工业化进程的一个缩影。抗战爆发后，受日寇摧残和企业内迁的影响，湖北纺织工业一度衰落。中华人民共和国成立后，湖北的纺织工业在计划经济体制下得到了长足发展，尤其在布局上改变了几乎完全集中于武汉的格局。在棉纺织工业方面，湖北延续了其传统的优势地位。然而，由于技术力量不足，以及资源投入有限，在化纤等纺织工业前沿领域，湖北的发展较为迟滞，这也直接导致今日湖北纺织工业存在着化纤等方面的弱点。改革开放以后，在外向型经济战略的冲击下，缺乏地缘优势的湖北纺织工业受到较大打击，其竞争力落后于沿海省份，逐步丧失了传统上的优势地位。与此过程相伴随的，则是企业改制转型的阵痛。因此，湖北纺织工业的演化对于探讨外向型经济战略主导下内地产业的发展颇具典型性，也提供了足够的样本用于分析从计划经济向市场经济转型时期产业的发展问题。今天，尽管湖北纺

---

① 国家统计局工业统计司编：《中国工业经济统计年鉴2012》，中国统计出版社2012年版，第6页。

织工业与过去相比已显衰微，但该产业仍然是一个地区性的重要产业。据统计，2011 年，湖北规模以上纺织工业企业（含纺织业及纺织服装与服饰业）数量为 1255 个，工业总产值 1840.59 亿元，全部从业人员年平均人数 39.39 万人。同年湖北汽车工业从业人数年平均 30.90 万人，黑色金属冶炼和压延加工业 19.48 万人，农副食品加工业 16.30 万人，通用及专用设备制造业 15.58 万人，计算机及通信等电子设备制造业 12.32 万人①。纺织工业在湖北各类工业中对劳动力的吸纳高居榜首，对于该省的重要性不言而喻。换句话说，纺织工业在湖北并未成为一个已死或将死的产业，它仍然具有鲜活的生命力，而对这样一种仍在活跃的产业的研究，也就具有由历史衍生出来的现实意义。

不过，与湖北纺织工业重要性不相称的是，对该产业进行研究的著述还很少见，这与学者对上海等地区纺织工业发展史的关注形成鲜明对比。以上海来说，该市棉纺织工业在一般性产业史研究中占有重要地位，近年来更有若干专著对其进行深描，使上海棉纺织工业的发展史能够得到全景式的呈现②。但是，对中国而言，湖北这样的内陆省份比经济最发达的上海更能体现这个国家的后发展特征。就此而论，加强对湖北纺织工业发展史的研究很有必要。

（二）学术前史述评

早在 1920 年代，学者即对中国的纺织工业尤其是棉纺织业展开了研究，其中也涉及湖北的纺织业。在 1949 年之前，中国纺织业研究成果最重要者为方显廷的《中国之棉纺织业》，以及严中平的《中国棉纺织史稿》③。在今天看来，方显廷与严中平的著作不仅为研究中国近代棉纺织工业提供了宝贵的史料，而且其部分结论仍具有相当的生命力。例如，方显廷在 1930 年代预测中国棉纺织工业的发展时，写道：“故欲求中国纺织业之发

---

① 湖北省统计局，国家统计局湖北调查总队编：《湖北统计年鉴 2012》，中国统计出版社 2012 年版，第 282—313 页。

② 代表性著作如：王菊：《近代上海棉纺业的最后辉煌（1945—1949）》，上海社会科学院出版社 2004 年版；金志焕：《中国纺织建设公司研究（1945—1950）》，复旦大学出版社 2006 年版；罗苏文：《高郎桥纪事：近代上海一个棉纺织工业区的兴起与终结（1700—2000）》，上海人民出版社 2011 年版。

③ 方显廷：《中国之棉纺织业》，商务印书馆 2011 年版；严中平：《中国棉纺织史稿》，商务印书馆 2011 年版。

展，首要之务，在于永弭内战，消除政治的阻力，然后其他的经济的原因，如资本缺乏，管理不良，及劳工效率低微等，自易解决。”[①] 方显廷的这一预测，在 1949 年后一定程度上得到了证实。另外，无论是严中平还是方显廷，其重视历史的方法论均值得借鉴。

除上述具有开创意义的著作外，在研究中国纺织工业的专著方面，赵冈、森时彦、久保亨等学者皆有杰出的成果[②]。此外，具有官修史书性质的《当代中国的纺织工业》、《中国近代纺织史》等书亦已编撰出版[③]。近年来，亦不乏学者从竞争力和产业转移的角度探讨当代中国纺织工业的发展问题[④]。限于篇幅及主旨，本书对此类综合性研究成果不一一胪列。然而，上述部分成果的若干结论对于本书的研究具有相当的参考价值。例如，森时彦的著作以中外资本在中国棉制品市场上的竞争为主轴展开，揭示了近代日本“在华纺”（即中国的日资棉纺织企业）系以纱支的高支化为手段，与中国本土纺织企业展开竞争。也就是说，日本企业利用其技术优势，依靠提升产品质量，占据了高附加价值的市场，同时挤压了华商企业的生存空间[⑤]。与之相应的是，在 1930 年代的中国，存在着一个以上海日商纱厂——上海英商纱厂、上海华商纱厂及青岛日商纱厂——地方华商纱厂为序列的雁阵[⑥]。毫无疑问，作为地方华商纱厂的湖北纺织企业在这个雁阵中是位居最底层的。实际上，就整个东亚纺织工业来看，从 19 世纪末到今天，以雁阵形态为特征的地域分工一直存在，故森时彦的结论具有极强的

---

① 方显廷：《中国之棉纺织业》，商务印书馆 2011 年版，第 395 页。

② 赵冈，陈钟毅：《中国棉业史》，联经出版事业公司 1983 年版；森时彦：《中国近代棉纺织业史研究》，袁广泉译，社会科学文献出版社 2010 年版；久保亨：《戦間期中国の綿業と企業経営》，汲古书院 2005 年版。

③ 《当代中国丛书》编辑部：《当代中国的纺织工业》，中国社会科学出版社 1984 年版；该书编委会：《中国近代纺织史》，中国纺织出版社 1997 年版。

④ 代表性著作如：杜晓燕：《中韩纺织业竞争力比较》，浙江大学出版社 2010 年版；吴迎新：《区域纺织业发展实证研究——基于集聚、规模与效率》，中山大学出版社 2011 年版；李廷等：《全球产业网络重构中的中国纺织产业转移》，上海人民出版社 2012 年版。

⑤ 森时彦：《中国近代棉纺织业史研究》，社会科学文献出版社 2010 年版，第 276—282 页。

⑥ 森时彦：《中国棉纺织业近代化的动态结构》，日本京都大学人文科学研究所主编：《日本东方学》第 1 辑，中华书局 2007 年版，第 345 页。

时间延展性。值得一提的是，森时彦专门研究了沙市棉业与四川市场的关系，认为机纱的导入使四川本地生产的新土布能够开始驱逐此前雄踞川省市场的湖北旧土布[①]。在目前的学术成果中，对湖北棉纺织业进行如此深入剖析的论著尚极少见。再如，杜晓燕通过对中韩两国纺织业进行比较，指出纺织企业和产业的竞争力来源于企业资源、战略和组织结构等内部因素，政府对产业的直接支持并不能提高产业竞争力。同时，她指出同业间的过度竞争对产业竞争力所起的作用是消极的[②]。这些结论虽然未必绝对正确，但对于纺织工业这一充分竞争行业来说，政府的某种协调与干预显然有其必要，故杜晓燕在理论上将政府视为产业竞争力的内生变量很有意义。

值得注意的是，在对中国纺织工业发展史进行的综合性研究中，很多学者注意到该产业发展初期存在着传统部门与现代部门互补的现象。彭南生将其称之为“二元工业化”，即后发展国家在工业化进程中出现的一条“移植”与“嫁接”并举、传统工业与近代工业互补发展、城市与农村同时出现工业化现象的二元道路[③]。徐新吾、张忠民、史建云、林刚、戴鞍钢、马俊亚等学者亦皆注意到相关现象，并以棉纺织业为例展开了研究[④]。近来，彭南生又提出“半工业化”这一概念，对中国二元工业化道路的农村工业化部分进行了更详尽的分析[⑤]。顾琳（Linda Grove）则以河北高阳的乡村纺织业为个案，对中国的农村工业集群进行了跨度长达一个世纪的考察[⑥]。这些学者的研究都揭示了一个共性问题，那就是，在一个人口数量

---

① 森时彦：《中国近代棉纺织业史研究》，社会科学文献出版社 2010 年版，第 113 页。

② 杜晓燕：《中韩纺织业竞争力比较》，浙江大学出版社 2010 年版，第 182—183 页。

③ 彭南生：《中国早期工业化进程中的二元模式——以近代民族棉纺织业为例》，《史学月刊》2001 年第 1 期，第 60—66 页。

④ 徐新吾主编：《江南土布史》，上海社会科学院出版社 1992 年版；张忠民：《近代上海农村地方工业的演变及其趋向》，《上海社会科学院学术季刊》1994 年第 2 期，第 16—24 页；史建云：《农村工业在近世中国乡村经济中的历史作用》，《中国经济史研究》1996 年第 1 期，第 63—71 页；林刚：《长江三角洲近代大工业与小农经济》，安徽教育出版社 2000 年版；戴鞍钢：《中国资本主义发展道路再考察——以棉纺织业为中心》，《复旦学报》（社会科学版）2001 年第 5 期，第 58—62 页；马俊亚：《工业化与土布业：江苏近代农家经济结构的地区性演变》，《历史研究》2006 年第 3 期，第 98—117 页。

⑤ 彭南生：《半工业化——近代中国乡村手工业的发展与社会变迁》，中华书局 2007 年版。

⑥ 顾琳：《中国的经济革命：二十世纪的乡村工业》，王玉茹等译，江苏人民出版社 2009 年版。

巨大的农业国开始工业化进程以后，并不一定很快会出现新产业彻底打垮旧产业的熊彼特式创造性毁灭，相反，传统产业可能会具有极强的韧性，甚至凭借某些新技术自我嬗变为“新式传统产业”。这一现象，不仅中国存在，日本也一样[①]。因此，在研究纺织工业这一劳动密集型产业时，有必要考虑到该产业在后发展国家的城—乡二元经济结构中，会非线性地演化出多元形态。这一点对于以促进就业为着眼点的产业政策规划具有重要意义。

在上述所列综合性研究中，或多或少都会包含和湖北纺织工业有关的内容，但是，专门研究湖北纺织工业的论著数量颇为有限。目前最为集中呈现湖北纺织工业发展史的著述有《湖北省纺织工业志》，该志取材原始史料，条分缕析，述议得体，具有较高的修撰水平[②]。在此总志之外，尚有一批地区行业志及厂志，一般性的地方通志中对纺织工业亦有所涉及。除志书外，从宏观层面进行整体性研究的著作主要有《湖北工业史》。该书纵贯古今，尽管纺织工业只是其中一小部分内容，但对产业演化的完整轨迹仍有一个初步的梳理。此外尚有若干整体性的通史著述涉及纺织业[③]。这些考察湖北工业化的著作多会涉及张之洞督鄂时期的政策，而冯天瑜、陈钧、任放、李细珠等学者的著作对张之洞在湖北创办新式工业有深入论述[④]。在论文方面，冯天瑜与陈锋主编的《武汉现代化进程研究》收录了

---

① 相关研究可参考：中村哲主编：《东亚近代经济的形成与发展》，人民出版社2005年版，第14页；中村哲主编：《东亚近代经济的历史结构》，人民出版社2007年版，第29—30页；梅村又次，山本有造编：《日本经济史·开港与维新》，李星等译，生活·读书·新知三联书店1997年版，第252页；西川俊作，阿部武司编：《日本经济史·产业化的时代》上，杨宁一等译，生活·读书·新知三联书店1998年版，第172—175页；杉原薰：《东亚经济发展之路——一个长期视角》，乔万尼·阿里吉，滨下武志主编：《东亚的复兴：以500年、150年和50年为视角》，社会科学文献出版社2006年版，第117页。

② 该书编纂委员会：《湖北省纺织工业志》，中国文史出版社1990年版。

③ 徐鹏航主编：《湖北工业史》，湖北人民出版社2008年版；宋亚平等：《辛亥革命前后的湖北经济与社会》，中国社会科学出版社2011年版；苏云峰：《中国现代化的区域研究之湖北省：1860—1916》，“中央研究院”近代史研究所1981年版；罗福惠：《湖北通史·晚清卷》，华中师范大学出版社1999年版；田子渝，黄华文：《湖北通史·民国卷》，华中师范大学出版社1999年版。

④ 冯天瑜，何晓明：《张之洞评传》，南京大学出版社1991年版；陈钧，任放：《世纪末的兴衰——张之洞与晚清湖北经济》，中国文史出版社1991年版；李细珠：《张之洞与清末新政研究》，上海书店出版社2003年版。

徐凯希、彭敦文等学者颇具分量的文章，从宏观上对近代武汉乃至湖北工业的发展及其遭遇的挫败进行了总结。此外，孙景汉考察了1930年代的世界性经济大危机对武汉民族工业造成的打击①。

以上所述主要为对湖北工业史的整体研究，其中或多或少会涉及纺织工业。至于专门以湖北省纺织工业为探讨对象的研究性论著，可分为历史研究与当代研究两部分。在历史研究中，传统纺织业或乡村纺织业被若干学者所关注。例如，张家炎从作物选择与家庭纺织业生产的角度出发考察了江汉平原农民在人口压力、环境恶化及市场扩展情况下的经济行为②。至于城市现代纺织工业方面，不少学者将视线集中于原始资料已经得到整理与出版的裕大华集团，对该企业的发展历程已有较完整的刻画③。在海外研究方面，彭涓涓的博士学位论文亦通过剖析裕大华集团这一个案，指出洋务运动时期清政府创办的企业为中国的早期工业化奠定了基础，而中国的工业企业在民国时代是处于持续扩张之中的，并未因1930年代的经济危机和1940年代的战争而衰败④。彭涓涓另发表过一篇文章，探讨1921—1957年间裕大华集团的社会福利制度，认为该企业的社会福利制度建设在战时得到了空前的扩张，至1950年代反而减速，因为1950年代初国家政策优先考虑生产设备更新项目以及阶级调和，工人亦被迫牺牲薪水和福利以支持重工业优先战略⑤。在当代研究方面，学者的关注点集中于湖北纺织服装业的出口对策，以及品牌建设等问题，短期时效性相当明显，并可

① 冯天瑜，陈锋主编：《武汉现代化进程研究》，武汉大学出版社2002年版；孙景汉：《世界经济大危机与1929—1936年武汉的工业》，见章开沅，朱英主编：《对外经济关系与中国近代化》，华中师范大学出版社1990年版，第76页。

② 张家炎：《环境、市场与农民选择——清代及民国时期江汉平原的生态关系》，见黄宗智主编：《中国乡村研究》第3辑，社会科学文献出版社2005年版，第1—37页。

③ 该资料汇编为该书编辑组：《裕大华纺织资本集团史料》，湖北人民出版社1984年版。相关研究著述颇多，最具代表性者包括：姜铎：《略论旧中国裕大华资本集团》，《江汉论坛》1983年第3期；姚会元：《“裕大华”及其经营管理》，《中南财经政法大学学报》1988年第1期；罗萍：《城乡产业互动与近代内地民族棉纺织企业的发展——以裕大华纺织集团为中心（1919—1937）》，《江汉论坛》2012年第7期，第109—114页。

④ Juanjuan Peng: *Yudahua: The Growth of an Industrial Enterprise in Modern China, 1890-1957*, Baltimore & London: Johns Hopkins University, 2008.

⑤ Juanjuan Peng: The Development of Social Welfare Programs in the Yudahua Business Group, 1921-1957, *Frontiers of History in China*, Volume 8, Issue 1, 2013: 104-130.

见外向型经济对于学者选择研究课题的深刻影响。

综上所述，学术界对于湖北纺织工业的研究虽已取得较多成果，但仍有较大的开拓空间。与上海等地区纺织工业研究成果在时段上的完整度相比，湖北纺织工业研究还是相当薄弱的，尤其体现于历史研究与当代研究的割裂。虽有若干学者打破了1949年的界限，致力于长周期研究，但其研究或关注所有工业门类的发展，或只选取单个企业作为典型，尚缺乏对于特定产业的真正关切。同时，即使在原始档案等资料易于获取的历史研究中，学者也多喜欢剖析典型企业，而较少分析整个行业的发展。有鉴于此，本书选取湖北纺织工业作为个案进行长时程研究，正是期望解决上述问题，从而既使产业持续进化能力这一理论得到经验样本的支撑，又使湖北纺织工业几个世纪以来的发展历程能得到一个相对完整的呈现。

三、研究旨趣

本书拟按历史时序研究湖北纺织工业的发展，但这并不表明本书是一本面面俱到、巨细靡遗的产业通史，相反，在完整呈现湖北纺织工业演化轨迹的同时，本书更重要的任务是对历史展开分析。这意味着本书侧重于解释因缘，在时序演进的大框架下，只提取那些最重要的具有理论价值的问题展开论述。例如，纺织工业内部又包含棉纺织、丝绸、针织、麻纺织、化纤等诸多行业，本书的视野将主要集中于对湖北而言最为重要的棉纺织业，旁及化纤、服装业等。诸如丝绸等业，对湖北的意义有限，本书很少涉及。麻纺织业虽然是湖北的优势产业，但该业对天然比较优势的依赖更胜于人为竞争优势，故亦非本书关注重点①。这样一种研究旨趣，与注重全面描述产业发展情形的行业志不同，毋宁说是一种承袭德国历史学派（German Historical School）的“历史经济学”。德国历史学派的先驱者正是李斯特，而该学派的特色在于不满正统经济学无视国情差异的抽象理论，转而运用历史方法剖析具体问题②。事实上，德国历史学派的学者施穆勒（Gustav Schmoller）即曾对普鲁士的纺织工业进行过个案研究③。而德国历

---

① 相关行业的发展史可参考该书编纂委员会：《湖北省纺织工业志》，中国文史出版社1990年版。

② Jacob Jan Krabbe: *Historicism and Organicism in Economics: The Evolution of Thought*, Dordrecht: Kluwer Academic Publishers, 1996.

③ 施穆勒：《重商制度及其历史意义》，郑学稼译，商务印书馆1936年版，第101页。

史学派的学说被普遍认为是令德国这个落后国家在19世纪崛起的智力支持之一。这样一种具有后发展特性的经济学研究方法，实际上也体现了研究者的家国情怀。故中国经济学家赵德馨亦借用该学派之方法论，提出创立“中国经济发展学”之构想[①]，而“中国经济发展学”的成立，实有赖于汇聚单个产业之经验研究。此即为本书之研究旨趣。

① 赵德馨：《中国近现代经济史（1842—1949）》，河南人民出版社2003年版，第16—17页。

第一章　湖北传统纺织工业的发展与落后（1800—1861）

纺织业作为与穿衣有直接关联的产业，是人类历史上最古老的工业之一。在西方资本主义经济用大炮轰开中国的大门之前，中国的丝、棉等传统纺织工业曾相当辉煌，领先于世界。然而，18世纪的工业革命使西方纺织工业在技术上后来居上，逐渐领先于东方。中国传统纺织工业遂开始面临现代化转型的巨大挑战。在汉口开埠之前，湖北传统纺织工业曾享受落日余晖般的繁荣，但数千年未有之巨变已在酝酿之中。

第一节　自然资源与湖北传统纺织业的比较优势

传统纺织工业的原料主要为桑、麻、棉等农产品，因此，该产业对自然资源的依赖极为严重，其竞争力也主要基于天然比较优势。湖北素称鱼米之乡，农作物生产的自然条件较为优越。同时，湖北位居中国的腹心，长江与汉水交汇于此，在主要依靠水运进行贸易的古代，该省区位优势明显，这就为其产业向全国市场辐射创造了条件。因此，历史上湖北的纺织业一直颇为发达，并具有国内市场意义上的外向型特征。早在春秋战国时期，以湖北为核心的楚国的丝织、麻纺与刺绣就获得了很大发展[①]。不过，从工业化启动的角度看，作为大宗消费品的棉纺织品比具有奢侈品性质的丝绸更有意义，因此，下文将着力考察的是湖北的传统棉纺织业。巧合的是，随着时间的推移，到明清两代，湖北的棉业比丝业在全国市场上更具

① 刘玉堂：《楚国经济史》，湖北教育出版社1996年版，第225—236页。

竞争力，这更使以棉纺织业为主体的研究具有合理性。

一、清代湖北棉花种植的分布

研究表明，湖北地区在宋代尚无棉花种植的记载，其境内的纺织业系以丝纺和麻纺为主[①]。元朝兴起后，在政府政策的刺激下，鄂西北的房县已有较多种植棉花的记载[②]。不过，对元代湖北的植棉水平，似不宜估计过高[③]。但是，到清朝中期，湖北已成为棉花种植大省，文献记载："惟宜、施所属各州县间有不能种此者。自荆州安陆以下则为出产之大宗，汉黄德三府尤盛[④]"。棉花性喜温暖，适宜砂壤土。湖北全省基本上属于亚热带季风气候，光照充足，热量丰富，适宜种植棉花。据清代地方志记载，德安府有"棉花，名吉贝，黄葩成桃，入秋成花"；枝江县"邑产棉，洲地尤佳。年丰，亩地以百斤计"；黄陂产木棉，"有黄白二种"；公安县"棉花，有紫白二种"；汉川县"邑当水陆之冲……但使江汉安澜，百谷之余，产棉恒广"[⑤]。实际上，在当时的湖北，武昌府、汉阳府、德安府、安陆府、黄州府、荆州府、宜昌府、施南府、襄阳府、郧阳府等地除了极少数州县之外，都有种植棉花的记载[⑥]。

广泛的棉花种植为棉纺织业的发展保障了原料供给。不过，湖北内部的棉花种植地理分布并不平衡。一方面，鄂西南山区的棉花种植在清代发生了衰退。例如，在利川县，"询之故老，佥称从前此地亦产棉花，今则绝无其种"[⑦]。另一方面，在产棉地区中，汉阳府、黄州府与德安府的产量尤大，安陆、荆州次之。这与各地的自然环境及农业条件不无关系。当代农业工作者将湖北省划分为 7 个农业区：江汉平原区、鄂中丘陵区、鄂北岗

① 雷家宏：《宋代湖北手工业述要》，陈本立主编：《湖北历史文化论集》，中国档案出版社 1998 年版，第 133 页。

② 张建民：《湖北通史·明清卷》，华中师范大学出版社 1999 年版，第 319 页。

③ 徐凯希：《近代湖北植棉业初探》，陈本立主编：《湖北历史文化论集》，中国档案出版社 1998 年版，第 166 页。

④ 民国《湖北通志》卷 24，《舆地志·物产》。

⑤ 光绪《德安府志》卷 3，《地理下·物产》；同治《枝江县志》卷 7，《赋役志下·物产》；同治《黄陂县志》卷 1，《物产》；同治《公安县志》卷 3，《民政下·物产》；同治《汉川县志》卷 6，《物产》。

⑥ 张建民：《湖北通史·明清卷》，华中师范大学出版社 1999 年版，第 320 页。

⑦ 同治《利川县志》卷 4，《物产》。

地区、鄂东北低山丘陵区、鄂东南低山丘陵区、鄂西南山区、鄂西北山区。在7个农业区中，江汉平原的农业发展条件最好，其棉产区由鄂东棉区和江汉棉区两部分组成，到20世纪下半叶这两大棉区约占湖北省棉田面积的70%[①]。从江汉平原的自然条件可知，该区能够满足棉花对于温暖气温、砂质土壤的要求。以江汉平原为参照系，可以看到，除鄂西山地以外，湖北其他地区对于棉花生长所需要的光热条件大体也都能满足，这在一定程度上可以解释为什么清代湖北境内普遍种植棉花，而鄂西南山区的棉花栽种却发生了衰退，因为其气候本来就不宜于植棉[②]。再如鄂东南低山丘陵区雨量多，土地酸性强，这使其更宜于栽种竹、杉、茶、麻等作物。总之，湖北省境内自然地理条件的局部差异性导致各地棉花种植的格局不同，这在一定程度上也影响了湖北境内棉纺织业的地理分布。

二、清代湖北棉纺织业的分布

明清时期湖北棉花的普遍种植带动了该地棉纺织业的发展，从不少府县的地方志中均可找到棉纺织活动的相关记载。据明万历《湖广总志·风俗志》记载，德安府应城等地，“男女恒纺木棉花为粗布，贸易四方以聊生耳”[③]。这表明早在明朝中后期，湖北部分地区的农民已依靠纺纱织布来维生，棉布已成为一种外销型商品。但是，不宜对明末清初湖北的棉纺织业商品化生产作过高估计，直到清朝中叶，湖北德安府等地的棉纺织生产才真正具备了一定规模，部分地区已产生了专门化的纺织业市镇。前已述及明代德安府应城等地的粗布“贸易四方”，然而，据清光绪《德安府志》引旧府志称，安陆“产惟谷布，无异货，河狭舟轻，商贾稀至”[④]，可见明末清初的安陆虽然生产棉布，但并未进入市场广泛流通。只是到了清朝中期，安陆的棉布生产与贸易才进入兴盛时期：“自乾隆以来，男事耕耘，女勤纺

---

① 该书编写组：《湖北农业地理》，湖北人民出版社1980年版，第85页。

② 当然，诚如学者所论，在鄂西南山区棉花种植衰退的原因中，清朝前期的山区垦殖扩张高潮也不无关系（张建民：《湖北通史·明清卷》，华中师范大学出版社1999年版，第321—322页）。但是，鄂西山区不宜植棉的自然条件，使得在特定情境下，农民更易放弃该项产业，以致其完全萎缩，这是相当符合比较优势原则的。

③ 转引自张建民：《湖北通史·明清卷》，华中师范大学出版社1999年版，第395页。

④ 光绪《德安府志》卷3，《地理下·风俗》。

织，商贾云集，财货日繁。”[①] 因此，在考察明清湖北棉纺织业的地理分布时，首先应该认识到该时段内的湖北棉纺织生产布局是一个动态演进的过程。不过，由于资料的限制，也只能选择清朝中叶这样一个不甚精准的横切面进行简要分析。

由于湖北传统棉纺织业主要以农家副业的形式存在，其自给自足性使其相当依赖于本地棉花供给，因此，以棉田分布为标准归纳棉纺织业的地理分布是可行的。然而，棉花种植、棉纺织生产以及棉布销售三者间的关系相当复杂，非棉产区大量生产棉布并输出的现象在经济史上是存在的，所以，即便棉产区与棉纺织区在分布上呈现一致性，也只能视之为偶合。为了从微观上探究并比较湖北境内不同地区棉纺织业在近代的演进路径，仍有必要采取其他标准考察明清湖北棉纺织业的地理分布。由于近代中国农村工业竞争力的衡量标准之一为是否拥有外销市场[②]，故选择棉制品的销路走向作为分区依据，将更有助于对湖北传统纺织业进行历史连贯性考察。

湖北棉布的销路走向，大体上北部所产多销往北方，南部所产多销往南方，东部所产则南北均销[③]。如果再结合棉花种植与棉布生产等因素，大体可将明清湖北棉纺织业划分为以下 5 个主要区域：

1. 鄂东地区

该区以黄州府为主体，以生产景庄布闻名。黄冈县农民“入夏植棉，亢爽之地，凉风既至，拾其花纺而织之”，“耕渔之外资民用者棉布”[④]。清乾隆《蕲水县志》亦称当地“入夏于地之爽垲者多植棉花，七月既望以后，从而拾之，纺而织之以为布，机杼声相闻。抑且贸之以输正供，此贫家妇工之常业也”。鄂东地区的外销棉布市场分布较为广泛，正所谓“南北均销”。不过，清代中叶鄂东地区的棉布输出数量并不多。

---

① 道光《安陆县志》卷 8，《风俗》。

② 彭南生：《半工业化——近代中国乡村手工业的发展与社会变迁》，中华书局 2007 年版，第 243 页。

③ 张建民：《湖北通史·明清卷》，华中师范大学出版社 1999 年版，第 429 页；任放：《明清长江中游市镇经济研究》，武汉大学出版社 2003 年版，第 193 页；张家炎：《明清江汉平原的农业开发对商人活动和市镇发展的影响》，《中国农史》1995 年第 4 期，第 40—48 页。

④ 光绪《黄冈县志》卷 3，《风俗》；卷 2，《物产》。

2. 鄂中地区

本区以德安府为主体，包括安陆府等地，以生产（德安）府布闻名。应城县所产棉布有大布、条布，“大布粗而宽，条布细而窄，行北路者名山庄，行南路者名水庄。亦有染色出售者，四时舟车负贩不绝”。云梦县“土瘠民劳，甫释犁锄，即勤机杼，男女老少皆然。西商贩布多鳞集于此，肆市牙行专视远商之集否为盈虚”。孝感县（在明朝及清初属于德安府）“棉布有长三十三尺、宽一尺五寸者为大布。细薄如绸，三十尺以下者皆曰椿布，西贾所收也，至呼为孝感布。长二十尺以内、宽一尺者皆曰边布，乡人所用也。数年谷贱农伤，又值凶旱，民皆恃此为生”。清同治《随州志·物产》亦记载：“布之属曰棉布，随地户种木棉，人习为布。秋熟后，贾贩鳞集，随民多恃此为生。”鄂中地区的德安府布主要运往西北及东南市场销售，“今各属依纺织为生，西商每买布，成卷行西北万里而遥。梭布聚于应城，行东南诸省”[①]。

3. 荆沙地区

此处所谓荆沙地区以荆州府为主体，包括荆门州等地，以生产、销售荆庄大布闻名。荆州府的棉布，据记载：“江陵有京庄门庄之别。监利车湾者佳，蜀客贯布者相接踵，南门外设有布厂。”同治《公安县志》称当地棉花“有紫白二种，织为布，紫者用本色，白者五色皆可染”，该县“妇女勤纺绩，布衣无华饰，虽缙绅家主妇亦然。布以宽一尺而纾至六百缕者为极细”。枝江县“邑产棉，洲地尤佳。年丰，亩地以百斤计。居民于农毕时纺织兼营，无业产家更借此为活计。夜半，机声与纺车轧轧相闻，有竟夜不眠者，其功勤，其利亦倍。贾人多于董市、江口买花入川，呼为楚棉，布亦如之”。荆沙地区的棉布多远销四川、云贵等西南市场，如同治《监利县志》曰：“所产吉贝、大布，西走蜀黔，南走百粤，厥利甚饶。”[②]

4. 武汉地区

这里所指的“武汉地区”是指以武昌府、汉阳府为主体的地区。该地区包含有两个重要城市，即作为省府治所的武昌与作为区域经济中心的汉

---

① 光绪《应城县志》卷1，《舆地·物产》；光绪《德安府志》卷3，《地理下·风俗》；光绪《德安府志》卷3，《地理下·物产》。

② 光绪《荆州府志》卷6，《物产》；同治《公安县志》卷3，《民政下·物产》，《风俗》；同治《枝江县志》卷7，《赋役志下·物产》。

口。汉口的中心地位随着时间的推移将不断增强，其对周边农村的特殊影响也使得它的直接腹地在湖北省境内独具一格。因此，将武昌府与汉阳府划分为一个区域是合乎实情的。该地区棉纺织业亦颇为发达。武昌县“妇女勤纺织”。汉阳县出产的棉布称扣布，“南乡冶此尤勤，妇女老幼自春作外，昼则鸣机，夜则篝灯纺绩，彻夕不休，比巷相闻，人日得布一匹，远者秦晋滇黔，贾人争市焉”。除扣布外，又有“厚而密，如毳如褐，间作花纹者曰线布，制为氅，可御风雪”。此外，邓家岭、七里庙的居民多以生产线毯为业。由于地近汉口，汉阳县的农民与市场联系较为密切，“贸布贩棉，黎明趁墟”。前述扣布即有“乡逐什一者，盈千累万，买至汉口，加染造”。汉川县“布有大布，有小布，近而襄樊、楚南，远而秦晋滇黔，咸来争市焉。当农事甫毕，男妇老幼共相操作，或篝灯纺绩，日夕不休，或机声轧轧，比屋相闻。故业此者恒劳且也，春夏之交不少”。武汉地区的棉布亦是南北均销，但以西北、西南为主[①]。

5. 鄂北地区

此处所言鄂北地区以襄阳府为主体。据同治《宜城县志》：“邑少丝麻，惟恃木棉，乡野亦多种者。当岁晚务闲，闾阎争事纺织，颇有西京同巷夜绩遗意。成布虽精细不足，而坚实有余。贸诸列肆，亦足资小民生计。”从史料可知，宜城地区的棉纺织业在当地产业中还是占有重要地位的。不过，史料并未明确提到该地棉制品有无外销，但从其对棉布品质的描述来看，比照荆沙地区与鄂中地区的情形，似可推断鄂北地区棉织品即使外销，其市场亦不会太大。

上述五大地区各有其主体，而某些未提及的府、州以地缘的关系可以划归上述地区之内。此外，一般说来，鄂西的棉纺织业不甚发达，较少进入流通领域，如宜昌府巴东县农民“自织大布极粗恶，不售于市，田野间制以为服，取其耐久”[②]。因此，此处未将鄂西地区单独列出。

从湖北传统棉纺织业的地理分布中，可以看到：其一，清代湖北境内棉纺织业的发展程度参差不齐。一方面，诸如德安府布、荆庄大布、汉阳

---

① 光绪《武昌县志》卷3，《风俗》；同治《汉阳县志》卷9，《物产》；光绪《汉阳县识》卷1，《地理略》；乾隆《汉阳县志》卷3，《物产》；同治《汉川县志》卷6，《物产》。

② 光绪《巴东县志》卷10，《风土》。

扣布等棉织品大量行销于区域外市场，另一方面，鄂北、鄂西地区的棉布商品化程度不高。其二，湖北境内各棉纺织区均有其传统外销市场，总体来看，其销场侧重于西北、西南各地。其三，上述五大分区与湖北棉花种植区的分布还是存在着密切联系的，棉布生产大区一般也是棉花种植大区，而不宜植棉的地区棉纺织业也不甚发达。这说明湖北传统棉纺织业依自然资源的比较优势而布局。如果从总体上对五大棉纺织区进行一个简单的排序，则可以看到鄂中地区与荆沙地区的棉纺织业最为发达，两者分别主要针对西北与西南市场。武汉地区的棉纺织业次之，但受益于汉口这一商业中心。在该区内部，汉阳府的棉布生产较武昌府为发达。鄂东地区和鄂北地区则较前述地区逊色。

清代湖北的棉纺织业除了具有上述地理分布特征外，还产生了一些专门化的纺织业市镇[①]，如荆沙地区监利县的车湾市，“南门外设有布厂”。再如鄂中地区的长江埠，据民国时期的文献记载：“长江埠之有布，早在百年以前。最初，云梦，及应城长江埠一带，就本地所产之棉花，由妇女手机纺为纱线，织成土布，宽九寸，长一丈八尺，加染红青、墨青两种颜色，名为梭布。当时妇女缠足之风盛行，缠足所用之鞋面，均以结紧之梭布为上。各地妇女，亦有以此作衣料者。因之销路甚广，云贵、两广、山陕、甘肃，及镇江各地，均销此布。每对梭布，值五百文，赴北平者，多购此布以馈亲友，所以又称为对子布。”[②] 不过，清代湖北的棉纺织业市镇数量有限，整体上并不发达，该地区的棉纺织业普遍还是以农家副业为主，并未形成较显著的产业集群。

三、清代湖北棉纺织业的比较优势与市场腹地

清代湖北棉纺织业的省内布局依赖于自然资源禀赋的比较优势，而在整个中国的棉纺织业布局中，湖北也因其得天独厚的条件而取得优势地位。清代湖北棉纺织业的外销市场主要侧重于西北、西南各地，不过，这一市场结构依赖于长途贸易，而长途贸易的基础在于整个湖北地区以汉口为中

---

① 任放：《明清长江中游市镇经济研究》，武汉大学出版社 2009 年版，第 188—190 页。

② 朱静一，陈志恒：《湖北省之土布业》，《汉口商业月刊》1935 年第 2 卷第 4 期，第 88 页。

心的市场体系的发育。能够支撑长途贸易的市场架构，加上适宜植棉的自然条件，为湖北棉纺织业赢得了广阔的市场腹地。

（一）省内市场体系对棉制品外销的影响

湖北境内的经济地理格局，汉唐时期，因政治上与其西北向的长安之联系，以襄阳和荆州为重心。襄阳是“南船北马”的交界点，荆州则为长江过峡入川的要塞。自唐后期开始，湖北区域内的经济重心开始向东南偏移[①]。到了南宋，明清时代以武汉一带为中心集散物资的流通格局已然出现[②]。明成化年间，汉水改道使汉口脱离汉阳最终形成。到清乾隆年间，汉口真正成为商业巨镇。

汉口的崛起得益于其地缘优势。湖北居于天下之中，本身就得地理之便而易于发展商贸，章学诚谓：“湖北地连七部，襟带江汉，号称泽国，居民多濒水，资舟楫之利，通商贾之财，东西上下，绵亘千八百里，随山川形势而成都会，随都会聚落而大小镇市启焉。”[③] 汉口在湖北内部又占有特殊地利。清代刘献廷在《广阳杂记》中描述汉口的一段话常为世人引用：“汉口不特为楚省咽喉，而云、贵、四川、湖南、广西、陕西、河南、江西之货，皆于此焉转输。虽欲不雄天下，不可得也。天下有四聚，北则京师，南则佛山，东则苏州，西则汉口。然东海之滨，苏州而外，更有芜湖、扬州、江宁、杭州以分其势。西则惟汉口耳。”[④] 这段话说明：其一，汉口的优势来自“楚省咽喉”的地理位置，便于展开转运贸易，所谓“东达吴会，西通巴蜀，是以瑰货方至”[⑤]。其二，汉口的商业腹地包括云、贵、四川、湖南、广西、陕西、河南、江西等省，诚如施坚雅（G. Skinner）所言：“在描述河南、山西、贵州、广西等省份时，人们可以看出，每个省都有某一部分处于大都市武汉的庞大的辐射范围之中。”[⑥] 其三，在全国商业地理格局中，汉口属于中西部地区的中心市场，而且在大的区域内无与匹敌者。

---

① 龙登高：《中国传统市场发展史》，人民出版社 1997 年版，第 296—297 页。

② 斯波义信：《宋代江南经济史研究》，方健等译，江苏人民出版社 2001 年版，第 450页。

③ 章学诚：《湖北通志检存稿》卷 1，《食货考》。

④ 刘献廷：《广阳杂记》，中华书局 1997 年版，第 193 页。

⑤ 范锴原著：《汉口丛谈校释》，湖北人民出版社 1999 年版，第 76 页。

⑥ 施坚雅：《中国封建社会晚期城市研究》，王旭等译，吉林教育出版社 1991 年版，第 62 页。

正因为汉口地位如此重要，因此，到了清朝中期，“十府州商贾所需于外部之物，无不取给于汉镇，而外部所需于湖北者，如山陕需武昌之茶，苏湖仰荆襄之米。桐油、墨烟下资江浙，杉木、烟叶运行北直，亦皆于此取给焉”①。一方面，汉口在湖北省内发挥着经济中心的作用，各府州的商人都来汉口市场购买所需的外省商品；另一方面，汉口亦担当着区域间贸易市场的功能。

除了汉口以外，明清时期湖北较为繁荣的沿江城市尚有沙市、宜昌、老河口等。沙市位于江陵县城东南十五里，南临长江，北控襄汉，地缘状况与汉口相似。早在明代，沙市便作为中转贸易口岸而繁盛一时，清初，刘献廷如此追忆：“荆州沙市，明末极盛，列巷九十九条，每行占一巷。舟车辐辏，繁盛甲宇内。即今京师、姑苏皆不及也。”不过，到了刘献廷的时代，“今则寥寥一带尔”②。随着清朝统治的稳固，沙市的社会经济也慢慢复苏。到清代中后期，沙市已重新被称为楚地“名镇”，所谓“通南北诸省，贾商扬帆而来者至数千艘。向晚莲灯远映，照耀若白昼”③。宜昌“扼荆襄之门户、川楚之咽喉”，在明代除食盐运输及米市贸易外，很少有其他贸易和行人往来，城市发展极为有限。到了康熙时期，宜昌真正发展起来。不过，直到咸同时期“川盐济鄂”实施以前，宜昌城市的发展还处于初级阶段④。老河口地处鄂豫交界处，是湖北与北方市场联系的要道。此外，襄阳、岳家口等镇市也都发挥了一定的中转作用。

总体来看，到鸦片战争前，湖北形成了以汉口为中心，以沙市、宜昌、老河口、岳家口等城市为次级中心的市场体系。该市场体系主要依靠转运贸易而兴盛，并因湖北的区位优势而成为中国西南地区与东部市场联系的重要纽带。前述汉口的商业腹地大半属于西南省份，而沙市、宜昌的兴起更是因为与四川市场的联系所致。清代湖北市场体系的这种特征自然极大地决定了湖北棉货（包括棉花与棉制品）的流向。荆沙地区的“蜀客”从董市、江口买棉花、棉布入川，称其为楚棉、楚布。当地棉布“西走蜀黔，

---

① 章学诚：《湖北通志检存稿》卷1，《食货考》。

② 刘献廷：《广阳杂记》，中华书局1997年版，第200—201页。

③ 光绪《江陵县志》卷3，《山川》。

④ 段超：《试论清代宜昌城市的发展》，《华中师范大学学报》（哲学社会科学版）1989年第1期，第73—77页。

南走百粤”，获得了很大的利润。同时，刘献廷认为在东部地区，“苏州而外，更有芜湖、扬州、江宁、杭州以分其势”，西部的重要市场中心则只有汉口。湖北市场体系的这一特征又决定了汉口这一中心城市在纺织品贸易中发挥着特殊重要的作用。明清时期汉口是华中地区最大的棉花市场，棉布交易量也极大。当时汉口市场上布匹的种类繁多，产地各异：“徽布、楚布，布色毛蓝、京青、洋青、墨青，布纹斗纹，纸布，假高丽布，来自苏州、松江，小布来自黄陂、孝感，沔阳青、巴河青、监利梭则以其地著名”，以上为棉布，此外，“葛来自祁阳，通城亦有之，夏布来自湖南浏阳、江西宜黄”[①]。汉口纺织品市场吸引了其腹地乡村的农民将自己生产的棉布运来交易。如汉阳县的索河集，“夏秋水涨，贸迁者甚辐辏。平时，则收买白布，转贩汉镇。小民夜成匹，朝咸来贸焉”[②]。另一方面，外地商人也到汉口来购买棉制品运往区域外市场，“四方来贸者，辄盈千累百，捆载以去”[③]。

清代湖北以汉口为中心的市场体系构成了该省棉制品贸易的基础，各地外销棉布通过汉口、沙市等市镇被运往外省销售。如果将清代湖北棉纺织业的地理分布与这一市场体系结合起来考虑，又会发现，两者之间存在着一定的联系。首先，五大棉纺织区皆在汉口的辐射范围之内，受汉口市场的影响。其次，武汉地区、鄂东地区受汉口的直接影响较大，其棉布通过汉口与全国市场广泛联系，因而能够“南北均销”。荆沙地区与西南市场联系更为密切，也因为沙市的市场腹地虽广及全国，但以西南地区为主。鄂北、鄂中地区通过汉水而与汉口市场产生密切联系，鄂北地区的老河口则成为湖北棉布北销的一个中转市场。鄂西地区棉纺织业不甚发达，但能够通过宜昌、沙市开展棉货贸易。整体而言，湖北市场体系的地缘层级影响了各棉纺织区产品在区域外市场上不同的走向。而湖北市场体系内各市镇的区位优势对于明清湖北棉制品广销于全国发挥了基础性的作用。

（二）产业比较优势与湖北棉制品的市场腹地

表面上看，棉花种植和棉纺织各业在中国的分布极其广泛，实际上，

---

① 章学诚：《湖北通志检存稿》卷1，《食货考》。

② 乾隆《汉阳县志》卷6，《城池·街衢市镇》。

③ 乾隆《汉阳府志》卷28，《食货·物产》。

无论是从时间上还是从空间上看，古代中国棉业的发展均极不平衡，部分地区拥有发展相关产业的比较优势，其余地区则缺乏相应优势。

一般认为，到明代，棉业已成为中国国民经济的重要构成部分，李时珍称木棉“宋末始入江南，今则遍及江北与中州矣。不蚕而绵，不麻而布，利被天下，其益大哉”①，既指出了当时棉花种植的广泛，又指出棉纺织所带来的巨大经济收益。据加藤繁检索200余种明代地方志，发现出产棉花、棉布之地有：北直隶2府1州1县，山东布政司2府4县，山西5府1州，河南2府2县，陕西2州4县，今江苏的2府2州6县，今安徽的1府2州1县，江西7府2县，浙江4府7县，今湖北6府，今湖南6府1县，四川1府1县，福建4府1县，广东8府，广西1州，云南4府，贵州1府，还有辽东亦产棉布②。即使加藤繁的统计有遗漏，亦可看出明代的棉花种植与棉布生产遍及中国各地。不过，从加藤繁的统计中也可看到区域上的不平衡性。入清以后，这种不平衡性就愈加明显。

尽管棉株对自然条件的要求异常宽泛，但这并不意味着所有地区都适宜植棉。明初，政府曾以强制手段推行棉花种植，但该政策无视自然条件的差异，难于贯彻，故明廷不久即改弦易辙，变强制为激励，通过对棉田减免赋税等政策来诱导农民扩大棉花种植。这种行政力量的强大作用是前文所述明代棉花种植遍及各地的重要原因。不过，即使如此，棉布生产也仍然不平衡。清朝建立以后，放弃了明朝对于棉花种植与棉布生产的奖励措施，这就造成了中国棉纺织业的重新布局。在这一调整过程中，宋元时期棉业领先于全国的闽广地区棉产日益衰微。实际上，闽广棉花种植的萎缩自明代就开始了，究其原因，植棉“终非其地之所宜”③。对棉花种植这种依赖于自然条件的经济行为而言，政策的力量终究是有其限度的。不过，要再一次强调的是，棉花种植与棉纺织业之间不存在着严格的线性对等关系，闽广地区的棉植虽然衰退，棉纺织却仍较广泛。

高王凌在其研究中对清代中期中国各省的棉花种植与棉纺织生产进行了类型区分，从中大致可以看到中国传统棉纺织业的地理格局，如下两个

---

① 李时珍：《本草纲目》，《木部》36《木棉》。

② 加藤繁：《中国经济社会史概说》，杜正胜等译，华世出版社1978年版，第44页。

③ 弘治《八闽通志》卷25，《食货·土产》。

表格所示[①]：

表 1-1　清代各省棉花种植格局

类型	省份	人口
棉产极少	甘肃 福建 广东 广西 贵州 云南 辽宁	8600 万
棉产远不能自给	江西 安徽 湖南 四川	1.29 亿
棉产接近自给	山西 陕西 浙江	5800 万
棉产自给有余并能大量出售	河南 山东 直隶 湖北 江苏	1.58 亿

表 1-2　清代各省棉纺织格局

类型	省份	人口
纺织能力极低	辽宁 甘肃 广西 贵州 云南	3800 万
纺织能力离自给有相当距离	河南 山西 陕西 安徽 江西 湖南 四川	1.81 亿
纺织能力基本能够自给	浙江 福建 广东	7800 万
能大量销售棉纺织品	直隶 山东 湖北 江苏	1.34 亿

上面两个表格显示，清代棉花种植水平与棉纺织能力的分布大致是相吻合的。除了闽广地区以外，棉产极少的省份纺织能力也最为低下。江西、安徽、湖南、四川的棉产与纺织能力离自给均有较大距离。浙江的棉产与纺织能力皆处在中游水平。山西、陕西、河南的棉产尚可观，棉纺织能力却不甚高。江苏、湖北、直隶和山东则既是产棉大省，又是棉布输出大省。进一步说，可以认为棉产数量与棉纺织能力的高度相关性，证明了中国传统棉纺织业以农家副业为其基本形态，棉纺织生产依赖于棉花供给，植棉—纺纱—织布这 3 个生产环节呈现出一体化特征。同时，那些不宜于栽种棉花的地区对棉货有着相当的需求，从而为江苏、直隶、湖北等地的棉花、棉布创造了巨大的区域外市场。当然，陕西、河南等产棉而棉纺织不

① 高王凌的统计未包括新疆、内蒙古、青藏等边疆地区，不过，鉴于边疆地区生产力水平较为落后，人口亦较少，边疆省份未列入统计并不影响从宏观上认识清代中国棉业的地理分布格局。表格整理自高王凌：《经济发展与地区开发——中国传统经济的发展序列》，海洋出版社 1999 年版，第 157—158 页。

甚发达的地区则具有进一步发展的潜力。

由此可见，在整个中国市场上，湖北棉纺织业拥有得天独厚的比较优势。从表1-2可知，清代尚有不少省份因种种原因而棉纺织能力极低或无法实现棉制品自给，这些省份对棉布的需求成为湖北棉纺织业潜在的巨大市场。更为重要的是，在这些需要输入棉制品的省份中，有不少是汉口等湖北市镇的商业腹地，这为湖北棉布的外销提供了商路保障。在刘献廷笔下，汉口的腹地包括云南、贵州、四川、湖南、广西、陕西、河南、江西，这些省份恰好都是棉纺织业不甚发达的地区。当时，全国的棉纺织业中心无疑是江南，而江南棉业势力所不能及的地区，大约只有中南和西南市场，故有学者论曰“仅就棉业而论，湖北对于西南，在某种程度上颇像是江苏之对中国”[①]。拥有庞大人口数量的四川是一个著名的缺棉省份，清代中期该省大量从湖北输入棉花、棉布，在荆沙地区，“蜀客贯布者相接踵”。四川夔州府大宁县的棉花“仅产邑之附郭一带，土人纺织成布，质虽粗而耐久，其装絮衣被及细布，仍运自荆宜，以邑产不广也”。西昌县“清代宁属均服用陕帮采办入宁之广布（购自沙市一带，故称广布）”。阆中县“利之厚者，莫过于转贩丝布。收本地之丝，载至湖北沙市、汉口变卖，随即买布而归。邑中人之致富者，率以操此业”[②]。贵州贵阳地区所用的湖北棉布，“岁千亿万匹”，息烽县则先后流行过来自湖北的嘴布、阳逻布及葛仙布、黄州大布[③]。云南昭通“所需棉布，皆资楚蜀”，宣威所用“广布多产于湖北沙市”[④]。除了西南市场以外，早在明代，湖北棉布还进入了广东，粤省“冬布多至自吴楚，松江之梭布，咸宁之大布，贾人络绎而来”[⑤]。在自然资源禀赋比较优势差异的诱导下，清代湖北棉布大量进入国内市场流

---

① 高王凌：《经济发展与地区开发——中国传统经济的发展序列》，海洋出版社1999年版，第152页。

② 光绪《大宁县志》卷1，《地理·物产》；民国《西昌县志》卷2，《产业志·工业》；道光《阆中县志·风俗志》，转引自龙登高：《中国传统市场发展史》，人民出版社1997年版，第497页。

③ 道光《贵阳府志》卷3，转引自高王凌：《经济发展与地区开发——中国传统经济的发展序列》，第153页；民国《息烽县志》卷13，《食货志·商业》，戴鞍钢，黄苇主编：《中国地方志经济资料汇编》，汉语大词典出版社1999年版，第280页。

④ 民国《昭通县志》卷5，《工业志·纺织》；宣统《宣威州乡土志》。

⑤ 屈大均：《广东新语》卷15。

通。据吴承明估计，当时全国进入长距离运销的棉布共约4500万匹，江南苏松地区4000万匹，占绝对优势，湖北不下100万匹[①]，数量也相当可观。毫无疑问，清代中国棉纺织业格局是有利于湖北传统棉纺织业发展壮大的。

综上所述，可以对清代中叶湖北传统棉纺织业进行这样的定位：一方面，与江南相比，湖北棉布生产仍有差距，甚至于它本身还要从江南进口布匹；另一方面，湖北棉布在全国市场尤其是西南市场上又对江南棉布构成了强劲的竞争，将江南棉布从其若干传统市场上排挤了出去[②]。整个清代，湖北棉布“其精者皆远行滇、黔、秦、蜀、晋、豫诸省，府布佳者，东南吴皖之民亦珍焉”[③]。因此，在盛清时代，湖北棉纺织业在整个中国棉纺织业格局中虽非领导者，但亦居于上游。当时，中国棉纺织业大致形成了这样的雁阵：江苏—湖北、直隶、山东—浙江、福建、广东—其他地区。在这一雁阵中，湖北棉纺织工业拥有强大的竞争力，以及广阔的市场腹地[④]。

第二节　湖北传统棉纺织工业的制度

清代湖北的棉纺织业被称为“传统”工业，是因为此后兴起的大工厂工业代表了“现代”。而传统工业演化的总趋势即为向现代工业过渡。但在历史上，这种过渡并不一定能实现，甚至传统工业是否真的能够自发地向现代工业转型，也是不确定的[⑤]。尽管传统工业向现代工业过渡是一个全

---

① 吴承明：《中国的现代化：市场与社会》，生活·读书·新知三联书店2001年版，第161页。

② 李伯重：《明清江南与外地经济联系的加强及其对江南经济发展的影响》，《中国经济史研究》1986年第2期，第117—134页。

③ 民国《湖北通志》卷24，《舆地志·物产》。

④ 据山本进研究，18世纪中叶以后，四川乡村的棉布生产开始在西南市场上对湖北棉布产生排挤（山本进：《清代社会经济史》，李继锋等译，山东画报出版社2012年版，第6页）。但总体而言，湖北棉布在西南还是具有很大竞争力的。

⑤ Sheilagh C. Ogilvie and Markus Cerman: The theories of proto-industrialization, Sheilagh C. Ogilvie and Markus Cerman eds.: *European proto-industrialization*, Cambridge: Cambridge University Press, 1996, p. 10.

面的演变过程，但在很大程度上，这种过渡体现为制度变迁[①]，例如，由家庭手工业转化为工厂工业。清代湖北的棉纺织业以农家副业为其基本制度形态，尽管它也存在着巨大的区域外市场需求，但结构性的市场激励不足所产生的交易成本阻碍了它的制度变迁。因此，直到西方现代化棉纺织工业开始向中国进攻的年代，湖北传统棉纺织工业在组织形式上仍相当落后。

一、基本制度：农家副业

在中国传统社会中，食品与衣服是两大基本需求，农户家庭以“耕织结合”为其主要生产模式，其中农业仍占主导地位，纺织业一般作为农业的补充而存在。湖北传统棉纺织业尽管拥有广阔的区域外市场，也仍未摆脱从属于农业的地位，农家副业是湖北传统棉纺织业的基本制度。

清代湖北传统棉纺织业的地理分布表明，棉纺织区与棉花种植区之间存在着密切联系，棉布生产大区一般也是棉花种植大区，而不宜植棉的地区棉纺织业也不甚发达。这一事实，从宏观上可视为农户自给自足生产的一种放大，即农户只是在产品有盈余的情况下，才会销售于区域外市场。从具体史料中，也可以清楚地看到湖北传统棉纺织业的制度特征。首先，在鄂西等棉纺织业不发达的地区，农民“自织大布极粗恶，不售于市，田野间制以为服，取其耐久”[②]，这是一种完全不面向市场的自给自足的生产行为。其次，即使在那些生产外销棉布的地区，棉纺织生产也只是农闲时的季节性劳动，如枝江县“邑产棉，洲地尤佳。年丰，亩地以百斤计。居民于农毕时纺织兼营，无业产家更藉此为活计。夜半，机声与纺车轧轧相闻，有竟夜不眠者，其功勤，其利亦倍”[③]。又如汉川县“当农事甫毕，男妇老幼共相操作，或篝灯纺绩，日夕不休，或机声轧轧，比屋相闻。故业此者恒劳且也，春夏之交不少”[④]。枝江县和汉川县都是清代湖北生产外销棉布的典型地区，其棉纺织活动也只是“农毕时”的“男妇老幼共相操

---

① 此处按照新制度主义经济学的理论理解制度，将制度视为激励结构，而制度结构“是正式规则、非正式约束以及它们的实施特征的结合”。道格拉斯·诺思：《理解经济变迁过程》，钟正生等译，中国人民大学出版社 2008 年版，第 6 页。

② 光绪《巴东县志》卷 10，《风土》。

③ 同治《枝江县志》卷 7，《赋役志下·物产》。

④ 同治《汉川县志》卷 6，《物产》。

作”，这足以说明湖北传统棉纺织业专业化水平低下，未出现明显的分工。

二、变迁阻力：市场激励不足

与湖北相比，明清时期，江南地区的棉纺织业表现更为卓著，不过，可以认为，江南棉纺织业的基本制度形态也是农家副业。一些研究资本主义萌芽的学者认为，江南的“纺和织所以基本上没有分离，根本的原因在于纺的技术落后，农家单事纺纱收不到专业分工的效益”[①]。梁方仲指出棉业成为农家副业以后，“棉货的生产成本可以降至极低的限度”，从而阻碍社会劳动分工的发展[②]。赵冈、陈钟毅则对农民的这一制度选择进行了经济学上的解释，指出中国手工工场特殊的生成路径使传统棉纺织业中产生工场手工业的可能性被农家副业排挤掉了[③]。

与上述学者不同的是，李伯重认为，清代江南棉布在国内外市场上所面临的越来越强烈的竞争，使江南农家不得不为提高工效和产品质量而走专业化的道路，即越来越多地由专业劳动者来从事棉纺织生产。也就是说，清代江南棉纺织业的专业化分工虽不体现于纺织分离，但表现为“妇女专业化”，即农妇承担起对工艺和体力要求较高的织布工作，而将很大一部分纺纱工作交给老幼等不熟练的辅助劳动力[④]。另外，据樊树志研究，明清时代的江南形成了一批棉布业市镇，它们被认为是沟通棉纺织个体生产者、手工业作坊、棉花棉纱棉布牙行、外来客商，以及各地市场的联系渠道与商品交易中心，在长江三角洲市镇网络中具有举足轻重的地位[⑤]。这样一批市镇，大致上可分为以棉花交易为特色的市镇、以棉布交易为特色的市镇和棉布业兼营棉布加工业的市镇，其数量仅松江府与苏州府加起来就有34个之多[⑥]。毫无疑问，这两位学者对于清代江南棉纺织工业的发展持更加积极的评价。按照这样一种新的论说，可以重绘明清江南棉纺织业的图

---

① 许涤新，吴承明主编：《中国资本主义发展史》第1卷，人民出版社2005年版，第405页。

② 梁方仲：《中国经济史讲稿》，中华书局2008年版，第186页。

③ 赵冈，陈钟毅：《中国棉业史》，联经出版事业公司1983年版，第67—70页。

④ 李伯重：《江南的早期工业化（1550—1850年）》，社会科学文献出版社2000年版，第76—77页。

⑤ 樊树志：《江南市镇：传统的变革》，复旦大学出版社2005年版，第329页。

⑥ 樊树志：《江南市镇：传统的变革》，复旦大学出版社2005年版，第330—331页。数据系依据其文本统计所得。

景：在专业化市镇的支撑下，江南土布业不仅在国内市场上占据较大优势，而且远销海外，真正将区域外市场扩大到了很多国家。

不过，即使能够肯定明清江南棉纺织业繁荣至极，但无可回避的事实是，该地传统棉纺织业未能实现普遍性的制度突破。换言之，清代江南棉纺织业的繁荣只是一种缺乏实质性发展的增长，依然未脱离熊彼特所谓“循环周转”的桎梏。江南尚且如此，比之落后的湖北更不待言。那么，中国传统棉纺织业为何未能出现制度变迁呢？

这一问题的答案相当复杂，综合现有研究成果，可以认为市场激励不足是制度变迁的阻力之一。作为基本消费品产业，棉纺织工业的成长依赖于市场的扩大，而市场从本质上来说体现为民众的购买力。然而，在明清时期，普遍自给自足的小农家庭的购买力相当有限，而且有可能不依赖市场取得纱、布等生活必需品，这就限制了市场规模的扩大，从而削弱了产业创新的动机。简单地说，一个低端的市场支撑不起高端的产业。尽管一些当代学者努力尝试着重估近代早期的中国经济，以证明工业革命前的中国在经济上并不落后于西方[①]，但是，老一辈学者如梁方仲、赵冈等人的推论更接近于常识。如果说学术界对于经济最发达的江南地区的情形存有争议，那么，至少对湖北而言，市场激励不足阻碍了制度变迁是相当明显的。以市场架构来说，虽然湖北拥有汉口这一天下巨镇，但是正如刘献廷指出的那样，“东海之滨，苏州而外，更有芜湖、扬州、江宁、杭州以分其势。西则惟汉口耳”，实际上，这使得汉口市场要承担过多的经济职能，反过来则是其腹地市场体系的不发达。一般而言，在一个完善的市场体系中，中间层级的市镇起着不可或缺的协调功能，能够拉长产业链，促进分工与专业化。而分工水平决定了生产率[②]，也就极大地影响到制度变迁的可能性。前文已提到，据樊树志研究，明清时期，江南的棉布业专业市镇仅松江府与苏州府就共有 34 个，据任放研究，同时期湖北的纺织业专业市镇只有 12 个[③]，这种比较就能够说明为什么湖北棉纺织业落后于江南。因此，

---

① 代表性研究如：黄敬斌：《民生与家计：清初至民国时期江南居民的消费》，复旦大学出版社 2009 年版；李伯重：《中国的早期近代经济——1820 年代华亭－娄县地区 GDP 研究》，中华书局 2010 年版。

② 杨小凯，张永生：《新兴古典经济学与超边际分析》，社会科学文献出版社 2003 年版，第 65 页。

③ 任放：《明清长江中游市镇经济研究》，武汉大学出版社 2003 年版，第 189 页。

湖北本地市场两级分化的结构无疑使其拉长产业链、增进市场专业化的功能有所欠缺，不利于该地区产业的专业化分工。

以上分析主要基于需求面，实际上，中国传统棉纺织业落后于西方的原因可能更应从供给面着手寻找，而所谓供给面，主要是指技术。相对于市场需求，产业对先进技术的获取其实是更为困难的。恰如莫基尔（Joel Mokyr）所言："只要人的欲望没有变化，需要就始终存在；满足需要的能力却不然。"[①] 技术与制度之间有着密切关系，正是因为安放新式动力设备需要更大的空间，并需要将劳动力集中起来，棉纺织业中的大工厂制度才会取代家庭工业制度。是故，中国传统棉纺织业未能实现制度变迁，与其技术落伍也有密切关联。然而，如前所述，技术是一个相对独立的变量，并非市场需求所能决定。因此，即使中国传统棉纺织业如李伯重等学者所言拥有广阔的市场，也完全不能保证其产业技术有变革的可能性。相反，根据巫仁恕的研究，中国早在晚明即已形成类似英国 18 世纪的"消费社会"，却并未导致工业革命的到来[②]。但是，当中国的传统纺织工业仅仅是简单地在规模上扩张时，西方的纺织工业即将凭借其技术优势征服世界。

第三节　技术支配下的中西纺织工业"大分流"

从表面上看，爆发于英国的工业革命是一场以棉纺织工业为先导的产业变革，大部分历史学家亦持此种观点。这种观点认为，棉纺织品的巨大市场在棉纺织业技术革新开始前已然存在，足以诱使商人们大胆进行工业革命，换言之，英国工业成长的前导是大众消费品[③]。然而，棉纺织工业的技术变革依赖机械工业提供技术装备，故机械工业这一重工业部门才是工业革命真正的先驱。而这也意味着，提供技术支撑的机械工业等重工业对纺织工业的发展有着决定性影响。

---

① 乔尔·莫基尔：《富裕的杠杆：技术革新与经济进步》，陈小白译，华夏出版社 2008 年版，第 167 页。

② 巫仁恕：《品味奢华：晚明的消费社会与士大夫》，中华书局 2008 年版，第 290 页。

③ 艾瑞克·霍布斯鲍姆：《革命的年代》，王章辉等译，江苏人民出版社 1999 年版，第 40—45 页。

一、近代早期世界中的重工业

严格意义上说，工业革命之前的制造业在本质上属于手工业，但自原始工业化（Proto-industrialization）理论兴起以后，学界对于“工业”的界定已越来越宽泛，因此，可以认为，在近代早期的世界上，不仅存在着纺织业等轻工业，也存在着冶金、机械等重工业。尽管棉纺织业是第一个实现机械化的产业，但工业革命的本质之一在于无生命能源对于有生命能源的代替[①]。然而，是蒸汽机而非一般的纺织机械实现了无生命能源对有生命能源的替代。进一步说，如果没有蒸汽机提供能源转换，也不会有机械化，生产只能在比较狭窄的范围内发展[②]。不过，蒸汽机并非是为棉纺织业发明的，最早的蒸汽机被用来在开采煤矿时从矿井中抽水[③]。故蒸汽机在棉纺织业中的应用只不过是早期重工业在演化过程中产生的技术外溢效应。因此，在考察近代早期世界各地的原始工业化时，有必要将关注的重心从棉纺织业等轻工业转向机械制造业等重工业。

在解释“大分流”（The Great Divergence）时，这一概念的创造者彭慕兰（Kenneth Pomeranz）虽未完全否认技术的重要性，但他坚持地理因素更为关键，即欧洲的煤和熟练的机械制造者集中地之间地理距离较短，而这两者在中国存在着巨大的地理距离[④]。因此，在彭慕兰的解释体系中，近代早期的重工业确实具有一定的重要性，但这种重要性较少体现在技术能力上，相反，重工业的发展本身取决于矿产资源的地理分布这一天然的比较优势。与彭慕兰不同，李伯重在解释近代早期中国江南与英国原始工业化发展的差异性时，更为强调重工业所起的作用，他认为“中世纪后期以来工业的迅速发展，实质上就是重工业兴起并在工业中的地位变得越来越重要的历史过程”。李伯重比较了江南与英国的工具制造业、建材工业、

---

① 大卫·兰德斯：《解除束缚的普罗米修斯：1750 年迄今西欧的技术变革和工业发展》，谢怀筑译，华夏出版社 2007 年版，第 41 页。

② 保尔·芒图：《十八世纪产业革命——英国近代大工业初期的概况》，杨人楩等译，商务印书馆 1997 年版，第 248—249 页。

③ 大卫·兰德斯：《解除束缚的普罗米修斯：1750 年迄今西欧的技术变革和工业发展》，谢怀筑译，华夏出版社 2007 年版，第 96—97 页。

④ 彭慕兰：《大分流：欧洲、中国及现代世界经济的发展》，史建云译，江苏人民出版社 2003 年版，第 14、62—63 页。

造船业和矿冶业这几个重工业部门，认为江南地区无论在重工业的规模还是比重方面均不如英国，江南的原始工业结构属于节省能源与材料的“超轻结构”。可以说，李伯重也在从重工业的角度审视“大分流”。不过，李伯重在解释近代早期江南与英国重工业发展的不同路径时，与彭慕兰一样持矿产资源地理分布差异性的论点。他认为“仅只是煤的缺乏一点，就决定了江南工业的发展就只能是轻工业一家独大的发展”。进一步说，李伯重认为明清江南的原始工业中极少使用机械和机器，并非因为中国缺乏制造和使用机械的技术知识或者欠缺创新精神，而是受限于煤铁资源的匮乏①。这样一来，李伯重在对“大分流”的解释上与彭慕兰殊途同归，都不认为近代早期中国与西方存在较大技术差距，而把原因归结为矿产资源分布的不同。

更为值得关注的是，李伯重在分析蒸汽机的发明时过于强调能源与材料的重要性，认为“蒸汽机的基本制作原理与工艺并未超出中世纪后期欧洲的知识与技能的范围”②。但这与史实不符。事实上，恰恰是技术因素决定了蒸汽机的大量制造，这一技术因素就是彭慕兰已经言及但又语焉不详的精密钻孔和校准技术③。从蒸汽机的演化史来看，在瓦特蒸汽机之前，已经存在纽科门蒸汽机等早期品种，但只有瓦特蒸汽机大大提高了蒸汽机的效率和应用价值。在纽科门蒸汽机中，活塞与缸体的紧密配合并不是一件特别重要的事情，但这对于瓦特蒸汽机的正常工作来说却是必需的，所以瓦特蒸汽机的制造依赖威尔金森（John Wilkinson）于1774年生产的镗床，这种镗床能达到瓦特所要求的汽缸镗孔精度极限④。因此，蒸汽机的发展实际上取决于机床工业的技术进步。但是，如科大卫（David Faure）所言，中国缺乏机床工业的技术优势，故不可能发明蒸汽机⑤。因此，可

① 李伯重：《江南的早期工业化（1550—1850年）》，社会科学文献出版社2000年版，第456、481、495—502页。

② 李伯重：《江南的早期工业化（1550—1850年）》，社会科学文献出版社2000年版，第494页。

③ 彭慕兰：《大分流：欧洲、中国及现代世界经济的发展》，史建云译，江苏人民出版社2003年版，第62页。

④ 查尔斯·辛格等主编：《技术史》第4卷，辛元欧等译，上海科技教育出版社2004年版，第125、287页。

⑤ 科大卫：《近代中国商业的发展》，周琳等译，浙江大学出版社2010年版，第182页。

以说是机床工业这一技术型产业决定了中国与西方经济的分化。

二、技术因素与中西经济“大分流”

由前文可知，对于工业革命而言，棉纺织工业的繁荣发展是果，包括机床、动力装备等产业在内的机械工业的发展才是因。然而，对明清时期的中国来说，其传统机械工业较之纺织工业比西方更为落后。

中国古时并无机械工业，亦无制造机械所需之复杂机床。这与欧洲不同。在欧洲，从16世纪或者更早的时候开始，枪炮的生产已经使用依靠绞盘或水车推动的镗床来钻镗，火炮产量因之提高。1769年，英国人斯米顿(John Smeaton)发明的镗床与16世纪一种用于镗削炮筒的镗床非常相似[①]。因此，欧洲早在工业革命之前就有了制造机械所需的机床技术，且该项技术具有长期的延续性，因为直到1774年，西欧工业中使用的机床较中世纪并无多大进展[②]。与欧洲相比，中国古代机床的结构异常简单。李约瑟(Joseph Needham)认为中国工匠经常使用“盘车”这种形式简单的脚踏车床，但他“慎重地赞同”更为复杂的杆式脚踏车床未在中国发展起来[③]。在晚明最重要的技术文献《天工开物》中，也只提及类似磨床的“琢玉车”，其结构较盘车更为简单[④]。在同时代的《远西奇器图说》中，可以用作车床核心部件的“尖螺丝转”是被视为西方“奇器”介绍给中国人的[⑤]，由此当能反证该种机件并非中国本土技术，至少，在中国技术传统中不占主流地位。因此，中国古代不存在欧洲式机床。

由于缺乏机床及其所体现的精密加工技术，明清中国是不可能制造出瓦特式蒸汽机的，换言之，工程学知识与技术手段上的不足限制了中国传统经济的变革可能性，在这一经济体系内部，缺乏无生命能源替代有生命

---

① 查尔斯·辛格等主编：《技术史》第3卷，高亮华等译，上海科技教育出版社2004年版，第253页；查尔斯·辛格等主编：《技术史》第4卷，高亮华等译，上海科技教育出版社2004年版，第287页；卡洛·M.奇波拉主编：《欧洲经济史》第2卷，贝昱等译，商务印书馆1988年版，第187页。

② 查尔斯·辛格等主编：《技术史》第4卷，高亮华等译，上海科技教育出版社2004年版，第285页。

③ 李约瑟：《中国科学技术史》第4卷，第2分册，鲍国宝等译，科学出版社1999年版，第56页。

④ 宋应星：《天工开物》，潘吉星译注，上海古籍出版社2008年版，第313页。

⑤ 邓玉函口授，王徵译绘：《远西奇器图说》(一)，商务印书馆1936年版，第186页。

能源所必需的要素。也就是说，中国自身的技术传统完全不足以诱发工业革命。尽管当世学者创造出了“勤勉革命”这个似是而非的概念，期望弥补近代早期中国与欧洲的差距①，但是，这种论证掩盖不了西方凭借技术优势使东方沦为从属地位的事实。

与中国不同，欧洲的机械制造技术有着长期性的传承与积累。在 16、17 世纪的欧洲，制图和雕刻的新技术使很多有关机械设计的草图和设计图得以呈现并流传，一些书籍也记录了机械制造的细节②，这使近代早期西欧的机床工业能够完成自身的技术知识积累并传承下去。此外，西欧机床工业在实践传承方面也显现了强大的力量。例如，英国机床行业中的发明家群体俨然形成了一个“布拉默（Bramah）世系”③，其彼此之间密切的关系方便了技术的交流与改进，这是工业革命初始阶段英国机床工业技术突然跃进的原因之一。可以推测，近代早期西欧机床工业的基本技术也必通过相似的关系网络从中世纪代代传承。因此，仅从行业内部的技术演化来看，西欧机床工业自中世纪以降形成了技术的自生性，即技术可以在产业内部自行积累并逐步改进。因此，尽管中国等东方国家与西方世界的“大分流”从表象上看只是一个相对短暂时间里发生的事件，即通常所说的“工业革命”，但从演化的角度说，英国或整个西欧工业革命的孕育长达数百年，在这数百年间，中国并未发展出相应的技术能力。因此，中国不是到了鸦片战争前夕突然落后于西方，而是早已被西方超越④。

---

① “勤勉革命”一词首先由速水融用来论证德川时代日本经济发展不输于欧洲，只是走上了不同的道路。由于德川时代与明清的相似性，这个概念被借用来描述明清中国是不足为奇的。然而，已经有学者通过对原始史料的挖掘，证明速水融的“勤勉革命论”站不住脚。渡边京二：《看日本：逝去的面影》，杨晓钟等译，陕西人民出版社 2009 年版，第 148 页。

② 查尔斯·辛格等主编：《技术史》第 3 卷，高亮华等译，上海科技教育出版社 2004 年版，第 225 页。

③ 查尔斯·辛格等主编：《技术史》第 4 卷，高亮华等译，上海科技教育出版社 2004 年版，第 285—296 页；乔尔·莫基尔：《富裕的杠杆：技术革新与经济进步》，陈小白译，华夏出版社 2008 年版，第 112—113 页；大卫·兰德斯：《解除束缚的普罗米修斯：1750 年迄今西欧的技术变革和工业发展》，谢怀筑译，华夏出版社 2007 年版，第 104—106 页。

④ 更详尽的分析可参考：彭南生，严鹏：《技术演化与中西“大分流”——重工业角度的重新审视》，《中国经济史研究》2012 年第 3 期，第 95—103 页。

对纺织工业这一劳动密集型产业来说，其技术进步在很大程度上要依靠关联产业的推动。在英国工业革命开始时，棉纺织行业内部的确产生了许多工匠革新，如最为有名的珍妮纺纱机。然而，具有决定意义的动力革命仍然要依靠机械工业提供蒸汽机，而这一动力系统的改变又带来制度上的革新，即工厂工业取代手工业。同时，随着工业革命的推进，棉纺织工业的生产工具变革也开始日益依靠专业化的机械部门。例如，自动骡机是由英国机床工程师理查德·罗伯兹（Richard Roberts）发明的，正是该项发明使纺纱工艺完全自动化了，从而宣判了英国手摇纺纱机的死刑[①]。而依靠自动化的纺纱设备，英国纺织工业将会宣判中国手摇纺纱的死刑。因此，西方纺织工业的发展，离不开机械工业的帮助。换言之，重工业支持了轻工业的发展，并成为轻工业竞争力的重要构成来源。与之相比，中国传统的机械工业发展较为落后，也就连带拖滞了纺织工业的发展。轻重工业的这种协同演化关系，在湖北乃至中国纺织工业发展史上还将反复出现。

小　结

在西方资本主义进入中国前，中国传统的纺织业自发演化了数百年，发展出了一个与小农经济相适应的体系，在以自给自足为基础的同时，出现了与自然资源禀赋比较优势相匹配的区域分化，从而使部分地区的纺织业得以面向市场，呈现出有限的专业化态势。在这一演化过程中，湖北由于适宜种植棉花，而成为棉纺织业具有竞争力的地区。同时，由于湖北的经济中心汉口同时也是中南、西南地区的商业中枢，该省的棉制品得以流通于广阔的省外市场。因此，盛清时代的湖北棉纺织业是一个依赖于资源禀赋比较优势的产业，其竞争力主要来源于自然环境所提供的资源与地缘优势。这一竞争力层级当然是相当初级的，可以称之为原始竞争力。

然而，在同一时期的西方，尤其是英国，纺织工业却开始了一场真正意义上的革命，而其革命的本质在于技术变革。英国发达的机械工业为棉

① 乔尔·莫基尔：《富裕的杠杆：技术革新与经济进步》，陈小白译，华夏出版社2008年版，第113页。

纺织工业提供了新式动力设备和自动化的生产工具，从而极大地提高了生产效率。这一基于技术的竞争优势将使西方的纺织工业能够击败其中国同行，而中国传统纺织工业也将被迫在一个激烈竞争的市场上艰难转型。

第二章　湖北纺织业二元工业化的启动（1861—1912）

鸦片战争以后，中国的大门被西方资本主义列强的坚船利炮轰开，传统社会经济也开始发生缓慢的嬗变。然而，直到19世纪60年代以前，西方资本主义对于中国社会经济的影响尚不显著。第二次鸦片战争以后，随着更多通商口岸的开放，资本主义世界体系的触角也开始深入中国腹地，其中就包括湖北。此时在清王朝内部，也兴起了一场旨在学习西方先进技术以自强的现代化运动。在外部刺激与内部摹仿的双重作用下，中国开始走上一条糅杂传统与现代因素的二元工业化道路，社会经济在多个层次上开始转型。以湖北来说，汉口开埠后，该省传统纺织业被迫重组，而张之洞督鄂时期兴办的现代纺织企业则使湖北纺织工业获得了巨大的竞争优势。相对而言，在湖北纺织工业各部门中，棉纺织业仍然是该地区最重要的产业。

第一节　开埠通商与湖北传统纺织业的重组

尽管鸦片战争被普遍视为中国近代史的开端，但这场战争对于中国社会、经济、政治、思想文化的直接影响并不显著，清王朝仍旧以其历史惯性踏着自己的步子运转。湖北作为一个内陆省份，所受西方资本主义冲击尤其轻微。一直要到1861年汉口正式开埠，湖北才被纳入资本主义世界体系的边缘，开始缓慢的近代转型。开埠通商带来的洋货进口给湖北传统纺织业造成了巨大的压力，也促使传统棉纺织业出现了“纺织分离”这一重组。

一、汉口开埠与湖北市场的变化

在清代前中期，汉口占据着湖北市场体系的中心地位，沙市、宜昌等地也是重要的商品集散市场和贸易中转站。外国资本主义在对华中地区进行经济渗透时，利用了湖北市场体系的既有格局，分别于1861年、1877年、1895年推动汉口、宜昌、沙市开埠通商。开埠以前，作为华中地区市场中心的汉口基本上不存在直接对外贸易。开埠以后，汉口的进出口和转口贸易逐年增加，洋货的倾销和土货的收购转运，构成汉口商业的主轴。开埠以后湖北地区贸易规模逐渐扩大，给该省传统棉纺织业带来两个方面的直接影响。

其一，商品交易结构发生改变，洋纱、洋布进入湖北市场，并对传统棉纺织业的制度形态造成了冲击。开埠前，湖北传统的贸易结构以米、布、盐、木材为大宗商品，开埠以后，这种传统结构开始瓦解，代之而起的是以洋纱、洋布和茶叶为交易主体的新型市场体系①。洋纱、洋布的进口冲击了湖北乡村的土纺土织，在一定程度上改变了湖北传统棉纺织业的面貌。此外，先进纺织工具如改良织布机的进口推动了湖北乡村棉纺织业的技术变革。从这个意义上说，开埠通商为湖北传统棉纺织业走上渐进型工业化道路提供了契机。

其二，开埠通商不仅扩大了湖北地区的贸易规模，也使湖北口岸城市的经济腹地得以扩张。由于湖北传统棉纺织业本就存在着广阔的区域外市场，因此，开埠通商无异于增进了湖北棉纺织业的这一潜在优势。汉口在清代中国中西部市场上占有中心地位，开埠以后，随着贸易规模的扩大与轮船的引进，其腹地有所扩张。在对外贸易方面，一段时期内，“仰外国品供给于汉口港者，为沙市、宜昌、重庆等扬子江上游各港是也”，可见当时包括四川在内的广大西南市场依然被纳入汉口的直接腹地之内，只是随着四川与上海直接贸易联系的加强，汉口对于西南腹地的控制才“稍有减少之势”②。在国内贸易方面，日本外交官观察了当时汉口的“内地贸易区域”，这种“内地贸易区域”指“皆自汉口供给外国品，又分配以他省产货

---

① 陈钧，任放：《世纪末的兴衰——张之洞与晚清湖北经济》，中国文史出版社1991年版，第169—170页。

② 《视察中国汉口复命书》上，《湖北商务报》光绪二十五年八月初一日。

物焉。故外国品输入内地，皆运来其产货于汉口，而他省产品，运搬外国及内地各口者，亦皆汇集汉口”，也就是通常所说的腹地了。下表展示了当时汉口各腹地的具体情形：

表 2-1 清末汉口的腹地概况

省别	概　况
湖北省	皆属汉口贸易区域。虽此区域内，有沙市、宜昌两通商港，然其二口内地贸易，于汉口无大加损也。
湖南省	专属汉口贸易区域，其所需外国品，尽自汉口供给之，而其所产货物，输出他省者，亦多汇汉口，而后分散。然他日广东铁路全通，汉口与广东为联络，则湖南省商品进出，分汉口广东二口。
河南省	天津、汉口两港共同贸易区域也。其东北部属天津，其西南部属汉口。许州、南阳府、开封府、浙川厅等是也。
贵州省	大半属汉口贸易地域。其铜仁府、遵义府、贵阳府、思南府、镇远府等，在其区内。
四川省	开有重庆港场，直接为外国贸易，然搬运不便，故重庆府、酉阳州、夔州府等，仰外国品供给于汉口，其内地产物，大半亦经汉口运出诸港。
陕西省	殆专属汉口贸易地域，其所需外国品，主由汉水输自汉口。
广西省	北东各府，亦仰外国品于汉口。
甘肃省	间自汉口供给之。
江西省、安徽省	际输出内地产物于外国，或分输内地各口，则输送其货物于汉口，而际输入外国品，则专仰其供给于九江。

资料来源：整理自《视察中国汉口复命书》（下），《湖北商务报》光绪二十五年八月十一日。

由上表可知，汉口的直接腹地包括湖北、湖南、陕西、河南西南部、四川东部、贵州大部、广西东北部，间接腹地远及甘肃。江西、安徽在进口贸易方面属于九江的腹地，在出口贸易和国内贸易方面仍属于汉口的腹地。实际上，由于重庆这一口岸城市本身属于汉口的腹地，因此远际川、黔、滇、藏的广大地域实际上也包括在汉口的间接腹地之内。此时的汉口虽早已不具有刘献廷笔下那种在中西部地区一枝独秀的地位，但腹地范围反而有所扩张，包容了刘献廷所未提及的安徽、甘肃等地。

二、湖北传统棉纺织工业的重组

开埠通商所带来的市场变化直接影响了湖北传统棉纺织业的生产模式。一方面，洋纱、洋布的进口对农民自纺自织的土纱土布构成了竞争，侵蚀了其部分市场；另一方面，洋纱的进口反而促成了传统棉纺织业中的纺织分离，在导致部分地区乡村纺纱业衰落的同时，提高了乡村织布业的效率，使土布在市场上获得了与洋布一较高下的竞争力，也就为乡村棉织业的转型准备了前提。此外，口岸城市经济腹地的延续与扩大继续为湖北乡村棉纺织业提供着一个广阔的区域外市场。然而，整体上来看，晚清时期湖北的乡村棉纺织业未改变其农家副业的基本制度形态，其重组仍相当有限。

（一）洋纱洋布的竞争及其影响

棉纺织业是英国第一次工业革命时期的先导产业，机制棉纱、棉布也是自第一次鸦片战争以后资本主义列强极力在中国推销的产品。机器生产的洋纱、洋布与中国手工纺织的土纱、土布相比，存在着生产率上的差异，不过，其对于土纱、土布的排挤是一个不平衡的过程。大体而言，土纱遭到了洋纱的强烈排斥，乡村手工棉纺业也受到了巨大的打击，而土布生产反而能利用机纱供给解决织造过程中的瓶颈问题，反过来对洋布构成有力竞争。由下图可见，1840—1894 年洋纱（此时国内也开始生产机纱，其对于乡村手纺纱的排挤与进口纱具有相同的经济效果）对丁土纱的排挤相当迅猛：

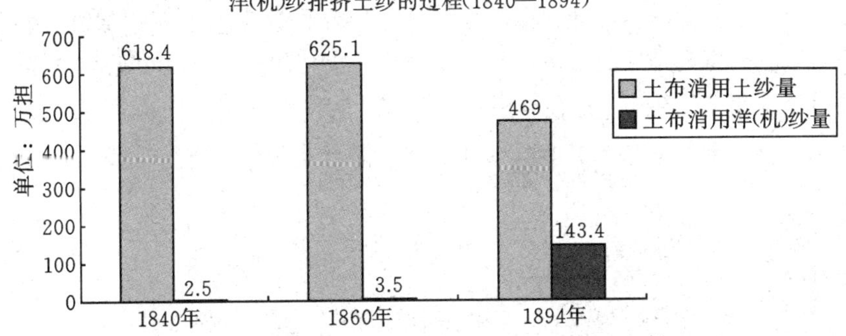

图 2-1　洋（机）纱排挤土纱的过程（1840—1894）

整理自许涤新，吴承明主编：《中国资本主义发展史》第 2 卷，人民出版社 2005 年版，第 278 页。

在半个世纪的时间里，洋（机）纱排挤了1/4的土纱，这对于中国乡村手纺业自然是很大的打击。而在同一时段内，洋（机）布对于土布的排挤仅达到14.15％[①]，比之洋（机）纱对于土纱的排挤过程要缓慢得多。相反，土布织户采用洋纱织布，得以缩短劳动时间，提高效率，以至于能够降低生产成本，增强同洋布对抗的市场竞争力。到19世纪末，英国驻重庆领事指出了洋纱、洋布在中国市场上的地位差异："本地人以洋布为不适于用，制为内衣，谓夏热而冬凉，以其本地手机所织之布，疏而经久者为尚。惟市中商人，多用洋布为衣服耳。洋纱则进口货中最为畅销。"[②] 由此，可以认为，洋纱的进口以一种特殊的方式促成了中国传统棉纺织业的重组，一方面它摧毁了中国众多地区的乡村棉纺业，另一方面则巩固了乡村棉织业，甚至促成部分地区的乡村棉织业开始向新形态演化。学界对这一宏观历史进程多有深入探讨，下文拟具体考察晚清湖北传统棉纺织业所发生的变化。

前文已经提到，开埠通商以后，湖北市场的贸易格局发生了改变，洋纱、洋布成为大宗交易商品，并通过汉口等口岸城市输往各腹地销售。洋纱的行销甚至催生了棉纱业这一新兴商业。据业内人士回忆，汉口本无棉纱这一行业，"直到前清光绪年间，才有少数贩卖棉纱（当时称为洋纱）[③]的摊户，他们也不是专营棉纱，而是同带子、栏杆、花边等商品一起兼营的。棉纱来源是由经营洋广杂货的商号从广州购进的印度产品，如'红人枪'、'红洋房'等牌子棉纱"[④]。在中国开埠通商之初，印度棉纱在中国市场上占有很大份额，这一点可以从上述回忆中得到佐证。同时，由上述回忆可见洋纱对于中国内陆腹地的渗透是一个缓慢的过程，因为直到光绪年间汉口这一中南地区的市场中心尚未分化出单独的棉纱业，可见其行业规模并不显著。但到甲午战后，已经可以看到这样的报道："汉口洋纱一物，向由印度、日本运来者居多，而目下则无论何处之纱，概行畅销，价值较

① 许涤新，吴承明主编：《中国资本主义发展史》第2卷，人民出版社2005年版，第282页。

② 《重庆英领事新报商情》，《湖北商务报》，光绪二十五年十一月初一日。

③ 实际上当时中国新式棉纺织工业尚不发达，所售棉纱绝大部分应为名副其实的"洋纱"。

④ 周新民，程霖轩：《武汉棉纱商业之兴衰》，《武汉工商经济史料》1983年第1辑，第12页。

前已涨两余矣。”[①] 到辛亥革命前夕，汉口的纱号已有 20 多家[②]。汉口棉纱商业从无到有、从小到大的崛起过程，正好从侧面反映了洋纱销售量的逐渐扩大。在湖北其他地区，洋纱也成为畅销货。据《光绪十七年宜昌口华洋贸易情形论略》，在宜昌市场上，“印度棉纱，逐年见增。去岁（1890 年）由汉运宜，计 69000 余担，今岁多至 83000 余担，计值银 172 万余两，此为洋货中首屈一指之物”[③]。在清末，洋纱已成为湖北市场体系中的重要商品。

洋纱之所以能在湖北农村市场畅销，主要是因为其比土纱更易于纺织。如 1899 年 6 月的报道称汉口“销售棉纱以日本国所制为最旺，趸沽零买，几至无货应市。本省销路，又以天门县为最畅。盖由粗细合宜，便于梳织故也。现下行情甚高，如金大象、蓝鱼、金狮、十六子牌头，能售 65、66 两之谱”，到了 7 月，纱价在旺盛的需求下继续攀升：“棉纱一项，为本镇近年最旺生意，各国所制，又以日本十六子头为第一，数月以来，随到随销，几至无货应市。盖由粗细合度，便于四乡妇女之梳织故也。月初其价已渐至 66 两之谱，现因销场愈旺，此号价马，复递加一两有奇。各号家犹谓将来大有起色云。”“粗细合宜，便于梳织”无疑是日纱在市场上取得优势的重要原因。因为当时中国已有自制机纱，但在质量上比不过日纱，“又闻上海纺纱局所造粗紧异常，易结疙瘩，故织户均不乐买”[④]。因此，洋纱能排挤土纱乃至于国产机纱，是因为它在技术上更加具有竞争力。

洋纱对土纱竞争的结果，使湖北农村部分地区出现了有限的纺织分离。根据一份常被引用的材料[⑤]，可以计算出 20 世纪初湖北应山县农民纺纱与织布的不同收益。据记载，农民自用棉花纺 1 斤土纱需要 5 日，使用洋纱织 1 匹布仅需要 1 日。假定在相同的 5 天时间内，该农户只纺纱或只织布，

---

① 《湖北商务报》，光绪二十五年六月二十一日。

② 周新民，程霖轩：《武汉棉纱商业之兴衰》，《武汉工商经济史料》1983 年第 1 辑，第 12—13 页。

③ 聂宝璋主编：《中国近代航运史资料》第 1 辑上册，上海人民出版社 1983 年版，第 431 页。

④ 《湖北商务报》，光绪二十五年六月二十一日；光绪二十五年七月初一日。

⑤ 美代清彦：《鄂省西北部农业视察记》，朱承庆译，转引自彭泽益编：《中国近代手工业史资料》第 2 卷，中华书局 1962 年版，第 241—242 页。另见湖北省乡镇企业管理局：《湖北近代农村副业资料选辑》，湖北省乡镇企业管理局 1987 年版，第 154 页。

则扣除棉花成本后，其所获收益比较如下：

表 2-2　清末湖北应山县农民纺与织收益估算比较

价格单位：文

棉花价格（1 斤）	纺纱 5 日所得纱价（1 斤）	纺纱 5 日所得收益（1 斤）	织布 5 日所得布价（5 匹）	织布 5 日所耗棉花价格（9 斤）	织布 5 日所得收益（5 匹）	织布 5 日较纺纱 5 日所得剩余
上等 200	细纱 304	细纱 104	沙市布 2400	沙市布 1800	沙市布 600	沙市布 496
下等 160	粗纱 256	粗纱 96	普通布 2000	普通布 1440	普通布 560	普通布 304

说明：（1）原材料中假定纺细纱使用上等棉花，纺粗纱使用下等棉花，故假定织市价较高的沙市布用上等棉花，织普通布用下等棉花。（2）据原材料，织布 1 匹所耗下等棉花价值为 288 文，则 1 匹布需用棉 1.8 斤。

由于农民纺纱 5 日才能得 1 斤纱，织布 1 日即可得布 1 匹，因此，在单位时间内，一个既纺纱又织布的农民所得收益显然要少于专门织布的农民。在利益比较的驱动下，农民自然会舍纺纱而专事织布。这种专业化重组也正是洋纱进口给中国乡村棉纺织业生产模式带来的巨大影响。

不过，有必要看到湖北乡村棉纺织业生产模式的改变带着相当大的局限性。湖北乡村棉纺织业作为农家副业的基本制度形态并未因洋纱的使用而发生改变，纺织分离乃至耕织分离还是很遥远的事情。例如，尽管从当时的报刊上可以看到洋纱供不应求以致纱价不断上扬的报道，但与此同时，“洋纱滞销”的新闻亦不时见诸报端：“洋纱一项，由上海运汉行销，四乡藉供纺织，最称旺相。现值播种分秧，四乡农民均极忙迫，凡以纺织为事者，亦皆出作入息，无陈可乘。故本镇洋纱，价尚平平，而销路极形滞塞。”[①] 这则报道既肯定了洋纱在汉口市场上属于畅销商品，又指出了其价格波动的季节性，而洋纱价格的起伏又是由湖北乡村棉纺织业的季节性决定的。该则报道显示，一旦农民忙于播种分秧等农事，则连“以纺织为事”的农户也无暇纺织。同时，这种现象表明晚清时期机制洋纱的竞争对于湖北乡村棉纺织业的冲击是有限的，而造成此种局面的原因与当时湖北农民购买力的低下不无关系。1905 年，汉口棉纱输入额为 250000 余担，约值 600 余万两，日本驻汉总领事水野幸吉称这一数额“比之前数年，减额不

① 《湖北商务报》，光绪二十五年五月二十一日。

少”，而他的分析认为：“盖因该年之不熟，农民卖却其农作物，因受铜货价格急激下落之影响，而减其购买力，故也。”[①] 在农家副业的制度约束下，农民在农闲时的纺纱织布并非以市场为导向的专业化生产，只是农作之余补贴家用的维生手段。因此，一旦农民出现资金匮乏的情形，自然也没有必要非购买洋纱织布不可。而要打破这种制度桎梏，仅凭小农个体家庭的力量显然是远远不够的。

以上所述为开埠以后洋纱渗透湖北的情形，大体上表现为洋纱对土纱的排挤，与之相比，洋布和土布的竞争更为胶着。总体来看，尽管洋布也侵蚀了土布的一部分市场，但还是受到了乡村织布业的强劲抵制。汉口开埠之初的 1861 年，外商就看准了这一市场倾销洋布的潜力，并估计运至汉口出售的外国棉纺织品将达到 25000 吨左右[②]。到 19 世纪末，沙市经营洋布买卖的大字号有数十家，输入洋布种类多达 31 种，“荆沙四乡需用者多”[③]。但同样是在沙市，又可以看到这样的报道：“洋布类不问何国产，其需用不多，因虽质善价廉，以作衣服，则不耐久。故此类入沙市后，乃系分输他方销之。因沙市本有土布，质坚价廉，又耐久，其破褴者尚足以充杂巾，及填补鞵（俗作鞋）底之用故也。”[④] 这两则史料属于同一年代，且均出自日本观察者眼中，但彼此几乎完全矛盾，系因其各反映了当时湖北洋布销售情形的一个侧面。与土布相比，洋布最大的优点是外观新颖，因此颇受城市及农村富裕阶层消费者的喜爱。在沙市输入的外国织物中，毛织品“惟中产以上之人，多需用之，以制冬季衣服、铺盖、帷帐类”，棉织品则“中产以下人以制衣类，通四季皆需用之”[⑤]，实际上，这里提到的“中产以下人”多半也是市民阶层。而与洋布相比，土布则不仅价格低廉，更有“耐久”的质量属性，因此能够满足占人口绝大多数的农民的特殊偏好，使得洋布“需用不多”。日人水野幸吉指出，湖北土布能够抗拒洋布，既因为其“实用、耐久、利用”等品质更加满足农民的消费偏好，又因为

---

① 水野幸吉：《汉口》，上海昌明公司 1908 年版，第 288 页。

② 聂宝璋主编：《中国近代航运史资料》第 1 辑上册，上海人民出版社 1983 年版，第 246 页。

③ 《湖北商务报》，光绪二十五年十二月十一日。

④ 《湖北商务报》，光绪二十五年七月二十一日。

⑤ 《湖北商务报》，光绪二十五年十二月十一日。

农民自织土布不仅可以自己使用，还可以将多余的产品拿到市场上贩卖以补贴家用。同时，水野幸吉指出了湖北土布存在着改良的可能性[①]。总之，可以肯定的是，开埠通商以后，湖北乡村织布业不仅没有被洋布进口所摧毁，反而利用洋纱进口获得了强化。

（二）湖北乡村棉织业的市场

到清代中期为止，湖北产生了若干驰名于全国的棉布，如德安府布、荆庄大布等。不过，总的来说，明清时期湖北的棉布在品种上是比较有限的。例如，《广东新语》中曾提到清初湖北的“咸宁大布”行销于岭南，今人也多每以咸宁大布为湖北传统棉布的代表。然而，地处鄂东南的咸宁地区并不适于植棉，其纺织业以出产葛布而更闻名[②]。再如，鄂东地区虽以生产景庄布闻名，但景庄布的产生也是开埠通商以后的事情了。据记载，清朝前期的“黄冈土布”条幅极窄，厚薄不匀，布面粗糙，到光绪末年引进铁木混合织机和机纺细纱以后，才生产出景庄布，并因其织造紧密、布面平整等优点而俏销于江西、贵州、四川等地[③]。由此可见，湖北乡村棉织业的品种创新和市场开拓，与开埠通商所带来的影响是分不开的。此外，开埠以后，汉口的商业腹地有所扩张，加之机制洋纱的使用促进了乡村土布业的发展，湖北棉织品的区域外市场在巩固原有基础的同时亦有所扩大，具体来说包括两个方面：其一，巩固并扩大了在西南腹地的市场占有率，并维持了西北市场上的销路；其二，在东部市场上也有更多湖北土布销售。

中国的西南地区在清代属于棉纺织业较为落后的地区，直到20世纪初，亦未从整体上摆脱欠发达特征，这就使其对湖北土布的需求得到了延续。1900年大阪《朝日新闻》对四川省的棉布业有如下报道：“四川一省手工织布业殊盛，然到底尚不敷其需用，而屡输入湖北省织品，以补其不足。而自湖北省入四川省，概积载民船，其量不揭于中国税关统计表，故不得其详细。由可信某官吏之报，则曰，其年年输入重庆之额20万匹，输入叙府者25万匹，输入雅州者34万匹。(一匹约二丈三尺)”[④] 报道中的官

---

① 水野幸吉：《汉口》，上海昌明公司1908年版，第437页。

② 湖北省咸宁市地方志编纂委员会编：《咸宁市志》，中国城市出版社1992年版，第247页。

③ 黄冈县志编纂委员会：《黄冈县志》，武汉大学出版社1990年版，第174页。

④ 《四川省之棉布业》，译大阪《朝日新闻》，《湖北商务报》，光绪二十六年六月十一日。

吏估计湖北入川土布的总数为79万匹，而据吴承明估计，清代中叶湖北进入全国市场销售的棉布每年不下100万匹，由此既可以看到四川市场对于湖北棉布的重大价值，又可以推断清末无论是四川省对于棉布的需求量，还是湖北乡村棉织业的生产能力，都有了极大的增长。

与四川相近的情形也出现在贵州省，有报道称："湖北所制织物，自汉口横洞庭湖，经镇远府，输入此地甚多。湖北棉布区为三种，各命以制产地名，曰阳逻布，曰狗县布，曰湖鹿崔布，其布皆印输出商人之店号。阳逻布最上，以手纺纱为原料。狗县布次之，以机器制棉丝为横，以手纺丝为纵，而织成之品质均分三等。"[①] 上述材料中的"狗县布"与"湖鹿崔布"究竟产于湖北何地，已难以考证。值得注意的是，文中提到的阳逻布以手纺纱为原料，反而较掺用机纱的棉布为上品，这说明了消费者偏好这种传统结构是极其强大的。从这个意义上说，清末湖北土布在贵州地区的行销很明显地体现了历史的延续性。在云南，"沙市土布进口是一种创设已久的老买卖，其中竞争极为尖锐"，清末的外国观察者甚至认为"沙市土布对该省北部的大量输入"是当地织布业"特别值得注意"的"突出的特点"之一[②]。清末湖北土布在西南腹地的强势地位甚至引发了时人这样的感慨："沙市为著名出布之地，布分三种，销于中国之西，几达于缅甸之境。英国曼哲斯德布业虽盛，亦不能争此利也。"[③] 这里所说的布无疑正是赫赫有名的荆庄大布。有一份19世纪末的贸易报告甚至直接将沙市喻为"中国西部的曼彻斯特"[④]。总之，开埠通商以后，四川、云南、贵州等地是清末湖北乡村织布业名副其实的市场腹地。

在西北市场上，湖北土布亦占有一定地位。山、陕商人从很早的时代起就开始在湖北各县设庄收布，运往陕西、甘肃等地销售。在20世纪初的应山县，陕西布帮"春秋二季开市，预着庙僧，咨会各行某聚会，公择吉期，议定时价开庄"[⑤]。从经济地理的角度说，陕南的商业通道主要以汉江

---

① 《贵州省之棉布业》，译大阪《朝日新闻》，《湖北商务报》，光绪二十六年六月十一日。

② 彭泽益编：《中国近代手工业史资料》第2卷，中华书局1962年版，第253页。

③ 《湖北商务报》，光绪二十五年十二月初一日。

④ 彭泽益编：《中国近代手工业史资料》第2卷，中华书局1962年版，第240—241页。

⑤ 美代清彦：《鄂省西北部农业视察记》，朱承庆译，转引自彭泽益编：《中国近代手工业史资料》第2卷，中华书局1962年版，第242页。

水运为主，与湖北、四川形成一个市场联系整体，这使其纳入了汉口的辐射范围之内，而从汉口运往该地的大宗货物就包括布匹，这些布匹除一部分由本地销售外，其余大多销往甘肃①。不过，总的来说，对湖北土布而言，西北市场的地位不如西南腹地那么重要。但两者共同构成了清末湖北土布最主要的区域外市场，这一点，湖广总督张之洞是看得很清楚的："向来四川、湖南、河南、陕西皆销湖北棉布，湘江沿汉岁运甚多，实为鄂民生计之一大宗。"②

综上所述，清末湖北乡村棉织业在开埠通商以后仍然拥有较为广阔的区域外市场，尤其是巩固了具有战略意义的西南腹地，这是因为中国棉纺织业地理分布按资源比较优势展开的历史格局并未出现大的变动。清末湖北土布业的区域外市场体现了历史的延续性，然而，该产业的制度形态也体现了历史的延续性。从这个意义上说，巨大的区域外市场未能驱动湖北土布业发生本质上的变革。开埠通商以后，湖北农村的传统棉纺织业只经历了有限的重组，真正的革新来自城市新式棉纺织工业的移植。

第二节　张之洞督鄂与现代纺织工业的移植

湖北的新式纺织工业移植始于张之洞督鄂所办企业，即所谓纱、布、丝、麻四局，但在四局中，主导性的仍然是棉纺织业的纱、布两局。在新式棉纺织工业的移植与传统乡村棉纺织业的重组之间，其实存在着密切联系，只是，张之洞在创办企业时并未真正有效地利用这一联系，从而在一定程度上导致了湖北新式棉纺织工业绩效的低下。当然，对以四局为代表的新式企业而言，官办企业管理机制的低效才是束缚企业发展的最大病症。

一、湖北新式纺织工业的移植

开埠通商以后，外国资本主义不仅贩运大量商品来华销售，还试图在中国本土开办工厂，以降低成本，牟取更大利润③。在《马关条约》签订

---

① 张萍：《地域环境与市场空间》，商务印书馆 2006 年版，第 66、119—120 页。

② 张之洞：《粤省订购织布机器移鄂筹办折》，苑书义等主编：《张之洞全集》第 2 册，河北人民出版社 1998 年版，第 760 页。

③ 徐新吾，黄汉民主编：《上海近代工业史》，上海社会科学院出版社 1998 年版，第 17 页。

之前的约30年时间里，列强一直在想各种方法尝试在中国开办新式棉纺织工业，但因为清政府的阻止而收效甚微。是故，中国新式棉纺织工业的移植，主要还是由中国人自己来完成的。这其中，担当主角的是清朝的洋务派官员。

早在1876年，李鸿章即因津海关道黎兆棠的建议，派魏纶先承办机器织布，但因未筹集到股本而罢。两年后，李鸿章批准了一个在上海设机器织布局的计划，并札委郑观应和另两个买办为织布局会办、帮办。1880年，这个进展甚微的计划又被一个新的计划取代，不过，李鸿章于是年为创建中的织布局取得了垄断性的“十年专利”。此后，由于各种原因，直到1890年，已装成一部分机器的织布局才在上海杨树浦先行开工，成为中国移植新式棉纺织工业之始。从提出计划到最终部分建成，上海机器织布局的诞生竟经历了12年之久。然而，1882年，当中国的上海机器织布局进展甚缓之时，日本的不少旧大名、实业家、商人，响应涩泽荣一的号召，创立了股份公司制度的大阪纺纱公司，翌年就开工生产。1888年以后，在大阪纺纱公司良好业绩的刺激下，以该公司为样板，日本全国相继成立了以三重纺、钟渊纺、摄津纺、尼崎纺为首的1万锭规模的纺纱公司。1890年，也就是上海机器织布局终于部分开工的同一年，日本的纺纱工厂增加到了39家①。此后，日本在甲午战争中打败中国，并通过《马关条约》获得了在中国开办工厂的特权。自此，日本的棉纺织企业，尤其它在中国所创办的纱厂“在华纺”，成了第二次世界大战结束以前中国新式棉纺织工业最强大的竞争对手与压迫者。李鸿章、郑观应这批人在中国新式棉纺织工业移植之初的拖延，直接导致了近代中国这一主干产业的长期低水平发展。

湖北新式棉纺织工业的移植则多少出于偶然。1888年，两广总督张之洞出于挽回利权的考虑，决定在广州筹设织布官局，并以其所设织布局“粤供粤用，犹恐不给，当不致侵沪局之利”为由，绕开了李鸿章上海机器织布局十年专利的限制。1889年，张之洞通过出使英国大臣刘瑞芬，与英商订立布机1000台规模的购买设备合同，共价84388镑余，并拟“俟办有规模，再陆续招集商股”。然而，同年张之洞就调任湖广总督，其筹办的织

① 西川俊作，阿部武司编：《日本经济史·产业化的时代》上，杨宁一等译，生活·读书·新知三联书店1998年版，第175页。

布局也就跟着转移到了湖北。在张之洞看来，湖北甚至比广东更适宜办棉纺织企业："鄂省沿江产棉之区甚多，自较广东开设为宜"；在工厂选址上，则舍汉口而选武昌："鄂省对江之汉口镇，贸易素盛，特阛阓辐辏，并无隙地可以设局。现在省城文昌门外勘得官地一区，高广坚实，近在江边，便于转运，地基纵横各百余丈，间有民房，从宽给价购买"[①]。不过，相对于广东而言，湖北存在着一个很大的先天性不足，即本地商人实力较弱，资本不甚充裕，筹款相对困难，张之洞写道："惟创建此厂地广工精，加以常年经费为数甚巨，鄂中物力艰窘，与粤省情形相去霄壤，此款一时实无从另筹。"[②] 这话虽然是为了将在广东筹到的资金连同设备一并转移到湖北而找的理由，但也道出了当时湖北经济状况的实态。此后，资本匮乏也一直是困扰张之洞所办新式棉纺织工业的一个大难题。

1893 年 1 月，湖北织布官局正式开车生产。虽然名为织布官局，但该局实则为一家纺织一体的综合性大型棉纺织企业，共有纱机 30000 锭，布机 1000 台，职工 2500 多人，并聘请了几名外国技工来鄂指导工作。该局所用纺织机器为普拉特兄弟公司（Platt Bros. & Co.）出品，尚不太差，主要车间均用钢柱梁架，全属平房，以避免像上海织布局那样被火灾化为灰烬的危险。开工以后，起初生产不坏，张之洞称："布局纺纱织布逐日增加，现开夜工出货尤多，市面销售甚畅，他省商贩来局订购纱布者，亦陆续不绝。"[③] 同时，张之洞也效仿李鸿章，积极为企业寻求特权[④]。张之洞的请求得到了朝廷的许可。由于当时中国尚无多少新式棉纺织企业，在旺盛需求和有限供给的支持下，湖北织布官局欣欣向荣。但是，3 年以后这家企业就开始走下坡路了。1898 年，企业亏损到了停发股息的地步[⑤]，以

① 张之洞：《粤省订购织布机器移鄂筹办折》，苑书义等主编：《张之洞全集》第 2 册，河北人民出版社 1998 年版，第 758—759 页。

② 张之洞：《粤省订购织布机器移鄂筹办折》，苑书义等主编：《张之洞全集》第 2 册，河北人民出版社 1998 年版，第 759 页。

③ 张之洞：《札北藩司借拨布局银七八万两以应急需》，苑书义等主编：《张之洞全集》第 5 册，河北人民出版社 1998 年版，第 3179 页。

④ 张之洞：《湖北织布局所产布匹棉纺在武汉销售者免完税厘销外地者只完一正税而免沿途税厘片》，苑书义等主编：《张之洞全集》第 2 册，河北人民出版社 1998 年版，第 873 页。

⑤ 周子开：《纱布丝麻四局略史》，《武昌文史》1990 年第 6 辑，第 15 页。

后终因无法维持而于 1902 年出租给了商人。从该局官办时期的生产情况可以很明显看到这家企业的兴衰：

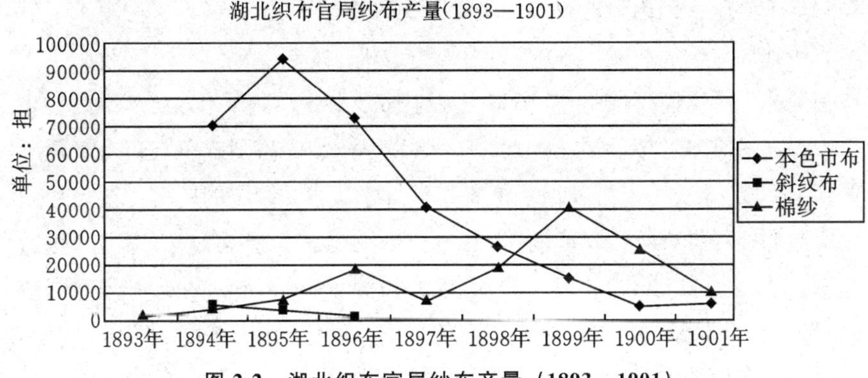

图 2-2　湖北织布官局纱布产量（1893—1901）

整理自许涤新，吴承明主编：《中国资本主义发展史》第 2 卷，人民出版社 2005 年版，第 428 页。

在官办的头几年，湖北织布官局所生产的棉布与棉纱均能畅销，但从 1896 年开始，棉布的产量基本上处于下降趋势，棉纱产量却还能维持在一定的水平之上，这与张之洞创办织布官局的初衷可谓大异其趣，它从一个侧面说明了机制纱比机制布更加适应当时中国市场的需求。这一点张之洞自己也清楚地意识到了。由于机纱利润比机布高，加之张之洞办轻工业的目的本来也是给铁厂、枪炮厂等重工业企业提供资金支持，因此，1894 年秋，张之洞又提出了在武昌增设一大规模纺纱厂的计划。他在奏折中写道："近来体察沿海各口商务情形，洋纱一项进口日多，较洋布行销尤广，江、皖、川、楚等省或有难销洋布之区，更无不用洋纱之地，开源塞漏，断以此为大宗。湖北所产棉花，质地粗壮坚韧，最宜纺纱。……鄂省地处上游，于行销西南各省尤便，自应仿照一律扩充。"[①] 如前所述，晚清时期洋纱、洋布对于中国土纱、土布的排挤进程是大不相同的，张之洞此时也认识到了这一点。由于湖北织布官局刚刚开办不久，尚处于上升期，因此张之洞对于扩大新式棉纺织工业规模以获取更多利润也是充满信心的。值得注意的是，张之洞也注意到了在湖北发展棉纺织业可以充分利用西南腹地的区

① 张之洞：《增设纺纱厂折》，苑书义等主编：《张之洞全集》第 2 册，河北人民出版社 1998 年版，第 941 页。

域外市场，这也可以说是很有眼光的。在种种动机的驱使下，张之洞决定在织布局附近增设南北两纱厂。1895 年，北厂开始兴建，至 1898 年始建成。至于南厂，则因经费难筹，始终未能兴建。

纺纱局有动力机械 1200 匹马力，纺纱机 146 台，纺锭 48910 枚，工人 1500 名①，使用通州棉花，生产 14 支与 16 支纱②。一开始，纺纱局效益也不错，1899 年曾“获利约五万金”③，但终因洋纱的激烈竞争与自身管理不善，于 1902 年交由应昌公司承租商办。商办以后，纱局的原料主要使用湖北所产的短纤维棉花，仅能制 14 支纱，每天的总制造额为 30 大包（每大包 400 磅，合 41 小包），每包趸卖售价 80 两。1905 年，纱局年产额高达 13000 包。此时纱局的产品“专为上航货物，供给湖南四川之地”④。

除布局与纱局外，张之洞还于 1895 年创办了湖北缫丝官局（简称丝局），于 1897 年创办了湖北制麻官局（简称麻局），并建立了桑蚕总局。不过，丝局与麻局亦经营不善，最后以租赁商办告终，桑蚕局则因日本生丝倾销欧美市场而被迫关闭⑤。另外，1908 年，张之洞还在武昌创办了湖北毡呢局，委任严开第为总办，资本 30 万元，其中商股 13.3 万元，工人约 100 人。由于购机、基建开销过大，1910 年开工后，流动资金只能向省库垫借，此后拖到 1913 年倒闭⑥。尽管张之洞力图在湖北建立完整的现代纺织工业体系，但湖北发展丝、毛纺织业相对缺乏比较优势，麻纺织业则受制于市场，故最终亦只有棉纺织业一枝独秀。

由上述可见，湖北新式棉纺织工业的生成与张之洞的努力是分不开的，就其本质而言是一种由政府引导的工业化。毋庸置疑，若无张之洞的着力经营，湖北这一内陆省份是不太可能在清末成为仅次于上海的新式纺织工业重镇的。然而，官办企业的内在缺陷也限制了湖北新式纺织工业的发展，这也是无须回避的事实。

---

① 罗福惠：《湖北通史 · 晚清卷》，华中师范大学出版社 1999 年版，第 222 页。

② 水野幸吉：《汉口》，上海昌明公司 1908 年版，第 102 页。

③ 《中外日报》，1900 年 3 月 3 日，转引自罗福惠：《湖北通史 · 晚清卷》，华中师范大学出版社 1999 年版，第 222 页。

④ 水野幸吉：《汉口》，上海昌明公司 1908 年版，第 101—102 页。

⑤ 该书编纂委员会：《湖北省纺织工业志》，中国文史出版社 1990 年版，第 2—3、103、135 页。

⑥ 该书编委会：《中国近代纺织史》下卷，中国纺织出版社 1997 年版，第 108 页。

二、湖北新式纺织工业的发展绩效

直观地看，湖北官办棉纺织企业受困于资金，无论是企业创办之初的筹股不易，还是企业开工以后的资金匮乏，都极大地制约了企业的发展，并最终使企业在沉重的负担下不得不转租给商人。

布局本应创建于广东，只是随着张之洞的调任而移到了湖北。张之洞在督粤任内，劝令“闱姓”商人纳捐，共筹得96万两之谱，拿来建设织布厂，尚可敷用。不料张之洞调任湖广总督以后，继任的两广总督李瀚章无意将“闱姓”捐全数拨给张之洞，经张之洞奏请朝廷索要，总共也不过从“闱姓”捐中得到60万两。为应对剩下的资金缺口，张之洞又奏请朝廷将他督粤时借用山西善后局的20万两拨鄂建厂，这样就有了约80万两。然而，原来订购的机器运鄂建厂安装时，才发现轧花机具各项配件及厂房建筑所需各项铁料不敷应用，于是又行补订，耗银30余万两。由于原来订机花费了40余万两，两次订机一共就耗费了70余万两，这就造成不但建厂开车及其各项开办费用所需要的20万两大部分没有着落，而且储备棉花、添补修理机器及华洋工匠薪金等项流动资金均须另筹。在这种窘境中，张之洞再度举债。除了向商号暂借以外，张之洞还将湖北藩司善后局当生息用之善举公款10万两，及鄂省司局所积存之质当捐8万两，均提出应用，照章付息[①]。这样一来，湖北织布官局还未开工，便已债台高筑。

正式开工以后，由于当时国内纱厂甚少，湖北织布官局尚能保持一段时间的景气局面。然而，为了维持生产规模，织布官局持续性地需要大量流动资金注入，这又使得张之洞不得不四处张罗筹款，称：“湖北织布局开办以来，销售甚畅，需筹成本，前经遵照总理各国事务衙门奏案筹拨官款，奏准拨用当捐银8万两以充成本，不敷尚巨，曾经声明督饬司局随时筹措在案。值此新棉上市之时，亟须广储急购，以供纺织。”[②] 对于从山西善后局借用的20万两款项，张之洞则奏请朝廷准允迟还[③]。然而，布局的问题

---

① 刘源清：《湖北纱布丝麻四局经营始末》，《湖北文史资料》1984年第10辑，第129页。

② 张之洞：《用刘维桢捐款充织布局成本片》，苑书义等主编：《张之洞全集》第2册，河北人民出版社1998年版，第894页。

③ 张之洞：《筹还晋款折》，苑书义等主编：《张之洞全集》第2册，河北人民出版社1998年版，第911页。

尚未彻底解决，张之洞又多方筹措资金开办纱局。尽管张之洞想尽办法从各种渠道筹集资金，但因缺口实在太大，原本建设南北两厂的计划最后也只能压缩为一厂。本来，创立纱局的目的之一是挹注铁厂，以民用工业扶持重工业，但纱厂竣工后，商股鉴于官权太重而要求退股，张之洞为将15万两股金退返给商人，竟反过来写信给盛宣怀，要求铁厂还拨资金[①]。捉襟见肘，可见一斑。

不过，资金问题只是个表面因素，倘若经营得当，贷款举债亦无损于企业的发展。在湖北早期新式棉纺织企业资金紧张现象的背后，可以看到两个更深层的原因：其一，张之洞移植新式棉纺织工业初期犯了战略性错误；其二，官办时期的制度桎梏阻碍了企业发展。

如前所述，开埠以后，洋纱与洋布对于中国传统棉纺织业的冲击效果是大不相同的。从市场需求的角度说，民族企业的机制棉纱因能满足农村织户的需要，必然会销行畅旺，但民族企业生产的机制棉布则与进口洋布一样面临着土布的强硬抵制。这样，在当时的棉纺织品市场上就会形成这样一种竞争格局：民族机制纱与进口洋纱之间为争夺农村织户而展开竞争，民族机制棉布、进口洋布与手织土布之间在终端市场上展开混战。因此，对清末时期的中国而言，移植棉纺织工业的正确战略应该是一开始专办纱厂，待通过机制纱在农村织户中的广泛行销积累相当资本后，再发展机器织布厂。然而，李鸿章、张之洞等人却缺乏此等战略眼光。实践的结果，主持上海机器织布局的盛宣怀不得不承认“民间妇女织而不纺”，洋纱威胁“比较洋布更甚”[②]；张之洞自己亦认识到中国“或有难销洋布之区，更无不用洋纱之地”，机制纱才是开源塞漏的大宗。然而，由于一开始的战略误判，洋务派所办新式棉纺织企业都是规模宏大的纺织一体化作业企业，这就比单纯办纱厂需要投入更大的资金，在晚清资本市场根本不健全的情形下，这直接埋下了后来这些企业因资金紧张而无以为继的隐患。因此，可以说，中国移植新式棉纺织工业从一开始就存在着战略上的偏差。实际上，在20世纪30年代，武汉的震寰纱厂因受行业危机的冲击而停工，其复工计划书中明确提出“本公司此次复工专纺十六支纱暂不织布”，其理由之一

① 张之洞：《咨盛京堂将北纺织局应还商本在铁厂轨价应还项下照拨》，苑书义等主编：《张之洞全集》第5册，河北人民出版社1998年版，第3550—3551页。

② 盛宣怀：《盛宣怀上李鸿章禀》，陈旭麓等主编：《盛宣怀档案资料选辑之六·上海机器织布局》，上海人民出版社2001年版，第162页。

便是“销路”问题：“乡间木机所织土布较厂布为廉，厂布无论粗细，不及土布之畅销。”[①] 尽管震寰对于机布不敌土布原因的总结并不全面，但从中可以看到，一直迟至20世纪30年代中期，湖北的乡村棉织业仍然构成了对民族机器织布业的强劲抵制，那么，前溯到张之洞督鄂时期，湖北新式棉纺织工业在移植之初所犯的战略性错误就愈为明显了。

除了战略选择以外，洋务企业的制度桎梏也阻碍了中国早期新式棉纺织企业的发展。关于洋务企业的制度缺陷及其导致的管理失序，学界已多有探讨，总起来看，不外是机构臃肿，衙门作风，营私舞弊等。当时的外国观察者如此描述张之洞所办的企业：“关于这个纱厂，最大的困难是派来大批无用的人做监督，这些人都管叫坐办公室的人，因为他们坐在桌旁，无所事事。他们为了一点私利把训练好的工人开除了，雇用一些生手。”[②] 正是在这种不良风气中，织布局的设备利用率1894年至1902年平均为37%，最好年份（1899年）为79.46%，1901年开机率只有22.13%[③]，贪污中饱，怠工浪费现象十分严重。除此之外，张之洞办的两家棉纺织企业“实际为别立而营业务，彼此之间，无通用其制品之事”[④]，阻碍了资源的整合，不利于两家企业整体上的发展。但是，湖北织布官局与纱局一旦摆脱了洋务企业的制度桎梏，其绩效仍是颇为可观的。1902年，张之洞议定了招商承办的原则，发布了《四局招商承租章程》17条和合同草案19条，将其所办轻纺企业招商承租。承租章程规定“所有四局牌匾，纱布牌子等名目，承租后仍一律照旧，不得更易”，这样既便于官府日后收回自办，又便于商家完纳正税后免缴厘金。招商章程公布以后，有担任汇丰银行买办的广东人邓纪常、汉口熙泰昌票号经理韦应南（韦紫封）组成应昌公司，确定股本80万两，出而承顶。应昌公司承租后，经过整顿，即获厚利。1903年至1905年的3年间，应昌公司获利达150万两之多，即使在1908年棉价大涨的情况下，也获纯利149384两[⑤]。两相比较，不能不说洋务企业

---

① 《震寰纺织公司复工计划书》，1935年，武汉市档案馆藏档114-1-77。

② 刘源清：《湖北纱布丝麻四局经营始末》，《湖北文史资料》1984年第10辑，第136页。

③ 该书编纂委员会：《湖北省纺织工业志》，中国文史出版社1990年版，第2—3页。

④ 水野幸吉：《汉口》，上海昌明公司1908年版，第99页。

⑤ 刘源清：《湖北纱布丝麻四局经营始末》，《湖北文史资料》1984年第10辑，第137—138页。

的制度阻碍了湖北早期新式棉纺织企业的发展壮大，而一旦摆脱了制度桎梏，湖北的新式棉纺织工业将有潜力获得迅猛发展，这也为辛亥革命以后的史实所证明了。

第三节　清末湖北纺织业的二元格局

汉口开埠以后，湖北纺织业尤其是棉纺织业踏上了一条二元工业化道路。一方面，农村的传统棉纺织业在机纱、铁木织机的引进下出现了若干有限的变迁；另一方面，在中心城市武汉，新式棉纺织企业被移植过来，并成为城市工业化的主导产业。这条二元工业化道路，既有政府引导的一面，又有市场诱发的一面，在比较优势的基础上生成了竞争优势，使湖北纺织工业一度居于全国纺织工业的上游。

一、二元格局初步形成

清末湖北棉纺织业的二元格局已经初步形成，并呈现出良好的发展势头。一方面，在城市中，张之洞通过威权主义的工业化路径移植了大型新式棉纺织企业，并带动了一些小型织布厂（即 1949 年后所谓“单织厂”）的勃兴；另一方面，在乡村，传统棉纺织业也因为机制纱和铁木织机的引入而产生若干变化，部分地区的土布织造出现了改良的迹象。

自张之洞创办了新式棉纺织企业后，受其影响，清朝末年湖北各地出现了一股兴办城市小型织布厂的热潮。1904 年，道员喜源在荆防开设八旗劝工厂，从武昌聘请纺织毛巾、棉带及新奇花布的工师和高等技工，到厂指导各旗丁学习。据民初调查，该厂有织布机 120 台，男工 120 人，女工 67 人，每月可织布 1000 匹，毛巾 500 条，靴鞋 300 双。1906 年，有邓姓商人筹资 20 万两在沙市创办织布厂，1907 年，有商人徐克詹设广生织业公司，专织东洋柳条各布。此外，武昌、汉口、汉阳、天门、老河口、郧县、施南等地，也都有兴办小型织布厂的记载①。这些小型织布厂一般设立于城市中，雇用若干工人，采用改良织机进行生产，产品销于城乡各地，

① 苏云峰：《中国现代化的区域研究之湖北省 1860—1916》，“中央研究院”近代史研究所 1981 年版，第 381 页。

其创办者，既有政府官员，又有民间商人。此外，一些地方精英也参与到了创办纺织厂和改良棉纺织的事业中，其代表者如宜昌的黎阴三。黎阴三是宜昌人，清末最后一届秀才，1903 年东渡日本求学，先学习制革，后专攻纺织。1905 年黎阴三学成归国后在宜昌城内定居。他从日本带回了 2 台以蒸汽机为动力的铁质织布机，以及数台铁木结构自动穿梭的脚踏织布机，并邀请宫崎兼太郎等 3 位日本技师帮助调试。经过一段时间的筹备，黎阴三在宜昌创办了“宜人组织机厂”。宜人组织机厂是宜昌第一家纺织厂，一直经营到了 1920 年代末[①]。黎阴三及其祖辈并无经营工商的经验，因此他属于地方精英兴办实业的典型代表，可谓清末湖北早期工业化浪潮的产儿。

中国传统棉纺织业的发展过程中一直缺少城市手工工场环节，晚清时期以黎阴三宜人组织机厂为代表的城市小型织布工厂是开埠通商以后出现的新现象。这些城市小型织布厂的兴起依赖于机制纱的流行及改良织机的引进。廉价机纱的运用“使得手工织布的边际所得超过了最低的维生费，工厂可以雇用全时工人从事织布工作”，这也说明了为什么只有手工织布厂而无手工纺纱厂的出现[②]。在表 2-2 中，已经可见清末湖北农民使用机制洋纱织布要比自纺自织得到更多收益，这种纺与织之间的不同比较利益不仅存在于乡村，也同样存在于城市中。因此，城市小型织布厂的兴起从根本上说也是纺、织两工序不同比较利益作用的结果，它与乡村专业织户的不同之处仅在于织布厂把个体劳动者集中到了一个特定空间中，并由资本家或小业主供给劳动工具与原料。但织布厂能从雇用劳动中获取利润，本身还是因为使用机纱织布所能够获得的收益在支付完工人工资以后足以产生剩余。另一方面，先进生产工具的引进也提高了织布厂的生产效率，从而使其产品获得在市场上生存所必需的竞争力。

旧式织机的织布效率一般颇为低下。宜昌的旧式木质织布机，要一手扳扣，一手喂梭，花几天的时间才能织成 1 匹布[③]。枝江安福寺使用纯木制“手机”的织户，脚踩手推，熟手 1 天也只能织 3 丈 2 尺的布 1 匹，不仅劳

---

① 黎祥垲：《创办宜昌第一家纺织厂——记黎阴三与“宜人组织机厂”》，《宜昌市文史资料》1988 年第 9 辑，第 33—37 页。

② 赵冈，陈钟毅：《中国棉业史》，联经出版事业公司 1983 年版，第 230 页。

③ 黎祥垲：《创办宜昌第一家纺织厂——记黎阴三与“宜人组织机厂”》，《宜昌市文史资料》1988 年第 9 辑，第 33 页。

动强度大，而且工效低[①]。然而，使用新式织机的生产效率却要高许多。如枝江安福寺部分织户使用铁木混制的“洋机”，只需脚踩，1 天可织布 3—4 匹，工效是旧式木制织机的 3—4 倍。在枝城古老背，从汉口购买的改良织布机也被称为“洋机”：“其机架仍是木制，有一个大铁盘，又配有大小铁齿轮盘，木架中心横贯铁梁，大铁盘用皮带带动大小齿轮，脚踩踏板，大小轮盘转动，可以自动投梭。每人每天可织布 3 匹，且宽窄一致，长短整齐。手工木机多用手工纺纱，这种改良机的原料以后也改为 16 支机纺纱，质量也大大提高。”[②] 古老背的铁木混制织机可视为清末湖北改良织布机的一般形态，其特点是可以使用机纱生产，不仅工效较高，而且所织棉布质地更为规整，因此市场需求颇大。尽管上述列举的改良织机的例子主要是乡村棉织业中的情况，但城市小型织布厂的技术水平与此无异。前述宜人组织机厂在创办之初尽管有黎阴三从日本带回的蒸汽动力铁质织布机，但因为房屋受不了该机器的震动，而不得不转卖给了黎阴三的四川同学，此后，该厂的主要生产设备也就是安福寺、古老背等地所通行的铁木织机。从这个意义上说，清末湖北所涌现的城市小型织布厂体现了一种中间性：一方面它与乡村棉织业拥有相同或相近的技术水平；一方面它又具有不同于农家副业的制度组织。不过，清末湖北此类小型织布厂的数量仍是极为有限的，因此在棉纺织业的城乡二元格局中，它们并不占主流地位，也未构成独立的第三极，与新式棉纺织大企业并行发展的主要还是乡村织布业。

由此，在清末湖北棉纺织业的二元格局中，可以看到城市新式棉纺织企业与乡村棉织业之间存在着如下三种互动关系：其一，在湖北及其经济腹地，各种棉制品交易规模的扩大，从整体上为湖北棉纺织业的发展创造了有利的市场条件；其二，新式棉纺织企业为乡村棉织业提供了机纱这种新型原料，而乡村棉织业也成了支持新式棉纺织企业成长的重要市场；其三，城市棉纺织企业所生产的机布与农民织造的土布相互竞争，对于两者的发展都起到了一定程度的抑制作用。

---

① 张东铭：《对解放前安福寺一带农村经济的回顾》，《枝江文史资料》1990 年第 5 辑，第 71 页。

② 王子观：《吴正之改进织布机》，《枝城市文史资料》1989 年第 3 辑，第 118—119 页。

值得一提的是，湖北传统棉纺织业所固有的市场腹地，成为新式企业在初期扩大销售的便捷路径选择。张之洞对此了然于心。事实上，他创办的棉纺织企业确实将产品运往四川等地，如1899年即有鄂纱入蜀的报道："湖北官纱局所出棉纱，推行日广，日前楚强小轮船，由省会带民船两艘，装满官纱800余件至宜，湾泊招商局码头，旋即将棉纱起存局内。翌日轮船又开赴下游车湾，带棉纱船2艘入蜀。"① 据地方志记载，车湾本是荆沙地区的重要棉布产区，"蜀客贯布者相接踵"，湖北官纱局对于机制棉纱的销售，既利用了湖北传统棉纺织业的区域外市场，又利用了川、鄂两省固有的贸易商路。1898年，重庆销售的中国生产机制纱共52200担，其中42100担来自上海纱厂，运自武昌官纱局的则有10100担②。1899年时，湖北官纱局有细纱机149张，实开120张，每月能出纱5000担上下③，假如该局能开足12个月，则有1/6的年产量将供给四川市场，这是一个比较可观的份额了。当时布局所织棉布"运往云贵、陕甘、四川者甚多"④，实际上与湖北传统棉纺织业的布匹销售路径是相一致的。进入民国以后，这种传统路径依赖对于湖北棉纺织工业的战略意义将会更为显著。

二、清末湖北纺织业的进口替代

对后发展国家而言，进口替代乃是后进国精英阶层推动工业化的主要目的之一。对近代湖北纺织业而言，进口替代体现在纱、布两个领域。在棉纱领域内，情况相对要简单一些，主要是民族工业所生产的机纱对于进口洋纱的抵制问题。张之洞在创办纱局时曾表示："照得鄂省土产，以棉花为大宗，民间日用，以纱布为最广。武汉为七省通衢，贸易繁盛，进口纱布日见其多。虽省中已设有布局，近又新造纱厂，核计所出纱布尚不为少，然比之汉口进口之数，相去远甚。"⑤ 不过，这里提到的纱、布进口，主要指洋纱，在洋布方面，"湖北织布局一开，而江汉关进口之洋布已岁少十余

① 《湖北商务报》，光绪二十五年十月初一日。

② 《湖北商务报》，光绪二十五年七月二十一日。

③ 《湖北商务报》，光绪二十五年七月二十一日。

④ 张之洞：《札安陆德安府出示晓谕官纱与洋纱有别谕织户收买》，苑书义等主编：《张之洞全集》第5册，河北人民出版社1998年版，第3658页。

⑤ 张之洞：《札委员赴沪筹议添设纺织新厂事》，苑书义等主编：《张之洞全集》第5册，河北人民出版社1998年版，第3196页。

万匹”[①]。据当时西方国家的报道，在汉口市场上，“官局出布之后，进口洋布较少。然官局虽出纱不少，进口洋纱，尚见为增”，他们据此推断湖北织布局“既多用官纱，或亦间用洋纱”。对于这种推断，与布局、纱局联系密切的《湖北商务报》予以了断然否认，称布局“每月出官布 10000 匹左右，约用官纱 1200—1300 百担外，尚有官纱 4000 余担出售，余纱如此之多，岂有不用本厂余纱，转购用洋纱之事”[②]。实际上，据图 2-2 的数据来源，1899 年时布局的棉布年产量已大为萎缩，但棉纱年产量尚有 41162 担之巨，则每月平均生产 3430 余担，即使《湖北商务报》所言有所夸大，但纱产量足敷织布之用则大体不错。既然如此，为何洋纱进口不见减少，反而增多呢？原因在于当时湖北进口的洋纱并非用于新式棉纺织企业织布，而是大量销往农村市场，乡村棉织业成了洋纱的主要需求来源。

不过，洋纱对于湖北市场的进攻也并非无往不胜，除了那些仍然自纺自织自用的农户没有对机制纱的特殊需求外，一些地区也曾经出现过对于洋纱的主动抵制。例如，在 19 世纪末的沙市，当地海关曾报告：“在所织布匹中，并不采用洋纱，几年前曾开始试用洋纱，但在土布行庄公所的决议下，这一试行就很快的中断。”[③] 各种迹象表明，使用洋纱往往是各地农民自觉自愿的行为，而对此采取抵制的往往是当地的布匹商人。其原因在于农民作为直接生产者，对于使用洋纱和自纺自织之间利益比较的差异有较为明确的认识，而布匹商更关心土布的质量，并担心掺用洋纱织出的土布“不能耐久”。布匹商人的这种态度甚至影响到了国产机纱的销售。1898 年，安陆等鄂中地区的布匹商人因为担心洋纱会回潮霉烂，拒绝收购农民使用洋纱织造的土布，导致“官纱交易顿形减色”。对此，布、纱局总办王秉恩颇觉委屈，谓：“鄂局开织七年，近来销行更广，运至云贵、陕甘、四川者甚多，水陆行程非数月不能到地，从未有发霉一说，此其明证。即纱销湖南、四川皆大批运往，佥称较洋纱为胜。”张之洞遂命当地官府晓谕商人：“民间买纱务须认明湖北官布局、武昌官纱局双龙抱珠纱牌为记，即系官纱，自无回潮霉烂之弊，俾得一体周知。”[④] 实际上，现有文本无法确证进

---

① 张之洞：《华商用机器制货请从缓加税并请改存储关栈章程折》，苑书义等主编：《张之洞全集》第 2 册，河北人民出版社 1998 年版，第 1230 页。

② 《湖北商务报》，光绪二十五年七月二十一日。

③ 徐新吾主编：《江南土布史》，上海社会科学院出版社 1992 年版，第 130 页。

④ 张之洞：《札安陆德安府出示晓谕官纱与洋纱有别谕织户收买》，苑书义等主编：《张之洞全集》第 5 册，河北人民出版社 1998 年版，第 3658—3659 页。

口洋纱是否真的存在着回潮霉烂的质量问题，但在当时的市场上，湖北新式棉纺织企业的产品比洋布更接近于传统土布的品质[①]，而这与两者所用机纱的品质有关[②]。简言之，进口洋纱的比较优势是高端产品的技术附加值，若其舍弃技术而适应中国农民的消费偏好，将无力应对中国土布的价格竞争；另一方面，张之洞所办新式棉纺织工业，技术水平还达不到 20 支或 30 支纱那种高度，只能以生产 14 支或 16 支纱这些偏中低端的棉纱为主，因此使用其产品织成的布反而更接近传统土布的品质。是故，在清末中外棉纱的竞争中，国产机制纱在一段时间内能够依靠对中国农民消费偏好的满足而在中低端市场上替代进口洋纱。

但是，这一局面很快便被日本打破了。与中国一样，日本也是一个走移植道路来发展新式棉纺织工业的后发展国家，它的棉纱生产无法撼动英国棉纱在高端市场上的地位，却足以在中低端市场上与中国机制纱一较高低。而与日纱相比，清末湖北市场上的国产机制纱质量不过硬，“粗紧异常，易结疙瘩，故织户均不乐买”[③]，这样一来，中国机制纱自然无法有效地对日纱予以替代。与此同时，尽管前文提到了清末部分中国布匹商人对于洋（机）纱的主动抵制，但这种抵制也未能持久。究其原因，中低端的机纱既可以满足布匹商对于土布品质的需求，又可以使农民享受到纺织分离的利益，因此，机纱的普遍化也就难免了。

在棉布领域内，情形更加复杂，不仅存在着本国机制布对于进口洋布的替代，也存在着土布对于洋布的天然抵制。但土布抵制的不仅仅是进口洋布，它同样抵制着本国机制布。然而，由于洋布对于中国棉布市场的侵蚀本身不如洋纱那么剧烈，因此，棉布方面的进口替代任务反而也没有那么迫切。综合棉纱、棉布两方面的情况，清末湖北的棉纺织业还只处于起步阶段，离实现进口替代尚有相当大的距离。

小　结

汉口开埠以后，湖北传统纺织工业赖以生存的经济环境发生了剧烈变

---

① 《湖北商务报》，光绪二十五年七月二十一日。

② 赵冈，陈钟毅：《中国棉业史》，联经出版事业公司 1983 年版，第 199 页。

③ 《湖北商务报》，光绪二十五年六月二十一日。

化，一方面，市场规模有所扩大，另一方面，以洋纱、洋布为代表的竞争者开始出现。这一环境变化带来了湖北传统棉纺织业的局部重组。在部分地区，手摇纱被机制纱取代，同时，农户利用机制纱织布，反而使土布增强了竞争力。因此，开埠以后，湖北传统棉纺织业的重组是不平衡的，表现为纺织分离，即纺纱业的衰败和织布业的转型。这些采用了机纱这一新原料的乡村棉织业，利用汉口的商业中心优势，依然能占据西南地区的传统市场，甚至还开辟了新市场。从省内纺织业的布局来说，鄂东棉纺织区的崛起也可以说是重组后的新气象。

不过，对湖北纺织工业而言，若无张之洞调任湖广总督，其发展路径会大为不同。从现有史料来看，很难认为在19世纪末湖北会有民间人士投资于新式纺织工业，因此，张之洞在武昌创办布、纱、丝、麻四局可以说为湖北纺织业的发展别开生面。是故，尽管湖北的棉产资源令该省具有发展棉纺织工业的天然比较优势，而且确实令该省农村棉纺织业在全国市场上赢得了一定的竞争力，但这一自然资源禀赋的比较优势不足以确保新式产业的创生。只是到了张之洞这一广义熊彼特式企业家创办新型工厂以后，湖北的棉产比较优势才得以发挥，转化为现代产业的竞争优势。由此可以得出的结论是，天然物产的比较优势是静态的，而产业发展是动态的，要使天然资源优势匹配于产业发展，人为努力不可或缺。

第三章　湖北纺织业二元工业化的不平衡（1912—1929）

民国初年，以棉纺织业为主体的中国纺织工业开始起飞，一方面，若干大城市中的现代工厂有了突飞猛进的发展，另一方面，部分地区的乡村织布业出现了技术与制度上的变革，呈现出向新形态演化的发展态势。在这一时期，湖北的纺织工业也获得了较大发展，武汉诞生了以民营资本为主体的“四大纱厂”，成为仅次于上海的中国棉纺织工业重镇[①]，各地的城市小型织布厂也有了进一步发展。然而，清末一度在全国具有竞争优势的湖北棉纺织业，该时段内却开始落后于东部沿海省份。

第一节　核心城市现代纺织工业的勃兴

清末，张之洞在武汉创办了颇具规模的国营纺织企业，但受各种因素制约，发展成绩不佳。辛亥革命以后，受新政权及第一次世界大战的保护性效应之鼓舞，中国的民族工业一度发展迅猛，湖北亦不例外。与此前相比，民初湖北纺织工业的发展特征在于民营资本的崛起。在市场经济的诱导下，一批民间企业家投身于棉纺织行业，通过竞争推动了产业的发展。在湖北的核心城市武汉，逐渐形成了一个现代棉纺织工业体系。同时，湖北各地的小型织布厂亦继续发展。然而，由于缺乏国家的保护，武汉的华商纱厂遇到了日商的激烈竞争，其进口替代成绩有限。

---

① 皮明庥，涂文学主编：《武汉通史·中华民国卷》（下），武汉出版社 2006 年版，第 125 页。

一、武汉棉纺织工业体系的形成与早期发展

晚清时期，湖北城市工业化道路依靠的是政治强人推动。进入民国以后，湖北政治领导阶层对于经济发展的重视远不如清季[①]，在纺织工业中，以民间资本为主体的武汉“四大纱厂”遂成为中坚力量[②]。武汉“四大纱厂”的勃兴体现了市场的力量。然而，在缺乏国家扶持的无序状态中，日本企业的竞争给武汉企业带来了巨大的生存压力。

（一）武汉棉纺织工业体系的形成

民国时期，武汉棉纺织工业中占主体地位的是华商私人资本投资经营的“四大纱厂”，而华商纱厂的形成与官办企业之间有着密切联系。

1902年，因经营难以为继，张之洞将其创办的纺织业“四局”转租给了商人韦紫封、邓纪常组成的应昌公司，租期为20年。应昌承顶四局后，获利颇丰。然而，1911年5月，瑞澂督鄂，强令终止租约，并以武力接收四局，将其转租给了以张謇为后台的刘伯森（申）。刘伯森组建了大维股份有限公司，于当年8月28日开工生产。未几，辛亥革命爆发，刘伯森逃离武昌，公司停工。湖北军政府成立后，应昌、大维两公司均以租期未满，纷纷向军政府要求继续租办，争执不已。从回忆材料来看，起初黎元洪是支持韦紫封的，后来韦氏父子未征求董事们的同意，企图把应昌改为义昌以独霸企业[③]，但因韦紫封请拨50万元方可开工，而省库无款可拨[④]，最后湖北军政府取消了两家公司的租约，另行招商租办。1912年12月，川帮商号德厚荣通过商号副经理徐荣廷的关系拉拢黎元洪，取得了四局的承租权，改称楚兴股份有限公司。

德厚荣原是重庆经营大宗杂货、药材、牛羊皮生意的川帮字号，光绪

---

① 苏云峰：《中国现代化的区域研究之湖北省：1860—1916》，“中央研究院”近代史研究所1981年版，第331页。

② 实际上有些纱厂兼营织布，属于综合性棉纺织企业，但从当时档案记载来看，习惯上仍多以纱厂相称，此处亦从其便。此外，“四大纱厂”的说法主要是就新建棉纺织企业而言的，但张之洞创办的国有企业亦继续存在，并转租给私人资本，因此也有“五大纱厂”之说。

③ 张沛霖：《楚兴股份有限公司创办前后简况》，1964年，武汉市档案馆藏档119-130-85。

④ 刘源清：《湖北纱布丝麻四局经营始末》，《湖北文史资料》1984年第10辑，第139页。

末年，为便利发展出口业务，将总号迁到了汉口。徐荣廷是湖北江夏人，他在代德厚荣在湖南常德设庄采购货物时，与在此驻军的黎元洪混得很熟，后来换帖结为异姓兄弟，辛亥以后，徐因为黎的关系亦被工商界选为武昌商务总会会长[①]。德厚荣遂也利用徐荣廷与黎元洪的亲密关系组建楚兴公司承租了四局。据张松樵回忆，楚兴公司“股本原定为70万两，其中应昌公司散股40万两作8折，实银32万两。韦紫封除他在应昌亏欠20余万两外，下余只有数万两，由楚兴给他股票完事。除此之外，概是楚兴的新股”[②]。也就是说，楚兴公司创办之初，其资本来源并非尽是德厚荣字号筹集的新股本，而含有应昌公司承租四局时留下的旧股本。但是，应昌的原始资本来源也很有问题，其80万两股本实际“一文臭名”[③]，因此，楚兴的主要资本可以说还是清朝政府所留下的国家资本。楚兴公司成立后，由徐荣廷担任经理，其对于四局的租期定为10年，从1912年接手试办数月，1913年正月起租，至1922年期满，议定四局租金每年白银11万两[④]。清末，张之洞曾为湖北官布、纱局申请到一些特权，而楚兴接办四局之初，黎元洪也允许楚兴的纱、布在武汉附近出售，概免税厘；如果运出外埠，亦只在江汉关完纳正税一道，可以说是继承了张之洞的政策。不久之后，第一次世界大战爆发，中国民族棉纺织工业迎来了一个黄金时代，楚兴也利用这一契机获得了较大发展。到1923年底，在十年的时间里，楚兴共获利白银1400余万两，折合银元2000万元[⑤]，比起创办之初的70多万两股本而言，获得了近20倍的利润。其中，布局获利最多，纱局次之，丝局年均获利2万—3万两，麻局盈利很少[⑥]。照此估算，丝、麻二局的盈利在整个利润中仅占到2%左右，因此，虽然楚兴公司承租的是四局，但完全可

---

① 张沛霖：《楚兴股份有限公司创办前后简况》，1964年，武汉市档案馆藏档119-130-85。

② 该书编辑组：《裕大华纺织资本集团史料》，湖北人民出版社1984年版，第5页。

③ 关于韦紫封是如何利用复杂债务关系“未出资分文”而承租四局的，详见刘源清：《湖北纱布丝麻四局经营始末》，《湖北文史资料》1984年第10辑，第138页。

④ 黄师让：《简述张之洞创办的湖北纱布麻丝四局》，《湖北文史资料》1984年第10辑，第124页。

⑤ 张沛霖：《楚兴股份有限公司创办前后简况》，1964年，武汉市档案馆藏档119-130-85。

⑥ 蒋乃镛：《张之洞在湖北创建的布、纱、丝、麻、呢五局》，《湖北文史资料》1984年第10辑，第145页。

视其为一家棉纺织企业[①]。

然而，楚兴的创建既依赖于政治关系，其繁荣也就少不了政治靠山做保障，但是其隐患亦由此埋下。徐荣廷的靠山黎元洪离开湖北以后，湖北督军段芝贵、王占元（与徐荣廷也是拜把兄弟）先后继任，楚兴公司对于四局的承租权亦不断遭受各方攻击，其中排挤最力者为清末即依仗强权争夺四局的大维公司。在袁世凯当政期间，大维的后台张謇担任了当时的农商总长，通过张謇的关系，袁世凯政府下令楚兴公司移交四局给大维公司继续承租。不过，由于徐荣廷获得了湖北督军段芝贵的支持，楚兴公司没有执行袁世凯政府的移交命令。除了大维外，当时的湖北省议会也经常提出议案，时而要求取消楚兴公司的承租权，时而要求增加租金，但因督军王占元是徐荣廷拜把兄弟的关系，楚兴对于四局的承租权亦未受过动摇。然而，到 1921 年 8 月直系军阀萧耀南继任鄂督时，形势就发生变化了。

1923 年，与萧耀南有密切关系的湖北退伍军官“将军团”组织了楚安公司，将四局承租权从楚兴公司手中夺了过去，而当时离楚兴公司租约期满尚有 3 个月的时间。然而，在楚兴十年的历史中，其内部权力结构也进行了重组。在楚兴接办四局后，徐荣廷、苏汰余两人就暗地进行扩张自己经济势力的活动，大量收买了德厚荣刘家父子的旧股，在公司中逐渐取得实际支配权。当手中握有资本以后，早在将军团夺去楚兴公司承租权以前，楚兴的领导人即谋划自建纱厂以免掣肘[②]。经过一番纠葛，徐荣廷、苏汰余、张松樵等人筹办的裕华厂从楚兴公司的母体中孕育而生。1921 年，在武昌下新河，裕华厂动工兴建，1922 年 3 月，正式开工生产。值得一提的是，除了创办裕华厂以外，以徐荣廷为首的楚兴资本家还在河北省石家庄创办了大兴纺织股份有限公司，1922 年 2 月破土修建，同年 10 月开工生产。大兴厂的董事会及总公司设在汉口，此后，它与裕华以及 1936 年组建的大华纺织公司同被世人称为裕大华集团。裕大华也成为近代中国少有的

① 据 1962 年 12 月访问汪文竹记录，辛亥革命以后，麻局“改织棉布，用布局商标”，“实际成为第二织布厂”，这更说明楚兴公司中棉纺织生产占绝对主导地位。见该书编辑组：《裕大华纺织资本集团史料》，湖北人民出版社 1984 年版，第 14 页。另外，1902—1911 年应昌公司承租麻局时，聘有日本技师，并从日本购入脱胶麻纤维，辛亥革命后，日本技师回国，原料亦断绝，遂不得不改织棉布。见该书编委会：《中国近代纺织史》下卷，中国纺织出版社 1997 年版，第 76 页。

② 该书编辑组：《裕大华纺织资本集团史料》，湖北人民出版社 1984 年版，第 35 页。

兴起于内地又扩张于内地的纺织资本集团。

在从国企母体中分离出来的裕华诞生前，1920年，武汉第一家私人投资兴办的大型纱厂第一纱厂已正式投产。第一纱厂的创建人李紫云，名凌，字紫云，湖北江夏县人，学徒出身，靠贩卖烟土逐步发家，宣统末年任汉口商务总会会董。辛亥首义时，李紫云支持起义军，黎元洪曾赠给他对联云："财力雄厚，协助共和。理事明通，赞同起义。"由此可见，在清末民初的湖北商界中，李紫云是拥有很高地位的。正因为如此，当徐荣廷遇到困难时，亦曾向李紫云借银5万两。为了报借银济急之情，徐荣廷将李紫云的借款作为楚兴公司股金，后分给李30万两银子的红利。楚兴公司优良的业绩无疑刺激了李紫云自办纱厂的决心，时人云："比年以来，武汉资本家鉴于楚兴公司承租布麻丝纱四局之获利，均崛起从事竞争于纺织一业。"[①] 李紫云所办的厂被人简称为"汉口第一纱厂"，但由于厂址设在武昌，所以也有人称其为"武昌第一纱厂"[②]。

此外，武昌另有震寰纺织股份有限公司，设厂于上新河，系1919年由刘季五、刘逸行、刘子敬等人创立，1922年5月开工，以刘子敬为主任董事，刘季五为总务董事兼理业务，刘逸行为专任董事兼理厂务。1928年刘子敬逝世后，其所持公司之股票大半转移，纱厂所有对内对外一切业务均由刘季五、刘逸行两董事负责[③]。震寰纱厂的创办人中，刘子敬为汉口俄商买办，刘季五、刘逸行兄弟所在的刘氏家族（与刘子敬同姓不同宗）在清末则靠营运鸦片牟取暴利，与李紫云同样为烟土商。民国初年，刘氏家族收歇了烟土栈，在商业上另辟他途，进行多种经营，开办了许多商号，以至于被人称为"百业做尽"[④]。不过，震寰纱厂投产之初即陷入债务困厄之中，以后的发展也一直不太顺利。

四大纱厂中唯一设在汉口的是申新四厂（简称申四），而且申新四厂也是四大纱厂中唯一由非湖北本地资本家兴办的企业。1919年10月，荣氏兄弟在汉口创办的福新第五面粉厂正式开工，因为"粉销尚佳"，而"用袋不便"，1921年荣宗敬准备在汉口开设纱厂。他的这一构想遭到了弟弟荣

① 《商情》，《上海总商会月报》1922年第2卷第4号，第14页。

② 任延平整理：《李紫云与初创时期的一纱厂》，《武昌文史》1990年第6辑，第41页。

③ 《震寰纺织股份有限公司沿革》，1952年6月4日，武汉市档案馆藏档114-1-75。

④ 杨庆礼整理：《刘鹄臣及其家族企业》，《武昌文史》1990年第6辑，第22—23页。

德生的反对，理由是“财才两缺”，但荣宗敬“不听”，“已允集股，创申新第四”，结果荣德生未入股。事实证明，荣德生的担忧不无道理。在当时荣家企业系统中，面粉厂大抵皆能盈利，纱厂则“申二无利，身重难周转，办法不合故也。换朱长清为经理，亦未转佳”。可以说，申四的开办在资本和人才的准备上都很不充分，结果，资金方面，申四集资“招 30 万，实收 28 万左右，不敷甚巨，由申垫出”[①]；人才方面，兼任福五申四两厂经理的荣氏族人荣月泉“是个心平气和的长者”，“对于企业所起的作用，也不顶大”[②]，两厂协理兼总工程师李国伟是荣德生的长婿，学土木工程出身，“对于纺织和制粉工业原是外行”[③]。这样一个先天不足的企业，于 1922 年 2 月正式开工生产。

尽管四大纱厂构成了民国时期武汉现代棉纺织工业的主体，但除了四大纱厂以外，官办的湖北官布、纱局尚继续存在，另外，在汉口，紧邻申新四厂设有日商泰安纱厂。1923 年楚安公司承租了湖北四局以后，一直经营到 1927 年 2 月。此后，承租四局的企业如走马灯一样迅速变化：1927 年 2 月由开明公司承租，1928 年 8 月至 1930 年 3 月由福源公司承租，1930 年 6 月至 1930 年 11 月则由公益公司接手。然而，在这些企业中，除福源公司经营 2 年多获利达 150 万元外，其余各公司业务均甚平淡。1931 年四局遭遇水灾，公益公司承租后尚未开工，即告止约，以后也一直停工[④]，直到后来由民生公司承租。至于日商泰安纱厂，因规模不大，开创时仅纱锭 20330 枚、布机 200 台[⑤]，故在日本在华纺中亦无多大地位。然而，武汉近代棉纺织工业体系的最终确立，并非市场自然演进的结果，而含有人为干预的成分。1924 年，武汉纱厂为保持同业前途，有 20 年内不准添设纱厂之决议，并由当局立案许可[⑥]。不过，这一同业限制对外资显然无效，因为

---

① 以上引文皆见荣德生：《乐农自订行年纪事》，该书编辑组：《荣德生文集》，上海古籍出版社 2002 年版，第 88—90 页。

② 周伯符：《申四福五历史资料甲编初稿》，时间不详，武汉市档案馆藏档 113-0-953。

③ 李国伟：《荣家经营纺织和制粉企业六十年》，文史资料工作委员会编：《工商史料》(1)，文史资料出版社 1980 年版，第 2 页。

④ 刘源清：《湖北纱布丝麻四局经营始末》，《湖北文史资料》1984 年第 10 辑，第 140—141 页。

⑤ 该书编纂委员会：《湖北省纺织工业志》，中国文史出版社 1990 年版，第 34 页。

⑥ 《汉口之棉纱业》，《湖北实业月刊》1924 年第 1 卷第 12 号，抄本，武汉市档案馆藏档 119-131-65。

泰安纱厂正是当年 9 月批准设立的。

从创办时间来看，武汉四大纱厂都利用了第一次世界大战的契机，然而其正式开工却往往迟滞于欧战结束的时间若干年，这也将使其成立之初就面临一个险恶的市场环境。这一先发优势的丧失将深刻影响到湖北纺织工业此后的发展路径。

（二）武汉棉纺织工业竞争力的疲软

1912—1929 年间，武汉的棉纺织工业经历了一个繁荣时期，并最终确立了一个相对完整的城市棉纺织工业体系，仅从规模上看，武汉的棉纺织工业呈现出向前发展的态势。1911 年，该市有纱锭 78910 枚，1925 年已增至 285819 枚；普通布机和自动布机则分别由 475 台与 1000 台，增为 5849 台与 3352 台[①]。如果以 1924 年作为武汉棉纺织工业体系最终确立的年份，则比较 1925 年与 1911 年的数据，可以看到在作为主要衡量指标的纱锭数量方面，十余年间增长了近 3.6 倍。仅从表面规模来看，欧战前后武汉棉纺织工业的勃兴是无可置疑的。

然而，如果深入考察，就会发现这一时期的武汉棉纺织工业存在着很多弱点，其竞争力较为疲软。以申新四厂而言，从开办之日起到 1930 年代初，基本上一直处在亏损状态中：

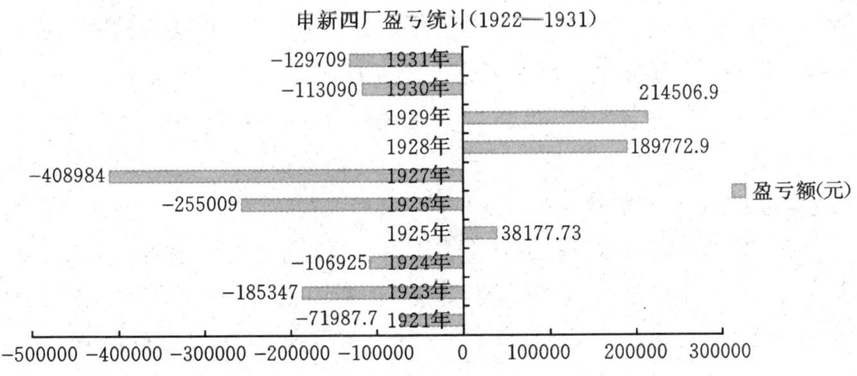

图 3-1 申新四厂盈亏统计（1922—1931）

整理自周伯苻：《申四福五历史资料乙编初稿》，武汉档案馆藏档 113-0-954。

---

① 皮明庥，涂文学主编：《武汉通史 · 民国卷》（下），武汉出版社 2006 年版，第 109 页。1911 年的纱锭数系根据湖北官布、纱局数据补充，原书无。

在10年的时间里，申新四厂仅有3年盈利，这就很能说明当时武汉棉纺织企业的绩效了。与之相仿的是，第一纱厂自开工以后，仅最初几年效益尚可，以后一直处于亏折中。四大纱厂中规模最小的震寰纱厂也面临着相似的困境。因此，与规模上令人赞叹的增长所不同的是，武汉棉纺织工业体系确立以后，各企业经营状况普遍不佳，产业竞争力极为疲软，其原因则如下文所述。

首先，武汉棉纺织业规模不甚合理。从整个行业来说，到1924年时，由于外资在华所设纱厂的数量有很大增长，机纱市场的竞争趋于激烈，过多的设厂生产只会造成企业平均利润率的降低。武汉华商纱厂联合进行设厂限制也是基于这个理由，其递交政府的呈文称："商公司等，于欧战前后，就武昌、汉口设立机制纱厂，纱锭共约15万余枚，前清张文襄公督鄂，倡办纱布两局，其纱锭9万枚，共计24万有奇，每年出纱总数不下23万包。以湖北一年计，已供过于求。加之，欧洲纱厂，因欧战停办者，迩来逐渐恢复，日纱不能如前之行销欧洲，遂转运来华，供给多而需要少，以致价格低落，资本亏折，纱业前途，危险已极。"[①] 前已述及武汉四大纱厂的创办都利用了第一次世界大战的契机，然而其正式开工却往往迟滞于欧战结束的时间若干年，这就使得它们无法享受欧战所带来的宽松市场环境，而要直接承受战后市场竞争加剧的压力。

同时，单个企业规模的不合理也对武汉棉纺织业发展造成了阻碍。清末张之洞创办官布、纱局时因为"造端宏大"而导致的资金缺口困境也在私营棉纺织企业中重演。李紫云创办第一纱厂时，该厂有纱锭44000枚，布机500台（亦有资料称600台），规模尚称合理。1920—1921年，第一纱厂开工两年后，在技术力量、机器设备上均处于较好的状态，因此能盈利120万银元[②]。受此鼓舞，李紫云和第一纱厂的股东颇想扩大企业规模。然而，添置新机器设备需要较多资金，工厂一时难于筹集。这时，英商安利英洋行主动向工厂表示，愿意提供贷款。约在1921年时，洋行向工厂贷款约合白银200万两，工厂则以当时所有的全部固定资产作为还款保证[③]。扩

① 《农商部咨复湖北省长，暂准武汉各纱厂限制建立新厂文》，《湖北实业月刊》1924年第1卷第7期，第24—26页。

② 任延平整理：《李紫云与初创时期的一纱厂》，《武昌文史》1990年第6辑，第43页。

③ 程小菊：《我和武昌第一纱厂》，全国政协文史资料委员会：《中华文史资料文库·经济工商编》第12卷，中国文史出版社1996年版，第613页。

建后的第一纱厂拥有纱锭88000枚，布机1200台，“规模为各厂之冠”[①]。和创办之初相比，第一纱厂的规模扩大了一倍。然而，规模的扩大并未带来预期的收益。相反，工厂逐年亏损，从1921年起的3年内，累计亏损超过1000万元，董事会被迫于1924年将工厂交给安利英洋行接管。洋行委派宋立峰为工厂总经理，但宋立峰根本无意于好好经营纱厂，结果四大纱厂中规模最大的第一纱厂毫无起色，从1921年起到1935年止，累计亏损2000余万元[②]。由此可见，第一纱厂超越适度规模的盲目扩张，最终拖累了企业的发展。对此，业内人士也是有所认识的，1930年12月7日苏汰余在裕华股东会上的报告称：“盖第一纱厂脚跟尚未立稳，贸然有第二厂之进行，负债过重……所以不免受制。”[③] 1930年代裕华能够取得稳健发展，也是吸取了第一纱厂的惨痛教训的。

其次，武汉纺织企业存在着制度缺陷，并缺乏专业人才。从制度建设方面说，民国前期武汉各纱厂均无太大建树。以申新四厂为例，据称，在其创办初期，“一切规则组织，比较简单”[④]。从组织管理上说，申新四厂初期也沿袭了旧式管理方式，依靠工头管理生产和工人。一般工人进厂都要通过工头，新工人进厂时先拜师傅，师傅教一个徒弟，厂方月给津贴1元，学徒期间生活费用自备，除了做工以外，还要无条件替工头做上几年，一两年后满师，要恳求师傅买通工头才能成为正式工人[⑤]。在此，可以看到的是传统手工业中的学徒制度在新式工厂中得到了延续，然而由于其尚保留着较为原始的形态，因此既不利于技术工人的成长，也不利于厂方的管理。第一纱厂创办初期情况要好一些，当时，李紫云用高薪从上海和湖北的官布局招了数百名技术熟练工人，同时对本省各县农民及武昌城内的应招者，进行严格的考工制度，应试合格者方可上车。尽管如此，厂

① 《关于武汉市棉纺织业概况、工厂调查表》，1950年，武汉市档案馆藏档119-131-65。

② 程小菊：《我和武昌第一纱厂》，全国政协文史资料委员会：《中华文史资料文库·经济工商编》第12卷，第613—614页。

③ 该书编辑组：《裕大华纺织资本集团史料》，湖北人民出版社1994年版，第77页。

④ 周伯符：《申四福五历史资料甲、乙编初稿》，时间不详，武汉市档案馆藏档113-0-953。

⑤ 唐庸章：《汉口福新第五面粉厂与申新第四纺织厂》，1965年，武汉市档案馆藏档119-130-85。

中也存在着组织管理上的漏洞，例如："细纱间之皮辊花，本是白花，因女工未成年，多半人身短，机板太高，故所纳之皮辊花，只能用手上抛站板之上，向上抛时，十有八九落于地上。扫地之人，不分好花、歹花，通通扫入脚花之内。致使每百斤价 31、32 两的棉花，陡变成 1、2 两价钱之油花"，结果"每年吃亏银两总有数万之多"[①]。这是管理不善加重企业成本负担的一个鲜明例子。

此外，武汉棉纺织企业创办初期一般都面临着专业人才匮乏的局面，无论是熟练技术工人还是中高层管理人员，都比较缺乏。在工人方面，直到 1932 年时，裕华的细纱车间还全部使用男工，这些男工"对新技术的接受阻力大"[②]。在中高层管理人员方面，武汉各大纱厂的早期创办者主要并非出身于棉纺织业领域，这也带来了一定的问题。比如，申新四厂的李国伟"是学土木的，对于纺织和制粉工业并不内行，摸索前进，总不免走走弯路，当时有人说他拆拆装装，白费材料和气力"[③]。再如裕华纱厂的张松樵，黄师让对他如此评价："不足之处是个人纺织理论基础较差，不懂问问技术人员，实际工作则搬老经验，如何运用理论与实际相结合来提高生产技术水平，不能说是没有缺点的。"[④] 这些问题与缺点，只能随着时间的推移而慢慢解决了。

上述两个原因导致了武汉棉纺织工业整体竞争力较弱，尤其是无法与日资竞逐。当时，日本扩大了对中国棉纺织业的投资，在中国建立了一个从原料收购到产品销售的完整产业链。实际上，日本政府一直对本国纺织业予以扶持，采取了发展型的产业政策协助产业竞争，"甚至为争夺国外市场，不惜以国力相周旋，多方面予以发展便利"[⑤]。通过产业链的全方位竞争，日资极大地抑制了中国民族产业的发展空间。当然，对湖北棉纺织工

---

① 任延平整理：《李紫云与初创时期的一纱厂》，《武昌文史》1990 年第 6 辑，第 43—44 页。

② 该书编辑组：《裕大华纺织资本集团史料》，湖北人民出版社 1984 年版，第 178—179 页。

③ 周伯符：《申四福五历史资料甲、乙编初稿》，时间不详，武汉市档案馆藏档 113-0-953。

④ 黄师让：《裕大华企业 40 年》，全国政协文史资料委员会：《中华文史资料文库·经济工商编》第 12 卷，中国文史出版社 1996 年版，第 581 页。

⑤ 朱仙舫：《日本纺织工业猛晋之原因》，《中国纺织学会年刊》1933 年，第 19 页。

业而言，其竞争者并非仅仅日商，还包括了国内企业尤其是上海的纱厂。在武汉棉纱市场上，据称："除在其萌芽时期是靠印度来纱和后来的英商、德商洋行运销的以外，其来源主要有三个方面，即日纱、申纱、本地纱厂生产的纱。"[①] 这三种棉纱在民国前期的湖北市场上展开了激烈竞争。在"五四"期间抵货运动的积极影响下，楚兴公司在进口替代方面一度取得了很大的进展，如下表所示：

表 3-1　1915 年与 1919 年汉口市场不同产地纱、布比重之比较（百分比）

	日本		上海		武汉	
	纱	布	纱	布	纱	布
1915 年	67.24	64.92	8.7	13.18	24.06	21.90
1919 年	17.93	62.52	24.46	6.29	57.61	31.19

说明：(1) 数据来源于该书编纂委员会：《湖北省纺织工业志》，中国文史出版社 1990 年版，第 3 页。(2) 在原资料中，仅有 1919 年的进口纱、布比重，但鉴于日本纱、布在当时的中国进口棉货市场上占据主导地位，因此假设其为日本纱、布比重的代表。

上表显示，1919 年的武汉棉纺织工业在进口替代方面取得了长足进步，尤其在棉纱方面，与日纱相比，完成了一个结构性的转换。事实上，当年在沙市棉纱市场上，日纱的比重也由 1915 年的 99.05%下降到了 17.08%，武汉纱的比重则从 1915 年的 0.69%上升到 77.16%，上海纱也有相应的增长。只可惜，1919 年是一个过于特殊的年份，等到 1924 年武汉棉纺织工业体系确立以后，华商纱厂又感受到了日纱咄咄逼人的攻势。但是，在华商纱厂的合力竞争下，1926 年输入湖北的纺织品总量比 1924 年下降了 33.67%，湖北输出纺织品数量却增加了 81.4%，当时的调查称鄂省纱布"外货销路已渐减少"[②]。好景不长，1926—1927 年间，受北伐战争影响，武汉各纱厂普遍陷于混乱之中。当时，裕华厂在围城期间不仅停工，在北伐军入城以后也因为劳资纠纷而导致企业领导层纷纷离汉，据黄师让

① 周新民，程霖轩：《武汉棉纱商业之兴衰》，《武汉工商经济史料》1983 年第 1 辑，第 16 页。

② 龚骏：《武汉自办工厂之概况》，《上海总商会月报》1926 年第 6 卷第 9 号，第 1 页。

回忆称“局面难以维持”[①]。申新四厂的情况也很糟糕。1926年夏天，申四“适在战线之中，炮火连天者两日余”[②]，对企业经营造成了负面影响。当时，面对工人斗争，荣氏经营消极，停工减产，1927年12月3日，荣宗敬在给李国伟的信中尚且说：“两厂工资问题如否解决？倘要12月双薪，决裂收歇，永不再到汉口办厂矣。”[③] 可见其时局面之艰危。震寰纱厂“自十五年夏历正月1日起截至同年12月底止，为第四届结账之期。其间因军事停工将近两月，兼之工人加薪以及补助、抚恤、星期日纪念日工资照给等情，损失甚巨”[④]。大革命时代工人阶级的斗争体现了政治上的正当诉求，但对于起步未久还极其幼稚的民族工业而言，工人运动从客观上确实冲击了企业正常生产，因此引发了资本家的恐惧与抵触。在战争的破坏和劳资纠纷的影响下，1926－1927年的武汉棉纺织工业陷入了某种无秩序的混乱之中。

然而，就在此时，日商却趁机抛售棉纱，每件水月牌纱售价较1924年降低27.4％，此举扩大了日纱在城市的市场，并使其逐步深入农村。1927年，武汉输出纺织品比1926年下降37.11％，裕华纱厂亏损银18.56万元，震寰纱厂亏损银41.79万元，武汉棉纺织工业损失惨重。而据回忆：“日货倾销在大革命以后就厉害起来。当时武汉各厂都不同程度的停工减产，日纱就乘机占领和扩大市场，并且逐步深入农村。裕华的销售市场——武汉附近的汉阳、阳逻以及新洲一带，逐步被日纱所代替。”[⑤] 裕华的赛马纱与日商泰安纱厂的力马纱相较，“赛马牌纱重，但质轻易断折，力马牌质略轻，惟拉力强，比较好用”，所以，在枣阳市场上，“以力马牌纱为多，二者销量约为一与三之比”[⑥]。本来，武汉各纱厂的产品“品质相仿”[⑦]，而日纱略

---

① 该书编辑组：《裕大华纺织资本集团史料》，湖北人民出版社1984年版，第92—93页。

② 唐庸章：《汉口福新第五面粉厂与申新第四纺织厂》，1965年，武汉市档案馆藏档119-130-85。

③ 《武汉大学学生整理申四福五历史资料》，时间不详，武汉市档案馆藏档113-0-956。

④ 《震寰纺织股份有限公司第四届报告书》，1927年，武汉市档案馆藏档114-1-157。

⑤ 该书编辑组：《裕大华纺织资本集团史料》，湖北人民出版社1984年版，第118页。

⑥ 平汉铁路经济调查组编：《老河口支线经济调查》乙篇《枣阳经济调查报告》，1937年，第25页。

⑦ 平汉铁路经济调查组编：《老河口支线经济调查》乙篇《樊城经济调查报告》，1937年，第34页。

胜一筹已能在市场份额上超过华纱约两成。当日商采取低价倾销的策略以后，华商纱厂更是难于应战。由此，1926—1927 年前后是湖北棉纺织工业发展进程中的一个转折点，此前，面对日货压力，武汉各纱厂尚能进行强劲抵抗，但自 1927 年以后，日货利用武汉纱厂陷入混乱所出现的短暂真空，在华中市场上扩大了倾销，并逐步确立起在该市场上的优势地位。这也为 1930 年代前期湖北棉纺织工业的大萧条埋下了伏笔。

除了产业内部的缺陷外，配套产业如纺织机械制造业的不发达也成为拖累武汉棉纺织企业的重要因素。整个近代，湖北用动力驱动的棉纺织工厂，所用的机器、配件器材主要从外国进口，机器的修配主要由本厂机修工人承担，直到 1949 年前湖北没有一家专用生产纺织设备的工厂[①]。然而，主要生产设备全部依赖进口给武汉棉纺织企业造成了很多意想不到的麻烦，并直接拖垮了一些企业。前文已经提到过，第一纱厂为扩大规模，不得不依赖安利英洋行从海外购买机器，结果因这层债务关系最终被洋行所控制。震寰纱厂“自民国八年组织以来迄今五载，其间经过事实，困难甚多，最著者莫如机器迟到一事。据本公司与上海安利英洋行订购机器合同，全厂机器应于十年夏历 3 月完全到齐，不料伦敦制造厂因罢工风潮延不交机，迟至十一年夏历正月运到纱锭始达 1 万之数”[②]。震寰在 1920 年底所订的 20736 锭纱机一直拖延到 1923 年 4 月间才全部交齐开工，这使得该厂错过了迅速赚取利润进行初步资本积累的大好时机。此后，震寰的资本家力图通过规模扩张来挽回颓势，但只不过是陷入债台高筑的恶性循环而已[③]。由于向洋行赊购机器，裕华创办之初也不得不通过增加资本的办法来还债[④]。从这些纱厂购置机器的过程可以看到，纺织机械作为近代纱厂的基本生产工具，具有不可替代的作用，对企业而言，购置纺织机械开销甚大，在资金上造成不小压力，而只能通过洋行从海外进口纺织机械更是增加了企业运行的巨大风险。然而，由于近代湖北机械工业水平不高，生产结构也不尽合理，因此，湖北棉纺织工业只能承受进口纺织机械的高成本与高

---

① 湖北省地方志编纂委员会：《湖北省志·工业》（下），湖北人民出版社 1995 年版，第 928 页。

② 《震寰纺织股份有限公司第一次报告书》，1924 年，武汉市档案馆藏档 114-1-157。

③ 《震寰纱厂三十年略记》，时间不详，武汉市档案馆藏档 114-1-75。

④ 该书编辑组：《裕大华纺织资本集团史料》，湖北人民出版社 1984 年版，第 37 页。

风险，而这也拖累甚至拖垮了部分棉纺织企业。如果说机械工业的不发达是明清时代中国传统纺织业落后于西方的根本原因之一，那么，民国时期湖北机械工业的欠发达仍然是导致该省纺织业缺乏竞争力的根源之一。

二、湖北城市小型织布厂的发展

进入民国以后，湖北各地各种形式的小型织布厂以及部分印染厂也获得了一定的发展，只是，在城市纺织工业中，这一类型的工厂并不占主流地位。

20 世纪初，武汉的小型织布厂主要使用手脚并用的人力木拉机，生产胶布条子、梅花格子等布，行销于本省。一战结束以后，日本棉织品通过三井、日信、依藤、东棉等洋行在武汉市场上大量倾销，使小型织布厂大受打击。为了打开销路，1920 年起武汉织布业改用天津式铁木机，出产大小提花布及各种冲呢布，产品可与津沪布厂出品媲美。1922 年有新亚丝光厂成立，日出产人字呢、提花缎、白条布等 5000 匹，销路远达冀、豫、湘、陕、川、赣诸省。然而，1924—1925 年，日商大量倾销花、素平光哔叽，武汉的织布业面临崩溃，多数陷于停顿。1928 年至抗战前，由于抵制日货的关系，武汉织布业勉可维持①。据 30 年代初的调查，武汉最大的 4 家手工织布厂情形如下：

表 3-2　民国前期武汉城市小型织布厂产销情形

工厂名称	出品情形				原料供给	销场情形			
	名称	商标	数量	价值		销售地点	每年销量	价值	供给够否
和兴	本厂布	梅兰芳	5000—6000 匹	8—12 元	纱、人造丝、颜料	本省	—	—	够
亚东	布	嘉禾牌	8000 匹	8—12 元	本国棉纱，进口颜料、人造丝	本省及外省	每年所出品存 1000 匹	总共 80000 元	—
华丰聚记	布	教子牌	—	7—15 元	本国棉纱，意大利颜料、人造丝	国内	4000 余匹	60000 余元	够

① 《关于手工业基本情况、手工业业务计划》，1951—1953 年，武汉市档案馆藏档 119-131-87。

续表

工厂名称	出品情形				原料供给	销场情形			
	名称	商标	数量	价值		销售地点	每年销量	价值	供给够否
华升昌	布	玉美人	每年2000匹	5—9元	本国棉纱、德国颜料	汉口	—	—	—

整理自实业部国际贸易局编著：《武汉之工商业》，实业部国际贸易局1932年版，第42页。因原表部分数据显系有误，如华丰聚记出品数量标为“四五千元”，故未予采纳。

由上表可知，武汉小型织布厂的棉纱来源主要靠国内纱厂供给，这体现了当时城市纺织工业已经产业链化。然而，较高级的原料如人造丝、染色颜料等仍需依靠舶来品，又凸显了国内产业竞争力较低。在上表所记4家布厂的产量数据中，除了华升昌标明了是年产量外，其他几家究竟是日产量还是年产量，并不清楚。从亚东厂的产销情形看，8000匹的产量似应为年产量。以4家布厂之间进行横向比较，亚东是华升昌年产量的4倍，而华升昌已能列入规模最大的布厂名录中，可见武汉织布厂的企业规模是不大的。事实上，这些织布厂“均为手工业”①。用战前调查者的话说，武汉的小型织布厂“虽具工业性质，然不能谓为近代机器工业，仅为我国之旧有手工业逐渐向机器工业方面改进而已”，而其改进“亦不过酌用稍加改良及效率略大之机器工具”②。可以推断，民国前期武汉小型织布厂的一般特点是规模小、技术水平低、产量有限。而这种特点也恰恰成为其致命缺陷。据时人所言，当时武汉的城市小型织布厂生存环境极为险恶：“充斥市场，均属日货，价廉而推销力大，本国厂商，资本微弱，几无法足以竞争也。”③ 与土布相同的是，城市小型织布厂的销售市场也“偏重农村”④，不同的是，小布厂生产的布匹具有更高的附加值，即：“夹人造丝，极合销路，东西洋布匹，凡带有花色者，无不夹人造丝。”⑤ 可见，城市织布厂的

---

① 实业部国际贸易局编著：《武汉之工商业》，实业部国际贸易局1932年版，第40页。
② 《武汉之染织纱布业》，《汉口商业月刊》1936年新第1卷第5期，第28页。
③ 实业部国际贸易局编著：《武汉之工商业》，实业部国际贸易局1932年版，第41页。
④ 《武汉之染织纱布业》，《汉口商业月刊》1936年新第1卷第5期，第28页。
⑤ 实业部国际贸易局编著：《武汉之工商业》，实业部国际贸易局1932年版，第41页。

产品面向一个更高端的市场。然而，这样一种市场定位突出了资本与技术的重要性，这两大要素恰恰是当时武汉小型织布厂所欠缺的，因此，一旦遭遇日货的倾销竞争，出现“面临崩溃”的局面也就不足为奇了。

此外，政府的税收政策也削弱了武汉城市小型织布厂的竞争力。据1930年代初业内人士抱怨：“例如统税，棉纱均完纳统税，织成布至2尺宽内，不征税。2尺以外所征税款，以担为单位，每百斤3元7角5分。合棉布52尺1匹者，每匹不过完税1角4分4厘，尚不为重。但夹十分之一点五人造丝之棉织品，（即十分之八点五为棉纱十分之一点五为人造丝）则仍估本纳税，棉布价售8元，须征关税1元之谱（即值百征七五）。此外尚有堤工附加捐等，商人无从获利，故多购运洋货。盖洋货仅有进口税，而国内棉布出品，棉纱征有统税，人造丝有进口税，夹一·五人造丝棉布有税，此则实为国货布厂不能维持之根本原因也。”[①] 夹杂人造丝本来是为了提高小型布厂的产品竞争力，但在不合理的征税政策下，此举反而加重了布厂的成本负担，于是愈发无法与洋货匹敌了。因此，武汉城市小型织布厂实际上是在夹缝中求生存。一方面，在低端市场上，有乡村织布业生产的土布与之竞争，另一方面，在附加值更高的市场上，它们又面临着进口货的巨大压力。也正是这种尴尬的困境使之难以在湖北近代纺织业的二元格局中打开局面，构成新的一元，而只能在技术上趋同于乡村织布业，在组织制度上趋近于城市新式棉纺织企业，缺乏独当一面的竞争力，陷于困境。因此，在民初，武汉尚有约80家小型织布厂，到抗战前则只剩下30余家了[②]。

除了武汉以外，这一时段内湖北其他地区也兴建了一些小型织布工厂。在黄冈县，建有织布厂15个，织机560台，男女职工2588人，每年织布9110匹，值5.49万元。规模较大的织布厂有团风童太兴、舒仁记布厂，共有铁木布机80多台，雇请男女工人90多人。回龙山林庆甫所办工厂有铁木混合机16台，除雇用工人20多人外，还发纱给附近28家机户加工棉布[③]。在应山县，1914年，县城设立了平民织布厂，工人为监狱囚犯，另

① 实业部国际贸易局编著：《武汉之工商业》，实业部国际贸易局1932年版，第43页。
② 《武汉之染织纱布业》，《汉口商业月刊》1936年新第1卷第5期，第28页。
③ 黄冈县志编纂委员会：《黄冈县志》，武汉大学出版社1990年版，第171—172页。

雇技工指导，用当地土棉纱织宽口面土布，每人日织布近5丈[①]。1918年，钟祥县的商人韩善甫购回铁木结构织布机36台，在县城文昌阁开办醒华织布厂，生产白细棉布[②]。1924年，在麻城县，省议会议长屈佩兰邀集旅汉同乡筹资开办织布工厂，呈请省政府实业厅备案，并委托省立甲种工业学校毕业生王洪范筹备开办。当年9月，工厂正式成立，定名为麻城模范大工厂，出品棉布花样色泽“极为社会欢迎”，1925年年终核算，赢利约2000余串，企业股东决定不分红而继续扩大工厂规模[③]。宜昌在20年代也兴起了一批小型织布厂，其中较有代表性的为1921年高宏坤创办的高万顺机坊，该厂到1927年时共有20台布机，近30人，1932年布机达到了40余台，生产忙时全厂员工超过百人，年产各种棉布2.4万匹至3万匹[④]。整体而言，民国前期的湖北城市小型织布厂处在发展之中。

然而，若抛开数量上一时的增长，从绩效方面来看，则湖北城市小型织布厂的发展是极为有限的。首先，在诸多小城镇中，与周边的乡村棉织业相比，城市小型织布厂的规模过小。在黄冈，直到1930年代，小型织布厂仍有发展，据1935年统计，全县共有织机2900台，从业人员5800多人。然而，无法确知这个数据里面是否排除了个体农家织户的布机拥有量及从业人数。到1937年时，全县铁机数猛增至20000多台，从业人员也发展到了4万多人，然而，在方志中予以特别提到的童太兴、舒仁记布厂，铁木机仅从80多台增长到170多台，工人也只增加了40多人[⑤]。与武汉手工织布业中的情形相仿，尽管黄冈县棉织业（包括乡村织布业与城镇中的小型织布厂）在当地产业结构中占有重要地位，但在行业内部，单个生产单位的规模是狭小的。因此，即使黄冈县的小型织布厂可能有所增长，但它与乡村农家织布业的差异却不大。其次，一个更为突出的现象是，很多城市小型织布厂都是旋办旋停，无法长期维持。前文提到过的钟祥县醒华织布厂开办不到一年，就因为“洋布”的冲击而倒闭。麻城模范大工厂则

① 湖北省应山县志编纂委员会：《应山县志》，湖北科学技术出版社1990年版，第250页。

② 湖北省钟祥县县志编纂委员会：《钟祥县志》，湖北人民出版社1990年版，第412页。

③ 民国《麻城县志续编》，卷十，实业志，织布厂，民国二十四年铅印本。

④ 江海波：《高万顺织布厂》，《宜昌市文史资料》1988年第9辑，第38—39页。

⑤ 黄冈县志编纂委员会：《黄冈县志》，武汉大学出版社1990年版，第171—172页。

因大革命时代的政治动荡而破产。宜昌第一家纺织厂宜人组织机厂到1928年也被迫关闭了。客观地说，民国时期湖北的城市小型织布厂普遍并无多大起色，加之规模局限性，因此对于湖北纺织工业而言，其经济意义有限。

在这些小型织布厂中，宜昌的高万顺织布厂绩效颇为突出，因此，以之为个案加以考察，当能找到决定城市小型织布厂发展的一般因素。从高万顺织布厂在抗战前的整个发展历程来看，改良生产工具，提高工艺水平，是使其走向兴旺的主要因素。如前所述，小型织布厂主要生产比一般土布具有更高附加值的棉织品，因此，产品的工艺水平很大程度上决定了其竞争力。当时，在织布机的综片上面安装有楼子（长江下游称为“提花龙头”），可设计不同的提花织纹组合，由小楼子提动多块综片，形成织物上的不同花纹，综片越多，花纹图案的变化就越大。那时候宜昌同业最多用十几块综，高万顺的技师崔仲桥则独具匠心，大胆地采用了32块综，其办法是将综框木制作得薄而宽，每块综之间上下错开排列，这样就能够织出复杂的几何图案，取得对于同业的工艺优势。1934年崔仲桥被外地一家机坊挖走以后，高万顺从汉口某织布厂高薪请来技师胡学清，胡学清设计的织纹组合，不但提花图纹各异，且编配多种色纱，织成的布色泽鲜艳，从而为高万顺保住了工艺优势。再如，1933年同城的民生机坊派人到上海绘制了一张捻双股纱摇车的图纸，回宜昌后请木匠按照图纸制作了一部摇车，将32支双股纱与红色人造丝捻好，上织机织成红光闪闪的“太阳呢”，产品很畅销。高万顺不惜重金也找人做了一部摇车，不但织出太阳呢，还配银白色人造丝织成“月星呢”，备受城乡姑娘喜欢，一时成为抢手货。此外，高万顺还模仿上海三友实业社生产“自由布”并对之加以改进。可以说，高万顺布厂的发展史就是一部不断进行工艺改良的历史，不仅有模仿，更有创新。在这种技术导向的企业文化引领下，加上高万顺的经营者善于按时令组织生产，又在厂内自设“内字号”进行大批发，这家小型织布厂的产品也就畅销于鄂西、川东、湘西等地了[①]。从高万顺的例子可以看到，对城市小型织布厂而言，工艺技术是决定其竞争力的首要因素。

除了小型织布厂外，当时湖北的城市中还兴起了专门化的小型印染厂。和传统纺织业一样，湖北的印染业长期处于手工业阶段。1924年，汉口隆

---

① 江海波：《高万顺织布厂》，《宜昌市文史资料》1988年第9辑，第39—43页。

昌染厂开始使用烧毛机、烘布机和拉幅机等设备，这是湖北印染业利用机器的开端。至1930年代初，湖北共有小型机器染厂6家，年染布能力可达400万米左右。其中，较有实力者为1929年创办于武汉的东华染整厂。该厂每月染布量可达70000米左右，年平均营业额为30万元左右，染绸缎纯利润率约为40%，染布匹约为30%①。由此可见，印染业有相对比较广阔的市场空间，而这与武汉四大纱厂自身染整能力不足有密切关系。不过，湖北的小型印染厂不仅规模小，而且数量过少，对产业竞争力来说意义有限。

第二节　乡村纺织工业发展的迟滞

第一次世界大战前后，华北、江南等地的乡村棉织业获得了较大发展，部分地区出现了具有现代性特征的新形态的农村工业。然而，同为植棉大省，且传统棉纺织业亦相当发达的湖北，其乡村纺织业的演化却保留了更多的传统特征，而这也直接导致湖北纺织业二元工业化的不平衡。

一、湖北乡村棉织业的基本形态

清末以来，湖北的农民开始越来越多地使用机纱生产土布。然而，直到1930年代前，在湖北很多地区，即使用以外销的土布也是由手纺土纱织成的。地处沙市、宜昌之间的江口是重要的棉产地，所产棉花被称为“江花”，大量销往四川。该地的土布庄“是仅次于棉花、粮食经营的外向型行业”，而其土布生产系妇女在农闲时自纺自织的家庭副业②。安福寺一带虽然也有专业的织布户，但自纺自织更为普遍，据称：“家家户户都有木制纺车，小姑娘、大媳妇、老太婆没有不会纺纱的（我地通称为‘纺线’）。有的白天纺，更多的是晚上纺。月夜在月光下纺，冬天在火笼边纺，常常一灯如豆，一纺半夜。纺的纱拿到集镇去卖，又买回棉花再纺，从中赚点手工钱。一般一人一天可赚棉花三四两（16两制），循环累积，除支付少量

---

① 湖北省地方志编纂委员会：《湖北省志·工业》（下），湖北人民出版社1995年版，第1512页。

② 张仲甫：《民国时期的江口工商业》，《枝江文史资料》1990年第5辑，第3—4页。

花销外，还可落下一些纱线，织成土布解决穿衣问题。”[①]

上述记载与前文曾述及之湖北传统棉纺织业的情形极其相似。清代的枝江也是“夜半，机声与纺车轧轧相闻，有竟夜不眠者”，当时代演进到20世纪以后，当地部分地区的棉纺织业图景竟没有太大改观，亦可见湖北乡村棉纺织业的变迁是相当迟滞的。传统棉纺织业颇为发达的石首县，直到1932年，才有藕池熊万春百货商店从武汉、上海等地购进“洋纱”，开始土、洋纱并用[②]。以上择取的几个例子都是土布生产量大、外销亦颇畅旺的地区，至于纺织业更为落后的乡村，其手工纺纱现象的存在当更加普遍。

土纱生产的普遍性并不意味着民国前期湖北乡村织布业不使用机纱，相反，那些使用机纱的专业织布户能够获取更多利益。同样是在枝江安福寺，自纺自织的农户纺织所得主要用以购买棉花，从棉纺织生产中获得的积累极其微薄，而少数常年织布户“从集镇买回棉纱，织成土布，拿到董市、白洋等地布庄出卖。与种田相比，收入可观”[③]。在枣阳，机纱排挤土纱的情形具有相当的代表性，1930年代的调查报告称：“民国前，用本地花纺纱，织成土布，畅销河南、陕西等地。近二十余年来，洋纱进口，其价值较本地所纺土纱为低，且以洋纱织成之布，既细且廉，故乡间织户，均乐用洋纱，其结果，使洋纱进口日增，本地纺土纱者大减。”[④] 枣阳的例子显示，民国以前，当地使用土纱织成的土布也大量销往区域外市场，这体现了湖北乡村棉纺织业传统生产方式的顽强生命力，可以说，作为农家副业的土布生产与其产品大量远销区域外市场之间并不存在矛盾。但另一方面，机纱的使用确实可以带来更大的利益，这又诱使枣阳的织户逐渐放弃自纺土纱，使得机纱排挤土纱成为一种或早或迟的必然趋势，也就使土布业中纺织分离的专业化分工成为可能。然而，总体来看，1930年代以前湖北的乡村织布业仍然主要是以纺织一体的农家副业形式存在着的，未能

---

① 张东铭：《对解放前安福寺一带农村经济的回顾》，《枝江文史资料》1990年第5辑，第70—71页。

② 石首市地方志编纂委员会：《石首县志》，红旗出版社1990年版，第224页。

③ 张东铭：《对解放前安福寺一带农村经济的回顾》，《枝江文史资料》1990年第5辑，第71页。

④ 平汉铁路经济调查组编：《老河口支线经济调查》乙篇《枣阳经济调查报告》，1937年，第24—25页。

实现农村工业化。

二、湖北乡村棉织业发展迟滞的原因

在湖北乡村棉织业缓慢发展的同一时期，华北、江南部分地区的乡村织布业却迈向了农村工业化道路，即出现了专门面向区域外市场从事商品化生产的大规模专业织布区，如高阳、南通等地。与之相比，湖北乡村棉织业发展较缓慢，其原因如下。

（一）生产工具供给的制约

在棉纺织业中，可以看到纺纱—织布这一传统生产链受城市工业化的冲击而遭到破坏。然而，现代大机器生产并未在纺与织两个领域完全占据优势，相反，城市工业生产的机纱打破了乡村手工织布业的瓶颈，这是华北、江南等地棉织业经济区得以兴起的前提。通过对史料的分析，可以认为民国前期湖北的机纱供给不成问题。据1920年代末的调查，在裕华成立以前，武昌的棉纱出品“以粗纱为主，且以10支为多。因是时武昌纱厂出品之销路以本县四乡农民为主，其用途为织土布”。由于机纱的盛行，本为“旧法纱织业最盛之地”的武昌，其四乡“农妇之旧法纺纱遂渐归淘汰”[①]。这表明，早在武汉城市棉纺织工业体系确立之前，武汉新式纱厂已经能对周边农村腹地供给大量机纱了。以裕华为例，当时，武汉附近的汉阳、阳逻以及新洲，都是其机纱的销售市场[②]，新堤镇“除农户纺纱织布外，专业织户多用洋纱，尤愿用裕华的‘双鸡’和‘赛马’纱，年销售千件”[③]。樊城每年进口的棉纱约3500件，最高时约6000件，这些棉纱“大概来自裕华纱厂、申新纱厂，及日商太康厂。本地用作织布、袜及毛巾等用”[④]。此处的“太康厂”系指汉口日商泰安纱厂，该厂于1931年即已停工，因此这则史料可视为1920年代情形的反映。在猇亭，机纺的“荆州牌”、“喜鹊牌”棉纱天天由沙宜班轮运来，然后由码头工人抬到各布庄，并形成手机与脚踏机并用，土棉布、洋经棉纬布、纱庄（洋纱）布齐产的格局[⑤]。董

① 国民政府立法院：《武汉工厂调查》，1929—1930年，上海市社会科学院经济研究所藏中国经济统计研究所档案04-023。

② 该书编辑组：《裕大华纺织资本集团史料》，湖北人民出版社1984年版，第118页。

③ 洪湖市地方志编纂委员会：《洪湖县志》，武汉大学出版社1992年版，第169页。

④ 平汉铁路经济调查组编：《老河口支线经济调查》乙篇《樊城经济调查报告》，1937年，第34页。

⑤ 冯长菁：《猇亭纺织今昔谈》，《枝江文史资料》1990年第5辑，第90页。

市“织布所用之纱，以荆州厂纱居多”[①]。猇亭和董市的例子主要是1930年代的现象了，但考虑到湖北乡村棉织业发展的迟滞性，亦可说明机纱的使用乃是大势所趋，而其原料供给也是有保障的。1916—1928年部分年份湖北省机纱产量如下表所示：

表3-3　1916—1928年部分年份湖北省机纱产量

单位：吨

年份	全省总计	纱、布局	一纱	裕华	震寰	申四	泰安
1916	8429.61	8429.61	—	—	—	—	—
1921	6651.41	4354.56	2296.85	—	—	—	—
1923	16580.19	5747.46	825	4388.97	4162.55	1514.88	—
1928	50741.47	9851.23	25355.59	4490.20	3669.99	3180.15	4194.30

资料来源：该书编纂委员会：《湖北省纺织工业志》，中国文史出版社1990年版，第47页。

整体而言，民国前期湖北省的机纱产量是处在增长之中的，到1928年时，全省机纱产量为50741.47吨，如果再考虑到当时正是日纱大举渗透进湖北市场的时期，则从理论上说，整个湖北棉纺织工业对于乡村织布业的机纱供给量是可以确保的。实际上，大量湖北农户不使用机纱的理由不能从供给端去找问题，而应看到需求端的症结。这里面又有两个因素，一是湖北农民无力负担对于机纱的购买，一是织布工具的落后制约了机纱的使用，前一个因素是长期存在的结构性病症，后一个因素则可视为困扰湖北乡村织布业进一步发展的技术瓶颈。实际上，在那些具有农村工业化特征的新兴织布区，新型织布机的大量供给是一个必要条件。所谓新型织布机或改良织布机大体而言有3种：手拉织机（拉梭机）、脚踏铁木机（铁轮机）、铁机。不管其形态如何，较之中国农村传统织布业使用的投梭机，新型织布机的效率都要高很多，而新型织机中的铁轮机效率比拉梭机至少高1倍[②]。因此，新型织布机尤其是铁轮机使农户可以面向市场大量生产，此种技术上的变革是新兴织布区最为重要的竞争优势之一[③]。在以高阳为中

---

① 朱静一，陈志恒：《湖北省之土布业》，《汉口商业月刊》1935年第2卷第4期，第89页。

② 李景汉：《定县社会概况调查》，上海人民出版社2005年版，第631—632页；徐新吾主编：《江南土布史》，上海社会科学院出版社1992年版，第404、410页。

③ 方显廷，毕相辉：《由宝坻手织工业观察工业制度之演变》，李文海主编：《民国时期社会调查丛编（二编）·乡村经济卷》（中），福建教育出版社2009年版，第535页。

心的河北织布区，1915 年共有织机 5600 余架，至 1917 年已增为 13000 余架，1920 年则达到 21694 架，1929 年，当地织机数量为 24900 架。这些织机“十之八九”为铁轮机[①]。如此庞大的织机数量已突显了新式生产工具的重要性。因此，农民能否方便地获得廉价的新型织布机就成为乡村棉织业工业化的一个决定性因素。例如，在农村工业化先发地区河北，早在清末，中心城市天津的机械工业就能向周边乡村大量提供新型织布机，高阳等地的商贩则“从天津输入整套铁轮机件，在高阳再配制木架”[②]。再如，山东潍县是一个后起的新兴织布区，对高阳构成了强有力的挑战，当地棉织业自 1921 年后逐渐发达，至 1934 年则“织户已普遍全境”[③]。而潍县崛起的原因之一在于，当地的机械工业集群为本地农民提供了低成本的改良织布机，故时人论曰：“是则先有机械之供给，而后有农村工业之兴起，其范围虽小，殊足引为兴办工业者之参考也。”[④] 因此，城市机械工业对新型织布机的有效供给是促发乡村织布业工业化的关键。

尽管湖北是近代中国机械工业的发祥地之一，但以武汉为中心的城市机械制造企业并未大量从事织布机的生产，这就极大地制约了改良织机在湖北农村的扩散。在 1930 年代初的武汉工商业调查报告中，仅有汉口润新机器工厂一家企业业务范围涉及“织布铁机类”，而该厂资本仅 1200 元，工人只有 5 人，年产值亦只有 4000 余元[⑤]，这是相当小的一家企业了。其他未入调查报告的厂家规模必当更小。实际上，尽管当时武汉的机械厂有能力生产织布机[⑥]，但直到抗战前，该市机械工业的产品“以轧花机，碾

① 吴知：《乡村织布工业的一个研究》，李文海主编：《民国时期社会调查丛编（二编）·乡村经济卷》（中），福建教育出版社 2009 年版，第 332—333、410 页。

② 吴知：《乡村织布工业的一个研究》，李文海主编：《民国时期社会调查丛编（二编）·乡村经济卷》（中），第 329 页。

③ 王青林：《山东的纺织事业》，《工学季刊纺织特号》1934 年，第 5 页。

④ 全国经济委员会：《机械工业报告书》，全国经济委员会 1936 年版，第 9 页。

⑤ 实业部国际贸易局编著：《武汉之工商业》，实业部国际贸易局 1932 年版，第 90 页。

⑥ 国民政府立法院：《武汉工厂调查》，1929—1930 年，上海市社会科学院经济研究所藏中国经济统计研究所档案 04-023。武汉机械工业有能力制造织布机的一个证据是，1935 年咸宁官埠桥度怡和林记匹头号欲购买“织小棉布机器”，写信给《汉口商业月刊》咨询，该刊推荐了汉口存仁巷萧兴隆五金机器厂，称其“所造各式织布宽窄铁机为宜”。见《汉口商业月刊》1935 年第 2 卷第 3 期，第 79—80 页。

米机，砻谷机，抽水机，轧豆机为大宗”[①]，新型织布机的生产不成规模，也未产生集聚现象。作为佐证，在建国初期的相关调查中，也未看到有制造织布机的记载[②]。因此，可以认为近代湖北的核心城市武汉的机械工业并未形成大批量生产改良织布机的能力。

武汉这一核心城市的机械工业的生产结构极大地制约了湖北乡村织布业的转型。核心城市的重要性在于该类城市可以通过聚集效应来降低技术扩散的成本。例如，河北三河县的土布业“可称半手工业”，一度“远销口外，营业状况甚佳”，其织机“完全用国产木机，及国产铁轮机，每架价额约15、16元，零件由天津购置，如在当地配置，约需20余元”[③]。在本地购买机器零件反而比在天津更加昂贵，这只能说明天津的织机制造工业因积聚产生的规模效应降低了生产成本，从而有利于技术从核心城市向农村腹地扩散。潍县尽管不是核心城市，但其织机制造的初期技术以及参照样品都是从青岛这一区域口岸中心获得的[④]。因此，核心城市对于地区工业技术的发展至关重要。即使在湖北，武汉之外的城市也相当依赖口岸中心的技术供给。例如，宜昌最早的机器厂李正顺的创立者李开荣最初仿制铁质布机时，无法在当地铸造布机的关键零件齿盘，于是前往汉阳，在周恒顺机器厂学习了砂型铸造的基本技能。也只是在掌握了翻砂技术之后，李正顺才由作坊升级为机器厂。此后，在1915年至1920年生产最旺时，这家机器厂每年平均要生产2000多台织布机，销往江汉平原和洞庭湖平原各地[⑤]。类似的例子还包括古老背的吴正之通过改进织机促进当地织布业的兴起，而吴正之一开始也是从汉口购买改良织布机（当为进口产品）及各种零部件[⑥]。然而，尽管宜昌等地机器厂的织机生产技术可谓得自武汉，

① 《湖北省武昌汉口汉阳机器翻砂业概况》，1936年，上海市社会科学院经济研究所藏中国经济统计研究所档案04-055。

② 《关于手工业基本情况、手工业业务计划》，1951—1953年，武汉市档案馆藏档119-131-87。

③ 北宁铁路经济调查队编：《北宁铁路沿线经济调查报告》（二），北宁铁路管理局1937年版，第526页。

④ 刘冰：《记华丰创办发展过程及创始人》，陈真，姚洛合编：《中国近代工业史资料》第1辑，生活·读书·新知三联书店1957年版，第597—598页。

⑤ 杨燮诚：《宜昌最早的机器厂李正顺》，《宜昌市文史资料》1988年第9辑，第1—6页。

⑥ 王子观：《吴正之改进织布机》，《枝城市文史资料》1989年第3辑，第118—119页。

但武汉本地并未形成如天津、潍县那样的大规模织机生产集群，这就制约了湖北改良织机的低成本供给，也无法在全省范围内形成有利于技术进步的集聚效应，自然有碍于湖北新兴棉织区的形成。

（二）权威推动力量的缺失

在农村工业化进程中，政府、社会团体、地方能人和农民手工业者处在不同的位置，充当着不同的角色。农民手工业者作为直接生产者，构成了农村工业化的主要劳动力，发挥着最基础的作用。然而，农村工业化意味着引进和推广先进技术，以及开拓区域外市场，分散的农民手工业者却普遍缺乏资本与能力从事这些工作。因此，农村工业化的推进必须借助一些外部力量的介入，而这正是政府、社会团体和地方能人所扮演的角色。在近代中国乡村，对农民而言，政府、社会团体以及地方能人都体现了某种权威性，因此可将其概括为权威性力量。

民国前期湖北的权威性力量在推动乡村经济发展方面显得十分不足。首先，北洋政府时期的湖北省地方政府未能担负起经济建设的重任。张之洞督鄂时期，湖北的新政在全国一度处于领先地位。但辛亥革命以后，湖北政权逐渐落入北洋军阀手中，在其统治下，鄂省早期现代化进程遭遇重大挫折。一方面，政府在经济建设上未能采取切实有效的措施。时人谓："自辛亥革命以来，湖北省当局，尝于省内各地陆续组织工厂多所"，"但因资本薄弱，又缺乏相当之管理方法，故自设立以来，大半营业不振"，"目今该省因受政治纷扰之影响，各工厂之营业，多呈衰颓之象"[①]。例如，1921 年湖北省长公署限令全省 69 个县于 3 年内一律开办贫民工厂，并以罢官惩罚为戒条促办，但到 1924 年，仅江陵、竹溪、光化等少数县开办了小型手工工厂[②]，其低效无能可见一斑。另一方面，北洋军阀在湖北的统治腐败丛生，且将湖北拖入了湘鄂战争、川鄂战争之中，给地方社会经济的发展造成了损害。军阀混战对于湖北经济的影响是极其恶劣的。例如，汉口"自湘鄂构兵以来，百业凋残，商旅裹足，市面遂一落千丈"[③]。再如

① 东晖：《湖北省工厂之调查》，《上海总商会月报》1924 年第 4 卷第 10 号，第 11 页。

② 湖北省地方志编纂委员会：《湖北省志·工业》（下），湖北人民出版社 1995 年版，第 1420 页。

③ 《商情》，《上海总商会月报》1921 年第 1 卷第 4 号，第 12 页。

1920年代的宜昌："近数年来，川中多故，宜昌遂为鄂西防守重地，驻兵复杂，兵差往来，在在能使宜昌商业，黯淡无光，实无由进步也。"[①]

其次，湖北本地商人的力量相对薄弱，其对于乡村社会经济发展所起的推动作用也很有限。早在张之洞将其办织布厂的计划由广东转移到湖北时，就曾指出："鄂中物力艰窘，与粤省情形相去霄壤。"[②] 在给友人的信中，他也提到过在湖北筹款的艰难："鄂中筹款之难，实较各省为尤甚。司道会议，心志每不能齐。名目多端，实际了无把握。"而难以筹款的根本原因则在于"此间地瘠财殚"[③]。在湖北，以黄安、麻城、黄冈三县商人为骨干的"黄帮"是实力较为雄厚的商帮。实际上，黄安、麻城、黄冈均为湖北棉织业较为发达的地区，但尽管黄帮也从事土布贩运，其对于家乡织布业的发展却没有更深的介入。相反，黄帮商人主要活跃在汉口、沙市等通商口岸。大革命时期，黄帮资本更是大量集中于上海，当时，黄帮从武汉各地调沪的现金，不下1500万两。而黄帮所集聚的资本主要用于进行投机和购置房地产[④]。因此，可以说，民国时期以黄帮为代表的湖北地方商人对于土布生产的改进普遍未进行大规模的投入，而这直接制约了湖北棉织业的技术进步，从而阻碍了其走向农村工业化。

最后，商人对于乡村手工业生产的介入，实际上也体现了制度层面的因素。据调查，中国近代主要手工业织布区内的绝大多数织户都处在商人雇主的控制之下，这种包买主制下的依附经营形式对织户而言实际上起到了降低交易成本的作用，解决了农民手工业者资本匮乏的问题，促进了农村工业化的兴起。然而，在湖北织布业较为兴盛的地区，却只能看到布商对于棉布生产的被动、消极介入。在湖北各地的土布业中，商人资本主要是指本地土布商号与外来客商，而这两者普遍都未能运用其资本控制土布的基本生产过程，没有主动为个体织户提供机纱、织机，进而也无法有效

---

① 于曙峦：《宜昌》，《东方杂志》1926年第23卷第6号，第55页。

② 张之洞：《粤省订购织布机器移鄂筹办折》，苑书义等主编：《张之洞全集》第2册，河北人民出版社1998年版，第759页。

③ 张之洞：《致鹿滋轩》，苑书义等主编：《张之洞全集》第12册，河北人民出版社1998年版，第10232、10236页。

④ 邓葆光：《谈谈湖北商场中的"黄帮"》，《湖北文史资料》1987年第20辑，第53—55页。

掌控土布的质量与工艺，湖北土布遂难以自发改良，走向农村工业化。在沙市四乡的荆庄大布产区，农户将自织的布拿去城中市场，由被称为“行户”的中介转卖给布店，布店须“看布”，即让有经验的店员整理，按质量和“庄口”进行归类，判定哪一种布宜于染什么颜色、做什么用途。所谓“庄口”，是指土布有规定的长度和宽度，也就是土布的规格①。在洪湖新堤，布店常年派出水客，赴产区坐庄收购各农户的产品，打捆集中水运回店，首先由“看白”（验质员）开捆分级，上货架待估，质次者转染坊变色出售，由于土布价格是以质量优劣而论的②，因此验质分级（实质上就是“看布”）也具有相当重要的作用。看布的关键在于庄口，如果庄口“宽窄不一”，可能会导致土布“销路滞涩”③。然而，尽管布商如此重视土布的规格与品质，但他们普遍只是被动地在看布这一程序中对土布进行分类，而没有想到从生产这一源头上更主动地控制土布的质量与工艺。在湖北土布最大的集散地汉口，经营土布行业的商人资本也仅仅是“代客买卖”④，因此资本有限，亦不介入生产领域。可见，湖北土布之所以存在着庄口不一的品质问题，很大程度上是由设备落后造成的，若使用改良织布机则可以使土布“宽窄一致，长短整齐”⑤。然而，除了少数的地方精英引进少量改良织机外，湖北各乡镇的土布商及地方社团鲜有为农户提供改良织机的行为，这固然是因为当地生产工具供应能力有限，但经营制度的呆滞也直接制约了湖北土布生产的改良。因此，权威性推动力量的缺失是湖北乡村棉织业未能走向农村工业化道路的第二个重要因素。综上，近代湖北乡村纺织工业竞争优势不显著的原因在于缺乏技术能力，根源则是资本品供给产业的薄弱，以及熊彼特式企业家的匮乏。

---

① 胡杜云口述，夏循海整理：《旧时荆沙的土布业》，《沙市文史资料》1989年第5辑，第237—240页。

② 刘孟熙：《辛亥革命时期的洪湖商贸市场》，《洪湖文史》1992年第7辑，第182页。

③ 《为具实陈明以免诬枉而彰公道由》，1941年7月13日，湖北省档案馆藏档LS74-1-51。

④ 朱静一，陈志恒：《湖北省之土布业》，《汉口商业月刊》1935年第2卷第4期，第87页。

⑤ 王子观：《吴正之改进织布机》，《枝城市文史资料》1989年第3辑，第118—119页。

小　结

辛亥革命以后，湖北的纺织工业获得了较大发展，其主导产业仍然是棉纺织业。一方面，在核心城市武汉，建立了以“四大纱厂”为主体的现代棉纺织工业体系；另一方面，乡村棉织业仍然有所发展。可以说，湖北纺织业步入了二元工业化的轨道。然而，湖北纺织业的二元工业化是不平衡的。尽管湖北棉纺织工业较清末有了很大的进步，企业经营绩效更高，但其在全国的竞争优势却逐渐丧失，落后于上海、无锡、天津、青岛等地。

因此，尽管从规模和发展速度上看，1929 年之前的湖北现代棉纺织业不失繁荣景象，但其盈利能力整体较弱，缺乏实质性的产业竞争力。民初湖北棉纺织业的兴旺得益于一战造成的国内市场需求旺盛，加上市场上的早期竞争者数量有限，投资的回报率较高，遂诱发了新企业的创立。然而，随着竞争者的增多，尤其是拥有资本与技术优势的日资企业涌入中国市场，以低购买力为特征的市场开始饱和。面对这一变化，湖北企业的反应并不灵敏，一些企业仍然热衷于规模扩张，其结果只能是加重负担，更加无力角逐。从根本上说，湖北棉纺织企业的病症在于管理制度欠完善，缺乏技术能力。1920 年代，中国纺织工业界兴起了科学管理运动，热衷于举债扩张和商业投机的商人型经营者正逐渐被技术专家所取代[①]。尽管科学管理运动远非一帆风顺，但亦是大势所趋。不过，该运动在湖北显然发展较为迟缓。管理体制不善以及技术人才的欠缺，导致湖北纺织企业产品质量存在问题，遂难以在市场上与产品质量更高的日资企业和沿海中资企业竞争。由此可见，民初湖北现代纺织工业的竞争力仍然建立在资源比较优势的基础上，缺乏以技术为基础的竞争优势，因此，在市场环境较宽松时能够轻松盈利，却较难应对竞争者密集的市场环境。

值得注意的是，湖北乡村纺织工业亦未能将产业优势建立在技术的基

---

① 严鹏：《“除去永豫申新之气味”——论棉铁联营初期苏纶纱厂的科学管理改革》，武汉大学历史学院主编：《珞珈史苑 2011 年卷》，武汉大学出版社 2012 年版，第 292—305 页。

础上，相反，其竞争力在很大程度上仍然依赖于明清时代即存在的资源比较优势。从这个角度看，湖北乡村棉纺织业与城市纺织企业的问题是一样的。另外，两者均面临配套产业残缺这一大问题。对城市纺织工业而言，湖北缺乏纺织机械工业这一事实，令纺织企业购买设备的成本加重，且面临较大风险，最终，这一风险直接冲击了湖北的若干纺织企业，使其陷入困境。就乡村棉织业而言，由于缺乏大批量廉价改良织机的供应，转型亦无从谈起。综而论之，湖北纺织工业的病症之一，即在于缺乏能够有效提供技术装备的相关工业。事实上，纺织装备行业可以被视为纺织工业广义产业链的一部分，与纺织业通常具有良性的共生关系①，在这一视角下，湖北纺织工业的产业链是不完整的。而且，由于缺失的环节实际上是资本品工业，故湖北纺织工业产业链所体现的特点是资本密集度较低。实际上，同一时期日本棉纺织机械制造业取得了较大进步②，这使日本棉纺织工业能以产业链竞争的方式全方位压制中国产业，湖北纺织工业产业链的不完整遂更加制约了其竞争力的发挥。也正因为如此，湖北纺织工业由清末领先于全国的先进产业，转变为一个具有较强内地色彩的产业，在中国纺织工业的雁阵序列中降低了等级。

---

① Mary B. Rose: *Firms, Networks and Business Values: The British and American Cotton Industries since 1750*, Cambridge: Cambridge University, 2000, p. 79.

② 彭南生，严鹏：《近代东亚工业技术的演化：以丰田织布机为例》，《安徽史学》2012 年第 5 期，第 75—126 页。

第四章　湖北纺织业初次经历全球危机（1929—1937）

20 世纪 30 年代，世界经济遭遇了一场持续数年之久的大萧条。尽管中国经济的全球化程度较低，但作为世界体系的一员，亦未能独善其身。大萧条对中国的农村经济造成了冲击，而依赖农村市场的城市纺织工业亦因此连带受到打击。就湖北而言，其纺织工业本质上是内需型产业，主要面向内地农村市场，这在一定程度上为其隔离了全球危机的影响。然而，早在世界危机爆发前，湖北的农村经济就不甚景气，危机爆发后，在传导机制的作用下，湖北农村进一步受到冲击，结构性矛盾被放大，再加上各种天灾人祸，终于压垮了核心城市武汉的纺织工业。为了应对危机，武汉的纺织企业采取了各种策略，但仍系利用其在中国纺织业格局中的资源比较优势差异，而未从提升技术能力着手，故其在雁阵中的尾随地位未能改变。但值得一提的是，1930 年代，湖北的现代纺织工业已经开始从核心城市武汉向其他城市扩散，这也将成为未来湖北纺织工业的一大发展趋势。

第一节　全球危机对湖北纺织工业的冲击

1929 年爆发的全球危机对中国经济的冲击首先表现在农村地区。在 1929 年之前，城市资金通过在收获季节购买农产品而流向农村，但随着大萧条引起农产品价格下跌，以及约 1931 年开始出现的资金向中心城市流动，农村出现现金短缺，农村家庭的生活变得极为困难[①]。这就削弱了农

① 城山智子：《大萧条时期的中国：市场、国家与世界经济（1929—1937）》，孟凡礼等译，江苏人民出版社 2010 年版，第 116 页。

户对于城市工业品如机纱的购买力，反过来又加剧城市纺织工业的危机。实际上，以湖北来说，由于农村经济不振以及土布业的衰落是一个长期性的问题，因此，早在全球危机爆发前，纺织工业市场的结构性矛盾已然存在，大萧条不过是使这一结构性矛盾扩大化而已。

一、湖北乡村纺织业的衰落

直到抗战前，湖北土布依然大量销售于区域外市场，但整体来看，土布生产呈现出衰落的趋势，这种衰落既表现为部分知名土布产区内部的产业布局变迁，又表现为整个湖北乡村棉织业的普遍衰退。

清代湖北乡村棉织业可以划分为5个较为重要的地区，其中，鄂中地区和荆沙地区分别以生产府布和荆庄大布而闻名。进入民国以后，府布与荆庄大布仍然大量销往西北、西南市场，但从1920年代后期开始，这两种土布的产区内部出现了一些微妙的变化。从前一些较有名的布产区如安陆、应城、江陵等县的土布生产渐趋衰落，代之而起的是孝感、云梦、枝江等县。在时人看来，安陆县府布走向衰落的原因包括：交通路线的变迁，山陕商人的没落，农村金融周转不灵，乡村手工业中的欺诈行为，等等[①]。1920年代末的荆庄大布产销也存在着相似的产区内地理格局变动。本来，在宜昌市场上销售的荆庄大布主要产自狭义的荆沙平原，即荆州与沙市一带，“大约在北伐战争以后，宜昌市场销售的土布，在名称上虽然还叫做荆庄大布，但实际上荆沙产品所占比例很小，绝大部分是枝江县的董市、宜都县和湖南澧县的盐井镇所产的白布了”[②]。1935年时，曾“销云南昭通”的荆州布“近来并无矣”[③]。而这时的枝江县，“靡论乡镇，纺织业仍极盛行”，并出现了生产工具上的改良，“过去土机，逐渐淘汰，均采用现时木机”[④]。枝江董市上布分白布、色布两种，每年出产约40万匹，“布匹由机

① 湖北省政府民政厅编：《湖北县政概况》第3册，湖北省政府民政厅1934年版，第594—595页。

② 冯锦卿：《宜昌土布行业概述》，《湖北文史资料》1982年第5辑，第130页。

③ 朱静一，陈志恒：《湖北省之土布业》，《汉口商业月刊》1935年第2卷第4期，第89—90页。

④ 湖北省政府民政厅编：《湖北县政概况》第4册，湖北省政府民政厅1934年版，第1034页。

户直卖买客，不经行户。运往宜昌，分销巴夔巫及宜昌乡间”[①]。两相对比，荆庄大布产区内部生产地理格局的变动也是很明显的。

然而，这些新崛起的土布产区，在1930年代，土布的生产与销售也大不如前。例如，1934年，在取代了安陆、应城府布生产的云梦县，其长江埠的土布“在常州，则与常州布争市场，在汉口又与阳逻布竞销路，于是营业更不振，去岁仅售10万余匹，约值10余万余。本年汉市业此者，只3家”；孝感的葛仙布，以前销往陕西、甘肃一带，到1935年时则“几无出产”[②]。至于在宜昌土布市场上取代了江陵县的新货源地之一宜都县，土布生产也开始走下坡路。从调查报告可知，宜都土布生产的顶峰时期在1928—1929年，而其衰落恰在进入30年代以后[③]。云梦和宜都的例子表明，尽管湖北有部分地区取代传统产区成为新兴土布生产重镇，但这些产区在1930年代初同样开始趋向衰退。

在其他地方，也能看到土布生产普遍衰落的记载。英山县的土布“往年亦可行销汉口，近因洋布价廉，土布不能出口，仅供本县之用”。应山县“土布前多行销陕甘诸省，近年仅运销河南，故农村经济，亦较前减少补助”。汉川县自明清时期就以棉纺织业发达而著称，进入民国以后，其所产土布仍“行销汉口，转卖于山陕甘等省”，然而，1930年后，“行销颇滞，布价亦因之低落，近虽秩序渐次安定，而产量仍不畅旺”，该地的岳口布因“迭受匪患”，“生产灭绝”。沔阳县土布向来“行销于川省，为地方收入大宗”，但进入30年代以后，“土布销售锐减。据各商会估计，现在出产量，仅有昔日十分之二”。枣阳“本地以洋纱织布者，散居城乡，故以铁机自职，织户台数尚无统计，惟现无出口者，仅供本地自销”。潜江县土布产销情形的前后对比也相当鲜明：“棉布系旧式粗布之一种，为家庭手工业之产品，系农村妇女农隙时手织，除自给外，过剩不多，较从前潜江布销川省，真有一落千丈之概。近数年，受创过巨，恢复之后，产量锐减，价格亦低，

---

① 朱静一，陈志恒：《湖北省之土布业》，《汉口商业月刊》1935年第2卷第4期，第89页。

② 朱静一，陈志恒：《湖北省之土布业》，《汉口商业月刊》1935年第2卷第4期，第89页。

③ 湖北省政府民政厅编：《湖北县政概况》第5册，湖北省政府民政厅1934年版，第1373页。

不及从前百分之五。棉布每匹价 8 角，长约 2 丈 6 尺，宽约 1 丈，仅能零售于本地。”①

整体而言，30 年代湖北省土布生产的衰落具有三个特征。其一，在部分地区，衰落只是相对的，但其衰落程度又是相当大的。例如，云梦的土布在衰退之中仍能行销于区域外市场，其产量却仅有从前的 1/40，故不能因其尚可行销外省而无视其衰退的事实。其二，湖北土布衰退的重要表现是区域外市场的丧失。这其中，部分产地的情况稍好，如应山，其区域外市场只是从较远的陕、甘被压缩到了较近的河南。但也有部分产地，如英山、枣阳、潜江，则完全退出了远程贸易，土布生产被迫转向仅仅供给本地市场。其三，湖北土布的衰落，既表现为产量的锐减，又表现为价格的降低，整个行业呈现出萧条的态势。

不过，有必要再次强调的是，1930 年代湖北土布生产的衰落趋势虽然很普遍，但这并不排除部分地区的乡村棉织业保持着表面上的繁荣，其最有代表性的就是黄冈地区，织布业规模在不断扩大。然而，即使黄冈地区的乡村织布业在从业者规模与技术改良两方面都保持着进步②，其产品外销也遇到了困难。据 1935 年老河口市场上的调查，黄冈及其附近地区生产的景庄布“为一种木机土布，所用纱支，均在 16 支以下，系陕豫鄂边各属乡农衣服所需，及供河口商场棉花木耳包装之用。由黄麻帮经汉口运来河口销售，以前销额极旺时期，年达七八万捆（每捆 20 匹），总值约 250—260 万元。近岁以来，年销减至 3 万余捆，价值亦较前为低，总值仅 80—90 万元而已”③。这样一来，即使当时黄冈的铁轮织机数量在不断攀升，仍可以认为其土布生产的形势不如往昔。是故，1930 年代的湖北乡村纺织工业整体上确呈衰落趋势。

1930 年代湖北土布生产的衰落是由多方面的原因造成的，其中既有长期趋势，又包括了某些与时代背景有密切联系的特殊因素。在 1935 年的相

---

① 湖北省政府民政厅编：《湖北县政概况》第 2 册，湖北省政府民政厅 1934 年版，第 423 页；《湖北县政概况》第 3 册，湖北省政府民政厅 1934 年版，第 677、786、811、885—886 页；朱静一，陈志恒：《湖北省之土布业》，《汉口商业月刊》1935 年第 2 卷第 4 期，第 89 页；平汉铁路经济调查组编：《老河口支线经济调查》乙篇《枣阳经济调查报告》，1937 年，第 27 页。

② 黄冈县志编纂委员会：《黄冈县志》，武汉大学出版社 1990 年版，第 171—172 页。

③ 《设立纺纱厂于老河口建议书》，1935 年，湖北省档案馆藏档 LS31-6-424。

关调查报告中，湖北土布衰落的原因被解释为不敌国内机制布的竞争、外货的倾销和乡村贫穷导致的消费者购买力低下[①]。例如，曾远销川、湘、皖、豫、赣、陕及湖北各地的团风布衰落的最大原因就被时人直指为"农村破产，外货倾销"[②]。实际上，国产机制布对土布的排挤与外货倾销的效果是一样的。可以说，机制布对于土布的排挤是一个不可避免的长期趋势，外货倾销亦属于这个趋势的一部分，只不过在30年代得到了强化。而乡村购买力的疲软也因30年代的经济危机而恶化。由于织布业是农民的主要副业，因此，湖北土布生产的衰落也更削弱了农民的购买力，加剧了农村的萧条，对于城市纺织工业的发展，造成了极大的打击。

二、武汉棉纺织工业的危机

受前述农村经济疲软的影响，1930年代中国棉纺织工业的危机集中体现于机纱需求量的下降，因此在本质上是市场危机[③]。同时，1930年代中国棉纺织工业面临的日商压迫也大大加剧了这一危机。一方面，日本通过"九一八"事变侵占了中国东北，使中国民族棉纺织业丧失了一块举足轻重的市场；另一方面，日纱通过倾销、走私等手段在中国内地市场发动的强劲攻势也使华商企业的处境雪上加霜。据此，可以认为1930年代华资棉纺织企业若想有效应对危机，就必须在与日资的惨烈竞争中解决市场问题。

武汉这一湖北纺织工业的聚集地自不能幸免于危机的冲击，而该市棉纺织工业的危机在本质上与全国危机一样，也是市场危机。不过，当时武汉面临着一些特殊情况。相对于全国其他地区，1930年代湖北"频年天灾"确实成为对武汉棉纺织工业尤为不利的重要因素。例如，1931年，"洪水为灾，贸易为之停顿"，湖北棉田受灾面积高达53%，当年全省水稻、小麦和棉花的年产量，与20年代年均产量比较，分别减产31.3%、23.2%和68.7%[④]，棉花损失尤甚，这严重影响了武汉纱厂的原料供应。

---

① 《湖北汉口之土布业》，1935年，上海市社会科学院经济研究所藏中国经济统计研究所档案04-308。

② 朱静一，陈志恒：《湖北省之土布业》，《汉口商业月刊》1935年第2卷第4期，第90页。

③ 林刚：《1928—1937年间民族棉纺织工业的运行状况和特征》（上），《中国经济史研究》2003年第4期，第15—26页。

④ 田子渝，黄华文：《湖北通史·民国卷》，华中师范大学出版社1999年版，第286页。

实际上，气候因素对武汉棉纺织企业造成的直接影响主要有两点，一是因棉花减产导致的原料供应困难，二是花贵纱贱造成的成本负担。上述两个现象又不是孤立的，它们往往交相作用，对 30 年代武汉棉纺织企业的经营共同施加恶劣影响。例如，1935 年 12 月 9 日裕华在复江汉关的信中写道："本年本省棉产因灾害影响，较之上年只有一半收成，以致价格峰提。纱布价格因亦称提，但终不及花价之高涨"，结果"难以得利"①。然而，对 30 年代武汉的棉纺织工业而言，自然灾害并非危机的主要方面，诚如申新四厂李国伟所言，即使年成好时，由于"农民虽丰收而贫困如昨"，仍会导致"棉纱自无去路"，这才是"殊可寒心"的②。由此可见，对企业经营起决定性作用的因素仍然是市场，气候所造成的年成好坏也主要是以决定农村购买力高低这一间接方式来影响城市棉纺织工业，甚至于农村购买力在某些情况下并不完全受气候因素左右。

在较早的研究中，即有学者指出 1930 年代日本在华棉纺织业投资猛进是武汉华商纱厂受压迫的根源③。实际上，日本的军事、经济攻势可视为压迫武汉棉纺织工业的一种主导性力量，这种力量在 1931 年以后与中国政治经济自身的周期与特性相契合，就使武汉棉纺织工业遭受了 4 个层次的市场危机。

首先，1930 年代宏观经济环境的恶化与农村经济破产，导致农民购买力降低，无法消费工厂机纱，这就使华商纱厂在最重要的农村市场上遭受重创。裕华的企业家在 1934 年 7 月的营业报告书中认为，纺织工业不振的原因在于农村市场的有效需求不足："各省农村经济崩溃，购买力弱，非不欲求，实不能求，乃为一最大原因。"④ 在棉纺织工业经营者心目中，农村市场具有最重要的地位，而这一市场在 30 年代恰恰是疲软不振的。例如，湘西洪江的织布机坊，"在民初时最为发达"，"原料为棉纱，均系万年青牌，自湖北输入，年约需 5960 件"，但在 30 年代中期该地机坊"倒闭极多"⑤，自然也影响到湖北棉纺织企业的经营。

---

① 裕华公司复江汉关函，1935 年 12 月 9 日，武汉市档案馆藏档 109-1-268。

② 《申新四厂第 27 次厂务会议记录》，1932 年 10 月 15 日，武汉市档案馆藏档 113-0-256。

③ 孙景汉：《世界经济大危机与 1929—1936 年武汉的工业》，章开沅，朱英主编：《对外经济关系与中国近代化》，华中师范大学出版社 1990 年版，第 76 页。

④ 《裕华营业报告书》，1934 年 7 月，武汉市档案馆藏档 109-1-268。

⑤ 朱羲农，朱保训编纂：《湖南实业志》(一)，湖南人民出版社 2008 年版，第 435 页。

其次，1930年代日纱在中国大肆倾销，占据了武汉棉纺市场的较大份额，直接侵蚀了武汉棉纺织企业的本地市场。1926—1927年前后，湖北棉纺织工业进口替代化进程出现了一个转折点，日商利用当时政治动荡的特殊环境开始在华中市场大举进行倾销。1934年春，汉口市场“全为沪市日厂所霸占”，同年4月间，汉口每日纱交，日货占4/5，而国货只占1/5，棉布销场日货更占90%以上①。换言之，日本在上海投资建立的纱厂形成了对内地中国厂商的FDI挤出效应。1935—1936年外国棉纱占汉口市场销售棉纱比重平均超过1/4，如下图所示：

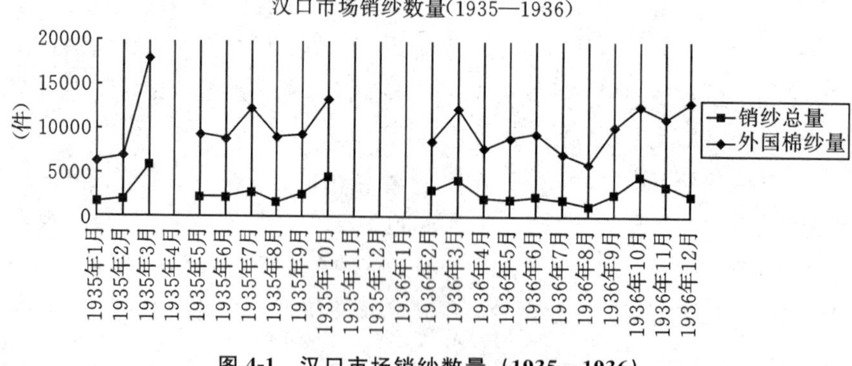

图4-1　汉口市场销纱数量（1935—1936）

整理自该书编写组：《裕大华纺织资本集团史料》，湖北人民出版社1984年版，第116页。

震寰纱厂声称，1932年上半年，“日货内侵，本国纱布受其打击，武汉情形不减津沪，本公司纱布滞销自不待言”，到了下半年，“日货尽量倾销”，该厂“虽欲折本求售亦不可得”②。震寰将日货倾销视为营业不振的重要原因。裕华纱厂的王子江则回忆，武汉附近的汉阳、阳逻以及新洲，本来都是裕华的销售市场，但逐步为日纱所夺，1932年后的两三年间“日纱倾销最厉害，来的纱很多，价钱又便宜”，以致纱布从未积压过的裕华“仓库里经常积压，最多达1000多件纱（相当于10天左右的产量），资本周转也发生困难”③。可以说，日资企业在武汉棉纺织企业的家门口将华商逼入死地。

① 严中平：《中国棉纺织史稿》，商务印书馆2011年版，第284页。

② 《震寰纺织股份有限公司第十届报告书》，1933年4月，武汉市档案馆藏档114-1-157。

③ 该书编写组：《裕大华纺织资本集团史料》，湖北人民出版社1984年版，第118页。

除了棉纱以外，日本机制棉布也于此时大量涌入湖北市场。1932 年，第一纱厂的经理宋立峰在给湖北省政府请求扶持国货的呈文中称，该公司积极改良棉布产品，“办理年余，各大商埠风行销售”，但正要推广时，日货开始“减价倾销”，以致“近日以来，每日销售劣货匹头约有 600 箱之多，每日输出之现金综计 20 万之巨”，该公司“虽抱牺牲主义将所产国货出品减价抵抗”，终难持久[①]。从呈文中可知，1930 年代初，日本棉布也大量倾销于湖北市场，华商纱厂虽与之进行降价竞争，仍然不敌。而就在递交了呈文的第二年，第一纱厂即全面停工，直到 1936 年始租给复兴公司，由此亦可见日货倾销对于武汉棉纺织企业所造成的巨大压迫。

再次，武汉棉纺织工业素来以西南的川湘等省为尾闾，所谓“湖北纱厂之销路，除本省以外，专靠川湘豫三省”[②]，但这一广阔的经济腹地在 1930 年代也受到各种因素的威胁。1934 年，湖南省政府出台了《湖南省棉纱管理规则》，主要规定包括：(1)“凡商务繁盛及进出口地方，得设棉纱管理所办理棉纱进出登记及销售事宜”；(2)“棉纱运到设有管理所地方，向管理所登记”；(3)“棉纱销售时，须请由管理所填发运单，每件缴费 2 角”。这对于本欠整合的中国内地市场无异于进一步的割裂。更要紧的则是，湖南省政府设立管理所是为了实施狭隘的地方保护政策，其要旨为：(1)“管理所考察棉纱需要之情形，方能填发运单，以免供过于求”；(2)“棉纱价格应由管理所按时价酌定，以归划一”；(3)“湖南第一纱厂所出棉纱，应准尽量先行销售”[③]。本来，武汉棉纺织企业对于邻省湖南的市场是极其倚赖的，华商纱厂联合会湖北省分会称：“湘省对于拒绝东纱，著有成绩，与川省有媲美之誉，故属会同业，能于苟延残喘者，皆为川湘纳销所赖。”[④]湖南省的地方保护主义政策使陷于行业性危机中的武汉棉纺织工业雪上加霜。此外，在 1930 年代中期，日纱也开始向西南腹地渗透，以致部分川帮

---

① 《湖北省建设厅呈乎字第 1597 号》，1932 年 12 月 29 日，湖北省档案馆藏档 LS1-5-4764。

② 《湖北纺织业现状》，《汉口商业月刊》1935 年第 2 卷第 6 期，第 70 页。

③ 该书编写组：《裕大华纺织资本集团史料》，湖北人民出版社 1984 年版，第 119—120 页。

④ 该书编写组：《裕大华纺织资本集团史料》，湖北人民出版社 1984 年版，第 120 页。

字号“拟破禁例主办劣纱入川”[①]。这自然也对武汉棉纺织工业构成了极大的威胁。

最后，在1930年代宏观经济不景气的大环境下，武汉本土的华商纱厂之间加剧了竞争，“九一八”事变后东北市场的丧失及日纱的大量倾销，更使上海、华北等其他纺织工业中心的产品涌入内地，进一步挤压了武汉棉纺织工业的生存空间，加剧了华资企业之间的倾轧。1933年，武汉棉纺织企业营业“环境之恶劣，市面之疲困，实为近年所少见”，原因正是“由于日人在营口高筑关税壁垒，重加进口税以后，北路纱厂出路顿绝，不得不向南方挤销，以谋出路。南方市场增了不少北方纱支，自然演成供过于求局面，而且日货到处贱价倾销，肆行侵夺，以致货价江河日下，逐步松落，不景气象已臻极度”[②]。这样一来，深处内陆的武汉及其传统经济腹地，就不得不面临多个层次的激烈竞争，而宏观经济本身未好转的情形下，市场危机也就愈演愈烈了。当时，在武汉纺织企业的传统市场重庆，调查称：“上海布匹，得以大量输入。”[③] 成都织布业所用棉纱，则“其产地来源为下江永安，大生，苏纶，申新，庆丰等各纱厂”[④]，基本上为沿海省份的纱厂所把持。这样一来，武汉纱厂的产品去路又被夺走一大部分，简直就是在夹缝中求生存。以震寰为例，其“制出棉纱向以销行四川为唯一之出路”，但1933年时，因“外货倾销内地，各厂以存货过多，无法推销，纷运四川，贬价求售”，该公司“纱支在该省向占优越之地位者至是亦随之低落”，不得不感叹“外感仇货贱价之压迫，内受华纱推销之妨害”，最后被迫停工[⑤]。由此可见，当时武汉纱厂的企业家是将华商纱厂的过度竞争与日货的倾销等而视之的。

---

① 苏汰余复李升伯函稿，1934年2月10日，武汉市档案馆藏档109-1-49。由底稿可见“劣货”原写作“日货”，后皆涂改成“劣货”字样。

② 该书编写组：《裕大华纺织资本集团史料》，湖北人民出版社1984年版，第118页。

③ 《四川重庆之棉织业》，1936年，上海市社会科学院经济研究所藏中国经济统计研究所档案04-230。

④ 《四川成都之棉织业》，1938年，上海市社会科学院经济研究所藏中国经济统计研究所档案04-229。

⑤ 《震寰纺织股份有限公司第十一届报告书》，1933年，武汉市档案馆藏档114-1-157。

在市场危机的打击下，武汉的棉纺织工业出现了严重的衰退，除裕华外，其余华资棉纺织企业纷纷停工、改组，遭遇了较大的震荡：

表 4-1 武汉各纱厂停工、改组情况（1932—1936）

厂名	停工与改组情况				
	1932 年	1933 年	1934 年	1935 年	1936 年
湖北纱布局（民生）	纱局 50000 锭停工	布局停纱机 5280 锭、布机 455 台		纱布局 90592 纱锭、655 台布机全部停工	
第一纱厂	停纱锭 10500 枚、线锭 2240 枚、布机 500 台	88000 纱锭、1200 台布机全部停工			租与复兴公司开工
震寰纱厂		26736 枚纱锭、250 台布机全部停工			年底改为常州大成四厂复工
申新四厂		火灾事故，从 3 月起停工	秋季复工		
裕华鄂厂	停布机 36 台		停线锭 1000 枚		

整理自该书编写组：《裕大华纺织资本集团史料》，湖北人民出版社 1984 年版，第 117 页。

从上表可知 30 年代危机对武汉棉纺织工业冲击之大，连一枝独秀的裕华也未能幸免，在 1932 年、1934 年均不得不局部停产。受损最为严重的当属纱布局、第一纱厂与震寰纱厂，三厂均曾全面停工。申新四厂的情况略有不同，使它陷于死地的是一场意外的火灾，不过，该厂在灾后以“死中求生，出奇制胜”的战略方针迅速复工。尽管如此，申新四厂除 1932 年有盈利外，直到 1936 年以前，也是一直处在亏损之中①。因此，从总体上看，1930 年代武汉的棉纺织工业在危机之中严重受挫，湖北现代纺织工业的发展陷入了低谷。

① 周伯符：《申四福五历史资料乙编初稿》，时间不详，武汉档案馆藏档 113-0-954。

第二节 核心城市纺织企业的危机应对

1930年代，沙市也建立了现代纺织工厂，改变了湖北新式纺织业集中于武汉的格局。不过，从规模上看，湖北仍然只有核心城市武汉堪称拥有纺织工业体系。武汉纺织企业的危机应对可分为3种类型：（一）一枝独秀的裕华，较为平稳地渡过了危机；（二）在1930年代出现挫折但能够支撑到转机的申新四厂；（三）在危机中应对失败的企业，即陷入全面停工、改组困境的官纱布局、第一纱厂、震寰纱厂。整体而言，成功应对危机的企业依靠的是中国内地市场与全球经济的相对隔离，并根据这一客观条件采取了有效的市场战略，却并未从根本上提升技术与生产率方面的竞争力。

一、裕华的危机应对

对于裕华成功应对危机的经验，前人已有总结，其代表性的观点可概括为“减少分配、增加资本、注重质量、降低成本”[①]。这种宏观性的概括总结无疑是正确的，但尚待进一步深入分析。如前文所述，1930年代中国棉纺织工业遭遇的危机本质上是市场危机，因此，裕华的危机应对主要也是以市场为导向的，这其中，对西南腹地的开拓与巩固又可谓裕华较武汉其他几家棉纺织企业所独有的优势。

与武汉其他几家棉纺织企业相比，裕华在资金的安排运作上一直比较合理。据裕大华集团的第三任董事长黄师让回忆，裕华对资金的积累和运用，采取了多种“肥底子”的方法，并相当注重自主性，很少向银行贷款，更不作抵押[②]。这种积累是以“肉烂在锅里”（即减少分配而集中资金于生产经营）的方式完成的。与裕华对于资金的自主掌控相比，第一纱厂在1924年即因无法偿还贷款而将工厂交给安利英洋行接管，洋行在各种规定中优先考虑自身利益，严重影响了企业的生产经营[③]。不过，考虑到“肉烂在锅里”也一直是荣家经营企业的方针，荣家申新四厂在火灾重建中虽

---

① 皮明庥主编：《武汉史稿》，中国文史出版社1992年版，第566—567页。

② 黄师让：《裕大华企业40年》，全国政协文史资料委员会：《中华文史资料文库·经济工商编》第12卷，中国文史出版社1996年版，第582页。

③ 程小菊：《我和武昌第一纱厂》，全国政协文史资料委员会：《中华文史资料文库·经济工商编》第12卷，中国文史出版社1996年版，第613—614页。

向银行贷有巨款，最终亦安然渡过了危机，因此，注重资本积累与企业的自主性似不构成裕华独有的优势。

除了资本积累外，裕华还较为注重技术的改进①。此外，裕华也努力参与湖北棉种的改良。1929 年至 1930 年间，由湖北纱厂联合会、武汉大学、进出口棉业公会及建设厅等单位共同组成了湖北棉业改进委员会，在武昌徐家棚自设试验场从事棉种改良，裕华董事长苏汰余出任了该会的委员。同时，苏汰余还积极寻求外省的棉花良种，他曾致信湖南棉业试验场，称："贵场所育洋棉，不知共有几种，各有产量若干，何时可以轧包运销？尚希详为示垂，并各检小样先期寄汉以资研究。如欲在汉推售，弟为赞助改良棉业起见，愿竭诚代为推销。"② 技术上的改良无疑也提高了裕华的竞争力。不过，似乎不宜夸大裕华在技术改进上取得的成就。该公司曾于 1933 年、1934 年先后聘请雷锡璋、朱育芳来鄂厂进行技术改革，但均因生产管理人员在工作上不予合作，甚至指使工人有意为难，而使两人在很短时间内就愤而辞职③。之后，在公司一再催促下，由王子江介绍专攻纺织的留日学生祝士刚来厂任技术科长，才完成了技术改进，而此时已是 1935 年，宏观经济危机行将结束。由此可见，因内部人事纠纷，裕华在 30 年代的技术改进是被耽搁了的。而从屈指可数的技术改良案例来看，似乎可以认为技术不是裕华成功应对危机的主要因素。实际上，现有史料显示，积极的营销攻势是裕华获取竞争力的主要战略。

1930 年代国内市场疲软是华商棉纺织企业面临的最严重危机，而日本纱、布咄咄逼人的倾销则使竞争变得异常残酷。对此，裕华采取的策略是转变销售方式，并积极开拓日货尚未侵占的西南腹地，以图保存。在棉布销售方面，裕华从前采取的是批售纱号，由纱号转售的方式，1931 年以后则开了匹头市场，直接与匹头号发生交易，以减少中转手续。在棉纱销售方面，裕华则"避免与日纱直接交锋，受其杀价摧残"④。到 1935 年，裕华

① 黄师让：《裕大华企业 40 年》，全国政协文史资料委员会：《中华文史资料文库·经济工商编》第 12 卷，中国文史出版社 1996 年版，第 585 页。

② 《苏汰余致湖南棉业试验场函》，1930 年代，武汉市档案馆藏档 109-1-49。

③ 黄师让：《裕大华企业 40 年》，全国政协文史资料委员会：《中华文史资料文库·经济工商编》第 12 卷，中华文史出版社 1996 年版，第 581、585 页。

④ 黄师让：《裕大华企业 40 年》，全国政协文史资料委员会：《中华文史资料文库·经济工商编》第 12 卷，中华文史出版社 1996 年版，第 583—584 页。

"以川湘两省销售占多数，本省为老河口、新洲、保安亦续有走销。大约外省占六成，本省占四成"[①]。这其中，因为湖南省后来实施了地方保护主义政策，四川市场显得尤为重要。

为了扩大在西南腹地的市场占有率，裕华采取了多种手段。在四川方面，早在30年代初，裕华即委托重庆的义永昌纱号和安定钱庄代为推销棉纱棉布。据1931年9月裕华和义永昌纱号所订合同，裕华以其本厂出品棉纱或棉布自行装轮运渝，委托义永昌销售。义永昌除了可兼代同属裕大华集团的石家庄大兴纱厂销售纱布外，"应专心致志以推销甲方（裕华）纱布为业务，不得私行买卖汇票及兼营任何事业"。在交易方面，裕华赋予纱号灵活应变的自主权，并尊重纱号按照四川市场的习惯推销纱布，不加干预："乙方代售棉纱棉布，甲方允照重庆市纱布售货例规办理，若乙方未违背该项例规，甲方应完全承认之。"[②] 作为鼓励义永昌和安定努力推销裕华产品的报酬，双方规定这两家川商代售纱布货款由裕华给与如下扣佣："乙方代售纱布货款由甲方给乙方九九扣佣（按照售出货款折合确定数目比例计算），乙方于应交甲方货款之时自行扣除（即乙方应交甲方货款银元1000元实交银元990元）。"[③] 裕华委托义永昌和安定在川推销产品的措施取得了较大收效，"年余以来，成绩斐然"，为此，1933年3月，裕华决定增加回佣，"兹为特别奖励"，采取按件递加佣金的办法："（一）每年销数以5000包为定额，在定额以内仍归九九扣佣；（二）自5001包至6000包，此1000包归九八八扣佣；（三）自6001包至7000包，此1000包归九八六扣佣；（四）自7001包至8000包，此1000包归九八四扣佣；（五）自8000包以外，一律归九八扣佣。"也就是说，川商所推销出去的裕华产品越多，自己所得余利越多。同时，裕华"每月另行致送津贴洋60元，亦得由宝号在所售货款内按月支取"[④]，这无疑更加调动了川商推销裕华产品的积极性。

此外，裕华还积极迎合四川消费者，对其产品加重加长，通过一定的让利来获取更高的市场占有率。实际上，早在1920年代末，武汉各纱厂

---

① 《裕华公司复江汉关函》，1935年12月9日，武汉市档案馆藏档109-1-268。

② 《汉口裕华纺织股份有限公司委托重庆义永昌安记纱号推销纱布合同》，1931年9月1日，武汉市档案馆藏档109-1-240。

③ 《汉口裕华纺织股份有限公司委托重庆义永昌、安定两家代销棉纱布合同》，1931年9月1日，武汉市档案馆藏档109-1-240。

④ 《汉口裕华纺织股份有限公司致渝庄函稿》，1933年3月24日，武汉市档案馆藏档109-1-240。

"为竞争生意起见，又有加重加支之例"，即"武昌之昔年重例为每小包10磅，每支纱之长度为840码，现在加重之纱有每小包加0.5磅者，加1磅者，加1.75磅者。每包之支数，有加4支者，加6支者"[①]，裕华则将湖北市场上的策略引入到了四川。据1934—1935年间裕华公司的通告称："特将10支赛马纱，从即日起，特别改良，加重加长，根条花衣，再加意求精，可以说是唯一出色的特10支棉纱。"[②] 这种特10支纱的改进在技术上并非难事，但消费者无形中增加了实惠，因此可算是裕华成功的营销策略。

在湖南方面，裕华亦委托当地的黄祥兴号在常德代销棉纱棉布，并给予九九扣佣。1933年常德市面萧条，裕华董事长苏汰余在给黄祥兴号的复函中写道："近因常埠倒闭纱店两家，宝号受其拖累，以致对于各往来咸有戒心，变更售货章程，限制现银出货，近月营业因之顿减。兹为减轻宝号责任以便选择下家放胆尽力推销货品起见，嗣后设不幸遇有倒塌情事，其账面损失，由宝号与敝公司分担责任。易言之，即将来账面损失假定1000元，由敝公司与宝号各认500元，以期共济艰难，藉表仰托推销之诚意。"[③] 从裕华的反应中既可以感受到它与黄祥兴号在生意往来上的情谊，也可以看到裕华对于保持常德市场的重视。

其实，不仅裕华认识到了西南腹地的重要性，其他几家武汉纱厂也意识到了这一点。例如，1932年震寰纱厂产品严重滞销，自称："幸而本厂所出棉纱在重庆方面稍有销路，结果盈余洋例纹36600余两。"[④] 为此，在四川，各纱厂之间也展开了激烈的肉搏战，纷纷以增加纱支磅数的手段来争夺四川市场[⑤]，其中裕华所增加的磅数是最多的，由此亦奠定了其在四川市场的地位。据黄师让回忆："当时重庆每年约销棉纱10万余件，裕华约占1/5，运渝备销棉纱常达一二千件。由于销场大开，纱支并无积压，还造成了供不应求。商人反映说：'你们打码头有余，守码头则不足。'"[⑥]

---

① 国民政府立法院：《武汉工厂调查》，1929—1930年，上海市社会科学院经济研究所藏中国经济统计研究所档案04-023。

② 汉口裕华纺织公司通告，推测为1934—1935年间，武汉市档案馆藏档109-1-268。

③ 《苏汰余复黄祥兴号函》，1933年7月12日，武汉市档案馆藏档109-1-240。

④ 《震寰纺织股份有限公司第十届报告书》，1933年4月，武汉市档案馆藏档114-1-157。

⑤ 严中平：《中国棉纺织史稿》，商务印书馆2011年版，第284—285页。

⑥ 黄师让：《裕大华企业40年》，全国政协文史资料委员会：《中华文史资料文库·经济工商编》第12卷，中华文史出版社1996年版，第584页。

对30年代挣扎于危机之中的武汉棉纺织工业而言，西南市场的重要意义可以从1935年汉口纱业公会的统计中看出来：

表4-2　1935年武汉纱厂的棉纱销售区域

销售区域		销纱数量（件）	百分比（%）
本地	武汉	4613	36
	本省他埠	20895	
西南腹地	四川	28114	56
	湖南	11510	
	贵州	100	
北方	河南	5394	8
合计		70626	100

资料来源：《湖北省武汉纺织业概况》，1938年，上海市社会科学院经济研究所藏中国经济统计研究所档案04-253。

统计数据显示，1935年武汉所产机制棉纱仅在四川一省的销售数量就要超过其在湖北本地的销售数额。而据匹头业公会估计，机制棉布“每年销于本省者，约在50万匹左右，占各纱厂总产量50%左右，其余则分销于川湘豫赣诸省”[①]。因此，西南市场对于武汉棉纺织工业化解行业危机具有不可替代的作用。由于裕华在武汉各大纱厂中对西南市场的依存度最高[②]，该厂对危机的应对也就最为成功了。

二、申新四厂的危机应对

与裕华不同的是，申新四厂自创建之初就一直陷入各种麻烦之中。1922年2月申新四厂正式开工生产，计有纱锭15000锭，但春夏两季只开了12000锭，到秋末冬初全厂纱锭始开齐。此后，一直到1924年，申四连年亏本，未能实现荣宗敬创办之初的预期。当时，申四有一个有利条件：“即是和福新汉口厂在同一领导之下推进业务，资金来源绝大部分同是荣家

① 《湖北省武汉纺织业概况》，1938年，上海市社会科学院经济研究所藏中国经济统计研究所档案04-253。

② 严鹏：《1930年代武汉棉纺织工业的危机与应对》，《江汉大学学报》（社会科学版）2012年第1期，第83—87页。

产业资本。福新年年有利，申新依赖福新财力常年挹注，虽在事业亏累之中，仍不断扩充生产设备，对外亦以福新关系，周转灵活。”[①] 但这种发展模式引起了荣氏集团部分股东的不满，1925 年，福新系统以王禹卿等为首的上海股东力主卖掉申四，以免早晚拖垮福五。当时，日商在汉口开设的泰安纱厂厂址毗连申四，见有机可乘，便四出活动，图谋买进。此时的申新四厂面临着其历史上的第一次重大危机。然而，李国伟等人是坚持不卖厂的。作为荣德生长婿，李国伟最初在申四是没有股本的，只是后面有荣宗敬为首的总公司的资助。对他而言，申四是其在荣家企业集团立足的重要根基，自然要反对卖厂。于是，李国伟请其姨父宝隆洋行的买办孙啸虎由汉口去上海，向荣宗敬陈说利害，荣宗敬表示支持李国伟，并说：“我荣宗敬只有买厂，从没有卖过厂。”[②] 由此化解了卖厂危机。不仅如此，申四在 1925 年第一次出现盈余，企业经营似乎出现转机。第二年 4 月，继纱厂之后，申四的布厂也开工生产，企业规模进一步扩大。

好景不长，1926—1927 年间，大革命的高涨造成了武汉地区的局势动荡，影响了申四的生产经营。此后，企业虽然在 1928 年、1929 年获得了盈利，但进入 30 年代以后，又连续亏损，并促使企业内部的派系斗争日趋激烈，终于在 1931 年实现了人事上的大改组。而这一场人事改组竟也成为申新四厂得以在 30 年代挺过危机的重要原因。

申四创办之初，经理荣月泉是荣氏兄弟的族兄，从前任过交通部电政督办、电政司司长、陇海铁路总收支等职，“清廉无钱”，荣氏兄弟知其有弃官为商的意思，就在 1917 年请他帮忙。荣月泉阅世至深，老成保守，而李国伟“一意锐进”，颇有荣宗敬大胆冒险的作风，因此，申四的这两位领导者在风格上根本不相调和。1931 年 6 月，荣月泉提出辞呈，由李国伟继任申四福五经理，掌握了两厂大权，这标志着申四历史的一个新阶段。从荣月泉辞职后李国伟写给荣宗敬的信中，可以看到荣月泉的退隐是势之使然：“月泉先生如此坚决辞职实出意外，然汉地政失其统，工人枭张，下陵上替，实办事困难，月泉先生年岁已高，处此境地，实为痛苦。”此时的申

---

① 李国伟：《荣家经营纺织和制粉企业六十年》，文史资料工作委员会编：《工商史料》(1)，文史资料出版社 1980 年版，第 8 页。

② 《武汉大学学生整理申四福五历史资料》，时间不详，武汉市档案馆藏档 113-0-956。

四矛盾重重，需要一位强有力的领导者整顿秩序。而李国伟甫一掌权，就开始改变申四的人事格局，在上述他写给荣宗敬的那封信中写道："能否由总处派一二自己人暂来汉相助为理，或于此间同事中酌提一二人暂帮？一切均请主裁。"[①] 实际上，李国伟以此为契机在申四、福五中培植起了自己的势力，他的表兄华栋臣仍任副理，表弟章剑慧任申四纱厂厂长兼总工程师，姐夫朱觉卿当上了副厂长，表妹夫龚培卿成为会计主任，由此可说形成了"李国伟体制"，并使申四、福五在日后荣家企业分解的过程中以李国伟为核心自成系统。这次改组之所以重要，是因为李国伟培植的章剑慧、瞿冠英、龚培卿、厉无咎等人都毕业于无锡荣氏私立公益工商中学——因此他们也被称为"工商中学派"——既接受过工商业技能的专门训练，又与荣氏家族、李国伟家族有着沾亲带故的关系，因而容易凝聚在李国伟周围，形成申四领导层的核心力量。这个小团体发挥着他们在生产、采购、会计等各方面的专长，成为李国伟体制下支撑申四发展壮大的中坚力量，是企业能够成功应对危机的重要人力资本。

不过，在行业危机的冲击下，申新四厂自1932年获得盈利后，直到1936年宏观形势好转前，又一直处在亏损状态中。但是，这一时期对申四影响最大的事件却是一场偶然的火灾，这场火灾既成为申四历史上最大的一次危机，也成了该厂"死中求生，出奇制胜"的契机。

据荣伟仁记载，1933年3月29日下午4时，申四"厂中纺纱部近布厂与细纱间弄内，因地轴损坏派工人5名在内修理，传闻当时车间以假期无电灯，屋中光线不佳，借用烛光工作，工人偶不小心致将烛火落于绳子盘上，触及油，飞花燃烧旧纱绳"，"倾刻势成燎原，烟火满屋"，最后"不及3小时半已将梳棉部起至摇纱部止之全部房屋900余方焚毁无余"[②]。此次火灾堪称申新四厂历史上最大的一次危机，除栈房与公事房外，整个工厂全部被焚毁，之前11年的心血毁于一旦，企业陷入了死亡的绝境。然而，面对如此大的危机，荣氏集团的企业家们意志坚韧，并不灰心丧气。3月底火灾发生后，4月10日荣伟仁就从上海到达武汉，调查相关情况。在他

---

① 《李国伟致荣宗敬信》，1931年7月4日，武汉市档案馆藏档113-0-180。

② 荣伟仁：《申新火灾后总公司赴汉调查报告书》，1933年，武汉市档案馆藏档113-0-605。

写的调查报告中，提出了停业、单做布厂与复兴的善后计划，并建议“汉庄扩大推销申厂纱布以资生利”。李国伟在《申四复兴计划书》中则写道：“不事修复，实有弃利于地之叹也，四厂创巨痛深，如不于死中求生，出奇制胜，恐失此机会，恢复将难。”明确表示要复兴申新四厂，并提出了“死中求生，出奇制胜”的口号。对于李国伟的这种决心，荣氏兄弟是全力支持的，此前并未入股申四的荣德生也开始加入股份。此时，外界舆论对申四的复兴也有利：“金融界方面知保险额与损失额相差不远，又以我总理信誉夙著，对我除表示相当慰问外，仍未变更其互助态度。最可慰者同仁储蓄部存款60余万元竟未有丝毫动摇。”[①] 因此，就在当年秋天，申四就开始实施复兴计划，“定英机，照新式建筑，至明年始装齐，仿申三工作”[②]。

在资金方面，申四除向保险公司索赔140万元以外，还向汉口中国银行抵借了资本借款与营运借款共210万元。为扩厂开工，李国伟提出向股东增筹股款和增添新股，荣氏继续增资，股金增为92万元。但1925年卖厂危机时显现出的股东间的矛盾此时再度爆发，以王尧臣、王禹卿为首的部分股东，反对申四复建和筹添新股，并主张福五、申四两厂分开经营。在申四已濒于绝境的情况下，王尧臣等人的主张不啻于令申四永无复兴的可能性。这时候，向为荣氏兄弟所喜爱的无限公司制度开始发挥作用了。李国伟利用无限公司的权力，宣布凡不愿在股者为不愿对公司负无限责任，股本应作放弃论。经过股东内部的争论，李国伟在荣氏兄弟的直接支持下获得胜利，有23个股东7万多元股本被废除，其数额约占旧股东股金的1/4。这样一来，申新四厂既解决了重建的资金问题，又进一步巩固了李国伟在企业中的地位，这对于以后申四的发展具有重要意义。

此外，申新四厂还利用灾后重建的契机进行了制度上的建设，于1933年开始拟订《申新第四纺织厂规程》。1934年的《规程》主要包括总则与细则两个部分[③]。总则分为“大纲”、“戒约”和“组织及职权”三小节，从总体上规定了申新四厂的组织制度与对工人职员的基本要求。在制度方面，

① 荣伟仁：《申新火灾后总公司赴汉调查报告书》，1933年，武汉市档案馆藏档113-0-605。

② 荣德生：《乐农自订行年纪事》，该书编辑组：《荣德生文集》，上海古籍出版社2002年版，第115页。

③ 《汉口申新第四纺织厂厂规制度及细则》，1934年，武汉市档案馆藏档113-0-289。

《规程》确定申四“以总经理及副经理为最高之负责者”，其下设置总务、工务、营业3个处，办理全厂一切事务。其中，工务处机构最大，设总工程师一人兼工务处处长，对于纺织工程上一切工作，秉承经副理负完全责任，其职责包括“考核及指导本厂工人”、“计划工程及改良出品增加生产”、“节省原料物料及工资”、“减少废棉废纱及废布”等17个方面。实际上，除了这3个处以外，尚有负责工人福利、医务、教育、招收、工厂消防等方面的人事委员会，从组织结构上看，应与三处同属厂长副厂长直接统领。在基本要求方面，总则的“规约”共有6条，包括严禁赌博、冶游、酗酒、吸食鸦片、调戏妇女、营私舞弊、煽动工人等，大概有约法三章的意味。继总则后，《规程》以细节的形式更详细地说明了各部门在工作中应注意的事项。细则首先规定了厂务会议细则、工务总务会议细则和办公通则，然后对工务处、营业处、总务处、人事委员会这4个机构的办事细节详加阐明，最后列举了职员请假、政绩、待遇、任用及解职这四个方面的内容。总的说来，《规程》所展示的制度是比较完备并注重细节的。例如，工务处办事细则对纱厂考工科试验出品的规定，就详至10条之多，包括不同的出品应进行试验的时间间隔和次数。这种细致的规定体现了重建后的申新四厂力图以稳定的制度来主导企业的生产经营。

值得一提的是，在1933年大火之后，申四实施的养成工制度在一定程度上解决了熟练劳动力的供给问题，为工厂能够迅速死中求生提供了又一制度保障。养成工制度可谓传统工商业人才培养机制学徒制度在近代工厂中的一个变种[①]。据《申新第四纺织厂规程》所附《养成班条例》，养成班“招收贫苦之女子，其年龄自16岁至18岁，以身家清白体质健全，并以略识文字而未婚者为限”。养成工入厂时是要经过检验的，据人事股办事细则，主要是需有保证人引荐、担保。经检验合格入厂后的养成工之养成期，“暂定为3期。每1个月为1期。每1期满考试1次。如成绩合格即升入下期。如成绩不合格则仍留原期。如成绩特别优良亦得跳期，即自第1期升入第2期，或第2期升入第3期”。第1期养成工训练的是初步技能，“每日自上午6时至8时，下午5时至6时为讲堂时间。自上午8时至下午5时均为工作时间，工作时则授以工作技能。在讲堂时则授以国语常识纺学工

① 彭南生：《行会制度的近代命运》，人民出版社2003年版，第340页。

作法及本厂规律等”。第2期学员上午的理论学习时间缩短了1小时，工作时间也就相应有增加，此期学员在大车间练习工作。第3期学员也是在大车间练习工作，“其时间与普通女工同”。养成工一律住在工厂内，养成期间的膳费由工厂提供，书籍用品免费发给，并于第1期给零用钱1元，第2期给2元，第3期给3元。“养成工满期后，本厂即就其能力，给以工资。惟须继续在厂工作至1年为限。如中途离职者，无论其理由是否正当，其保证人均应负赔偿损失之责任。”养成工制度的重要意义就在于，它为申新四厂招到了一批廉价劳动力，在缓解了企业熟练劳动力供应紧张问题的同时，降低了企业雇工成本，可谓一举多得。到1935年10月，申新四厂已前后招收17届养成工，已毕业的14届养成工共1287人，其中945人留厂工作，占养成工总数的73%[①]。可以说，养成工制度为申新四厂的迅速复兴作出了巨大贡献。

除了注重制度建设以外，为了应对市场压力，申新四厂的企业家也积极寻求“出奇制胜”的竞争策略。一开始，申四的领导者李国伟对于纺织工业是门外汉。然而，作为一个优秀的企业家，李国伟具有强烈的进取精神，肯于钻研纺织技术。随着企业的发展，李国伟在实践中逐渐积累了纺织工业的知识与经验，并由此创造出“出奇制胜”的竞争策略。据李国伟回忆：“申新汉口厂所出12磅细布不及裕华，我们经过多方研究，将每方英寸经纬纱各减少10根，另出一种轻质布，售价减低十分之三强，结果销路大畅，反超出裕华之上。”[②] 裕华是近代武汉华商棉纺织企业中经营最善者，申四的新型细布能反超裕华之上，真正可谓“出奇制胜”。

另一方面，与裕华相仿的是，面对1930年代日本棉制品在华中市场上的步步紧逼，申新四厂在与技术更先进的日货短兵相接的同时，也注意积极开拓日货势力所不及的西部腹地市场。1936年，申新四厂即有员工前往重庆受“李先生嘱调查棉布情形”。当时，申新四厂“布机有限，出品须供湘鄂赣豫诸省之销场，一时自无多量入川”，但该员工仍建议“可先从一二种花色入手，苟能使一二种花色在重庆市上占住相当地位，则一年可销数

① 章剑慧：《汉口申新第四纺织厂之劳工概况及其惠工设施》，《劳工月刊》第4卷第10期，1935年。

② 李国伟：《荣家经营纺织和制粉企业六十年》，文史资料工作委员会编：《工商史料》(1)，文史资料出版社1980年版，第7页。

量当亦不在少数也”，具体的办法包括“商标设计要摩登醒目通俗化，最好写上海申新出品，至少勿写汉口字样，因川人心中以为货自上海来者必甚道地时髦洋盘，犹之下江人心目中之舶来品”[①]。当时，武汉的“裕华布在川最为普遍，信誉亦好，虽北碚之三峡厂出品亦难与彼抗衡也”[②]。在这种情况下，汉口申新四厂并不放弃从裕华那里虎口争食的可能性，并提前想出了种种对策，亦可谓“出奇制胜”了。

综上所述，申新四厂对于危机的应对主要依靠一套内生发展机制。该厂能够屡次渡过各种难关，与企业领导层的卓越素质有密不可分的关系，这也就意味着企业形成了非常好的人力资本积累机制。事实上，李国伟由一个纺织工业的门外汉成长为能够从技术角度提出具体竞争策略的专家，就充分说明了申四的人力资本积累机制是运转有效的，换言之，企业拥有优良的学习能力。而李国伟体制下集聚起来的工商中学派，对于申四内迁及战后的发展都起到了至关重要的作用。因此，尽管1930年代前期申新四厂的绩效不佳，但它在经历了毁灭性火灾的情况下还能够“死中求生”，避免了官布纱局、第一纱厂、震寰那样长期全面停工的困境。申四的起死回生既是因为有荣家企业的集团优势可作倚靠，又因为企业内部已形成了良好的发展机制。从这个意义上说，申新四厂对于1930年代危机的应对虽不能完全视为成功，但也算不上失败。

三、应对失败的企业

与一枝独秀的裕华和勉力撑过危机的申四相比，官布纱局、第一纱厂、震寰在危机中的表现则完全可以用失败来形容了。裕华的成功表明了市场战略的重要性，申四的案例则说明企业内生发展机制与人力资本积累相当关键。与之相比较，三家失败企业在市场开拓上表现欠佳，企业内部也是矛盾重重，最终削弱了其危机应对能力。

首先，尽管三家失败企业的停产、改组是1930年代的事情，其失败的种子却在1920年代甚至更早的时候就埋下了。对湖北官布纱局而言，尤其如此。官布纱局本是湖北地区创办最早的现代棉纺织企业，却因为官办企业制度的缺陷而不得不从20世纪初开始就不断转租给私人资本。实际上，

---

① 《重庆棉布行情》，1936年，武汉市档案馆藏档113-0-445。

② 《重庆棉布行情》，1936年，武汉市档案馆藏档113-0-445。

从最早的应昌公司，到后来的楚兴公司、楚安公司、福源公司，都从承租经营中获取过高额利润，因此，官局的问题不在于企业本身，而在于企业的经营者。然而，承租制度毕竟使产权复杂化了，因此也往往围绕利益分配问题引发一系列纠纷，到1930年代初，甚至出现了无人承租、自动停工的局面。当时，福源公司停工后，失业工人对省政府及建设厅所呈要求开工的申请书中是这样说的："顷据舆论，汉上并非无人承租，有因官厅手续浩繁，或因官厅条件不肯放松，工等绝不深信。如果因此固执，官不办，商不租，则局内机器愈形锈坏，每月公家，不但收租金之收入，且需保管各种费用，损失甚巨。"[①] 尽管工人在申请书中称"绝不深信"无人承租四局的原因在于"官厅手续浩繁"、"官厅条件不肯放松"，但这一"舆论"的产生必定有其依据，同时，它也从一个侧面说明了官办商租企业的制度混乱性阻碍了企业的发展。

对第一纱厂与震寰公司而言，其创办之初就受到了洋行的拖累，错过了初步积累的黄金机遇期，前文已述，不复赘言。以第一纱厂来说，其不适宜的规模作为持续性的困扰，在1930年代再度暴露出弊病，该厂"有纱锭88000，织布机1056部，粗纱机227部，细纱机232部，松花机8部，打花机4部，弹花机9部，马力5000匹，全厂设备费值5500000余元之谱，故所有资金几全耗于设备，而流动资金仰赖举债"[②]，严重影响到了企业的正常生产经营。

其次，就企业内部来说，失败企业的经营管理者普遍欠缺企业家精神，这也成为拖累企业发展的重要因素。这里所谓的企业家精神，不仅仅是指熊彼特意义上的创新精神，还包括企业经营管理者是不是能够为了企业的发展尽心尽力。换言之，企业家精神应该包括韦伯（Max Weber）所揭示的"天职"感（德文 Beruf 或英文 calling）[③]。而韦伯与熊彼特其实是统一的。但在武汉若干企业的经营者身上，这种韦伯式天职感是欠缺的，其根

---

① 《湖北纱布丝麻四局工人代表曹梓荣等呈文》，1930年12月29日，湖北省档案馆藏档 LS1-5-4729。

② 《湖北武汉之纱厂》，1936年，上海市社会科学院经济研究所藏中国经济统计研究所档案 04-254。

③ Max Weber: *The Protestant Ethic and the Spirit of Capitalism*, translated by Talcott Parsons, New York: Charles Schribner, 1958, p.79.

源则在于企业制度的缺陷。以第一纱厂为例，当安利英洋行控制了该厂以后，委派宋立峰为经营管理者。现存的回忆材料一般认为宋立峰的活动纯粹从洋行利益出发，严重影响了第一纱厂的生产经营，这的确是客观存在的。但另一方面，档案显示，30 年代初宋立峰曾呈文湖北省政府与省建设厅，“伏乞俯赐提倡，分令所属各机关各县政府，暨函请汉口市政府并转呈总司令，分令军政机关所有在职人员或制服或便衣一律穿用商厂布品”[①]，并附上各种布样，实际上是希望通过政府采购而扩大第一纱厂产品的销路。这就说明宋立峰在 1930 年代初日货大举进逼的情形下，也是在想各种方法谋求企业发展的。考虑到 30 年代中期（此时第一纱厂已停工），“全国陆军各项服装，每年需用平织粗细布约 50 万匹，例向沪汉两埠各厂采购”[②]，而供应军服用布也成为裕华的重要收入来源，宋立峰的行为实际上仍然体现了一个企业家积极谋求企业发展的良苦用心。只是，作为洋行委派的代表，宋立峰又必须为洋行攫取利益，其洋行代表的立场最终胜过纱厂企业家的立场时，遂事事以洋行利益为优先，最终拖累了企业的发展。

在震寰纱厂那里，则是另外一种情形，据称：“纱厂停工，除经济上的原因外，还有大小股东之间的矛盾和斗争，小股东不满大股东的专横行为，要求停工清算。”[③] 股东间的斗争在武汉棉纺织企业中是普遍存在的，但将这种斗争扩大化而拖累到纱厂的生产经营，也显示出震寰的股东们仅仅将企业视为一种食利的工具，而没有如“肉烂在锅里”的裕华、申四企业家那样，将企业经营放在第一位。

因此，尽管官布纱局、第一纱厂和震寰在 1930 年代应对危机失败的具体原因各不相同，但其共性特征则是企业制度存在缺陷。反过来说，在同样恶劣的市场环境之下，企业的不同命运在很大程度上取决于企业自身。

四、依赖传统比较优势

总而言之，1930 年代的大危机暴露了抗战前武汉棉纺织工业的诸多弱

---

① 《湖北省建设厅呈乎字第 1597 号》，1932 年 12 月 29 日，湖北省档案馆藏档 LS1-5-4764。

② 《军政部军需署公函充〔丙〕字第 288 号》，1934 年 1 月 12 日，武汉市档案馆藏档 109-1-263。

③ 武汉大学经济学系学生编写：《震寰纺织股份有限公司历史资料》第一部分，1958 年 1 月，武汉市档案馆藏档 114-1-75。

点，也使该产业的发展特征得以清晰地呈现出来。从总体上看，战前武汉棉纺织工业过于依赖自然资源禀赋和传统市场结构形成的比较优势，缺乏以技术为基础的竞争优势。尽管武汉棉纺织企业相对于沿海日商与华商缺乏技术上的竞争力，但在内陆地区，武汉棉纺织工业却拥有一定的技术优势。正是依靠这种相对的技术优势，武汉棉纺织工业才能继续掌控湖北纺织业传统上的腹地市场。据申新四厂 1936 年在重庆所做的棉布市场调查称："裕华布在川最为普遍，信誉亦好，虽北碚之三峡厂出品亦难与彼抗衡也（三峡用纱与裕华同，以永安金城纱为主，但出品则远不如裕华，当是技术上关系。"这就指出了武汉企业相对于西部企业的技术优势。在同一份报告中，还可以看到武汉企业所产棉布借助重庆这一口岸向西南更大腹地的渗透①。再如，湖南的乡村棉织业也大量依赖武汉纱厂生产的机纱。据 30 年代中期的调查，湘省土布业原料来源有三："（1）为进口棉纱，湖南进口棉纱，以前外纱颇多，现以上海汉口之纱居多数。（2）为湖南第一纺织厂所出之棉纱，但多为 16 支纱之粗纱，最高不过 20 支，细纱均仰给于外省。各县所用之纱以粗纱为多数。（3）又乡僻之地，有以土纺纱为原料者。"② 上述材料表明，30 年代中期湖南乡村织布业的原料主要靠长沙的湖南第一纺织厂供给，但这并非湖南第一纺织厂具有生产经营上的优势，而是由地方保护主义的政策所致。实际上，湖南第一纺织厂"以成本过高，即沪汉本国纱厂出品，亦不能相比。现由湖南省府设棉纱管理所以限制进口，以维持本厂纱之销路"③。因此，在湖南棉纱市场的高端部分，上海与武汉企业的产品仍然占据着统治地位。可以想见，若无地方保护主义政策的限制，武汉纱厂在湖南市场上将取得更大份额。

因此，在 1930 年代的大危机中，武汉纺织企业能够通过巩固西南腹地市场渡过难关，主要还是利用了比较优势差异。具体地说，在当时中国棉纺织业的雁阵中，武汉纺织企业整体上虽已滑落至雁阵尾部，成为与沿海产业有一定差距的内地产业，但在中西部地区，武汉企业在技术上却仍然具有优势。所以，武汉企业实际上利用了在雁阵中的中间地位，避开先进

---

① 《重庆棉布行情》，1936 年，武汉市档案馆藏档 113-0-445。

② 朱羲农，朱保训编纂：《湖南实业志》（二），湖南人民出版社 2008 年版，第 840 页。

③ 《湖南省长沙市棉纺业概况》，1936 年，上海市社会科学院经济研究所藏中国经济统计研究所档案 04-255。

地区的竞争而向更为落后的地区发展。然而，这一策略的奏效，有赖于当时中国经济并未充分全球化，内地市场相对隔绝于沿海，而这一相对封闭的市场属性，为内陆地区的产业提供了天然的保护，缓解了全球危机的冲击。然而，武汉棉纺织企业缺乏以技术为基础的竞争优势，这也成为贯穿于其整个产业发展史的一大顽疾。

第三节　湖北纺织工业的省内扩散

从张之洞移植新式棉纺织企业开始，直到1930年代，在将近半个世纪的时间里，湖北省的棉纺织工业仍然集中于武汉这一核心城市。不过，1930年以后，湖北棉纺织工业地理分布的这种格局被打破了，沙市纱厂的兴建成为湖北棉纺织工业扩散的第一步。

沙市是湖北重要的口岸城市，其商业甚为发达，有“小汉口”之称，乡人更有谚云：“天下口，算汉口；天下市，算沙市。”语虽夸张，也道出了沙市的繁荣。1920年代有作者这样描述沙市的区位优势：“水道四通八达（如东西之长江，北之便河，直通汉水；南之虎渡河，直达洞庭；西北沮水，上达当阳远安），转运甚便。”① 正因为沙市有如此优越的地理区位，早在清末，该市便被辟为通商口岸，而在日本人眼中，沙市“属长江沿岸殷富上区，购买力有裕，习俗尚雅美”②，有着巨大的经济发展潜力。

开埠前，沙市市场以川盐、匹头、米谷和百货的批发为交易大宗，19世纪末，棉花取代土布，成为沙市最大宗的出口商品。实际上，沙市地区土布输出的衰落是迟至1920年代末的事情了，但是，自晚清以降，棉花贸易确实日益占据着沙市城市经济的中心地位。据1933年沙市海关的贸易备忘录称：“沙市出口收入近90%是由原棉提供的。在1933—1934年的每个季度据称为400000担。”1934年的备忘录更如此描述沙市棉花贸易的繁盛：“我们可以毫不夸张的说，原棉是供沙市繁荣的可靠的因素，它享有其他任何工厂都无法竞争的优良季节。接近于80%的本地出产都经打包后送

---

① 于曙峦：《沙市》，《东方杂志》1926年第23卷第7号，第52页。

② 《湖北商务报》，光绪二十五年七月二十一日。

到上海，供本地纱厂用的还不到20%，大量的棉花种植园也都在沙市周围，沙市是中国第三个棉花出口城市，汉口和天津也是中国仅有的比沙市原棉出口多的城市。”棉花贸易几乎成了当时沙市经济运转的命脉，无怪乎“沙市商埠时常把它的繁荣归功于原棉”[①]。实际上，沙市本身并非棉花产地，而是一个棉花转运贸易的中心。沙市的棉花主要来源于其周边的荆州、荆门、阧湖堤、郝穴、藕池等地，这些地区以汽艇牵引木船的运输方式将棉花送到沙市。1929年，英商汉口打包有限公司在沙市设立其分支机构，为上海、黄安、麻城等地的客商将棉花打包，然后运销上海等地[②]。

由此可见，沙市是一个区位条件优越的交通枢纽，其腹地人口稠密，而且盛产棉花，并因此而成了重要的原棉转运贸易中心。换言之，与省城武汉一样，沙市同样具有发展现代棉纺织工业的资源禀赋比较优势。因此，湖北棉纺织工业从武汉向沙市扩散是一种迟早的趋势。首先，沙市作为中国重要的棉花输出地，原料供给是不成问题的，而作为交通便利的口岸城市，煤的输入与商品的输出也都有保障。其次，湖北为土布织造大省，虽然乡间的自纺自织还很盛行，但机纱也有很大的需求，加之沙市接近非棉产区的西南诸省，棉制品的销路是有较大潜在市场的。再次，1930年代初沙市成立了电气公司[③]，城市供电事业不断进步（实际上，近代资本较雄厚的纱厂完全可以自己购置发电装备），在电力供给方面也没有太大问题。最后，沙市作为“殷富上区”，商业素来发达，可以满足融资方面的要求。这样一来，在沙市创建纱厂所欠缺的就只是有意愿的投资者了，而与武汉的情形相仿，商业资本再一次扮演了重要角色。

沙市纱厂的创办者是当时上海的大棉花商李玉山。据新中国成立初期的调查资料称，李玉山是石首人，但“自认沙市人”，他的生意主要是供应上海日本纱厂棉花。从这一身份可以看到，沙市棉纺织工业堪称建立于沙市棉花贸易的基础之上。李玉山自己投资了20万元，又邀集了上海的一些工商界人士入股，主要股东包括：无锡豫康纱厂杨冠常、上海崇明商人杜

---

① 《沙市海关档案资料（摘抄）》，《沙市文史资料》1988年第4辑，第335—346页。

② 中共沙市市委政策研究室：《沙市市现代工业历史调查资料（1919—1952）》，中共沙市市委政策研究室1953年版，第6页。

③ 中共沙市市委政策研究室：《沙市市现代工业历史调查资料（1919—1952）》，中共沙市市委政策研究室1953年版，第17页。

少如、上海大通纱厂鲁金海、上海嘉定商人高介人、安利英洋行买办尤菊荪等。另在沙市也筹集了一小部分资本。当时，计划筹建资本总额为100万银元，但只筹齐近80万元，此后又从股息中扩充股本至100万元[①]。1931年7月，沙市纱厂正式开工，生产规模为20000纱锭，动力为750匹马力引擎，工人1474人，当年产纱量仅3500件，次年增为13876件，用棉量52333担[②]。可以说，这是一家规模不算大的纱厂。

值得注意的是，沙市纱厂的创立在很大程度上依靠的是上海资本，而这也是当时中国棉纺织业由沿海向内地扩散趋势的体现，其原因则主要基于成本考虑。据纺织专家朱仙舫统计，从沙市购买棉花运往上海所需费用如下：

表4-3　沙市棉花运沪所需费用（1934年）

种　类	每担需费	种　类	每担需费
起力	计合2分5厘	堤工税	计合1角5分
营业税	计合2角4分	到沪水脚	计合4角
公益捐	计合1角5分	水险	计合4分
改良费	计合6分	只口扱关	计合1分
检验费	计合6分	码头费	计合4分
公会费	计合3分	捐客费	计合1角5分
捷花费	计合2角5分	手续费	计合5分
料花折耗	计合3元3角	亏耗	计合3角
打包费	计合1元5角	共计	6元7角5分5厘

资料来源：朱仙舫：《都会纺织工业衰落原因的剖视与棉业网之设计》，《纺织年刊》1934年，第7—8页。

由上表可见，从棉产地沙市将原料运往上海，每担棉花至少要耗费6.75元，而将上海纱厂的成品再运回内地销售时，又将在运输问题上产生

---

① 该书编写组：《沙市第一棉纺织厂厂志（1930—1981）》，沙市第一棉纺织厂1983年版，第12—13页。

② 该书编写组：《沙市第一棉纺织厂厂志（1930—1981）》，沙市第一棉纺织厂1983年版，第4页。

额外的费用，无形之中就加重了厂商的成本。因此，在棉产区当地建厂，能够节约运输成本，在经济上是划算的。这就使沙市纱厂的建立更加体现为一种必然的趋势了。

尽管湖北棉纺织工业从武汉向沙市的扩散是一种必然趋势，但1930年代恰逢中国棉纺织业的大危机，因此，沙市纱厂自兴建之初就面临着险恶的宏观环境。此外，作为商人，李玉山和纱厂的其他股东亦未能扮演好工厂经营管理者的角色。据调查，建厂之初，“股东多以经营商业为主，如典当、花号等，很少具体过问该厂生产，无成本核算；李玉山等经理董事大都住上海，如该厂中有重大事件才乘飞机来沙”[①]。与武汉部分企业一样，该厂经营者缺乏专注于企业经营的责任感。在这种管理缺位的情况下，加之上海、武汉的棉纱仍不断输入沙市市场，沙市纱厂遂处于“不开车大蚀，开车小蚀”的亏损状态中。该厂1934年10月14日的股东会议记录称：“近来由于经济衰落，商业不振。本公司当初将纱厂设在湖北沙市，因地处棉花集散中心的优势，数年来一帆风顺。可惜如今由于组织不周，领导不力，致使资金短收20多万元。”[②] 这表达了对纱厂潜力与实际情形之间巨大落差的不满。此时，总经理李玉山已因金子生意失败而完全退出该厂，但其影响极为恶劣，股东会议称：“公司所欠庄款20余万元，今年有所盈余，已经全数抵付，厂中花纱相押近10万元，须为营运之需，上海银行未允通融挪用，总经理为公司主要人员，其本身之动摇，连带影响公司信誉，因此各庄相继迫索，应付为难。”[③] 在此危局中，纱厂股东认为董事长一席最好请社会上有资望的头面人物担当，遂于1933年从全部资本中抽出一部分股本送与上海青帮大佬杜月笙，请其担任董事长。而杜月笙对于沙市纱厂的掌控竟成为该厂的一大转机。

杜月笙出任沙市纱厂的董事长后，凭借自己的影响，得到了上海金融界的支持。为解决资金困难，杜月笙进行了招股，并邀请金融界的一些重

---

① 中共沙市市委政策研究室：《沙市市现代工业历史调查资料（1919—1952）》，中共沙市市委政策研究室1953年版，第2页。

② 诸定一：《杜月笙与沙市纺织股份有限公司》，《湖北文史资料》2001年第1辑，第52—53页。

③ 该书编写组：《沙市第一棉纺织厂厂志（1930—1981）》，沙市第一棉纺织厂1983年版，第20页。

要人物如金宗城、王伯元、杨雨笙等进入沙市纺织股份有限公司董事会，吸引到资金30万银元，并得到沙市上海银行的抵押贷款。不过，杜月笙最成功的一招还在于任命了纺织专家肖松立为纱厂总经理，而肖松立的一系列改革使纱厂的生产经营逐渐趋于好转。综合来看[①]，肖松立的改革主要涉及这样几个方面：第一，大量裁减冗员，全厂工人由原来的1426人减为977人，李玉山所雇用的一批人员也都被裁去，职员只剩下40人。第二，进行企业制度的变革，将纱厂原来的工头负责制改为职员负责制，改“头佬”为主任、部长，改“拿摩温”为生产组长。第三，加强对工人的管理，加大了劳动强度，肖松立取消车头凳子，使工人工作时不能停工休息，而工人每天工作整整12小时，工资却并未提高。第四，保障原料供应，通常在棉花上市，而棉花号尚未从外地打听好消息并不确定棉价时，就购进全年所需原料。第五，改进设备与技术，将原来时常停机的引擎改造为正常运行的动力设备。第六，在产品品种上讲究策略，以便与上海、武汉的国产棉纱相竞争，有材料称：“该厂战前所产16支纱，占90%多，以抵制申汉纱。据说16支纱机器是日本为了加强剥削我国人民而制造的，16支纱与顺手相适合，而申汉纱大部为反手，资本家懂得农民长期以来习惯用顺手纱，在价格相距不甚悬殊的情况下，是不易改购反手纱的，同时由顺手织布机改反手织布机对于小农有着莫大困难。”[②] 可以肯定的是，当时湖北市场上的日纱大多为顺手纱，而裕华、申四等武汉华商企业的产品多为反手纱，假如上述材料可靠，则沙市纱厂可谓采取了相当有力的竞争策略。此外，沙市纱厂的成品大都售于本市棉纱号，致使有的纱号囤纱多至千余件，但少量销不出去的棉纱，纱厂亦不在本市减价脱售，而是运往重庆市场消化，为此，纱厂在重庆等地长期开庄。这样一来，与武汉企业相仿，沙市纱厂也充分利用了西南腹地。

由于采取了上述措施，沙市纱厂的生产效率有了显著提高，避免了停

---

① 根据：中共沙市市委政策研究室：该书编写组：《沙市第一棉纺织厂厂志（1930—1981）》，沙市第一棉纺织厂1983年版，第21页；《沙市市现代工业历史调查资料（1919—1952）》，沙市第一棉纺织厂1983年版，第2—3页；诸定一：《杜月笙与沙市纺织股份有限公司》，《湖北文史资料》2001年第1辑，第52—53页。

② 中共沙市市委政策研究室：《沙市市现代工业历史调查资料（1919—1952）》，中共沙市市委政策研究室1953年版，第3页。

工的厄运，一直经营到了抗战爆发。在猇亭等地市场上，沙市纱厂的产品非常受欢迎，“天天由沙宜班轮运来”[①]，与当地乡村棉织业形成了产业互补。据统计，1935—1938年10月间，沙市纱厂共产纱68591.35件，平均年产纱17147.83件，人年均产纱量16.42件，比1931—1934年提高了1.82倍[②]。可以说，沙市纱厂也是成功应对了1930年代棉纺织业危机的湖北企业。

总而言之，在1930年代大危机的背景下，湖北棉纺织工业按其自然发展的趋势从中心城市武汉向周边进行了有限的扩散，并有进一步扩散的趋势[③]。这一扩散要晚于江南、华北的同类现象，因此也制约了湖北早期工业化的整体进程。影响湖北棉纺织工业扩散的主要因素是原料供应与市场区位，其过程与民国前期武汉城市棉纺织工业体系的形成亦有相似之处。而无论从发展瓶颈还是危机应对来看，30年代的湖北棉纺织企业又都表现出了某些共性，从这个角度看，近代湖北的工业化模式较明显地体现了中心城市武汉的先导作用，也暴露了中心城市一枝独秀的不足。湖北工业化这种布局过于集中的弱点，其实也是明清时期长江中游市镇结构的一种延续，而这种结构制约了地方产业集群的发育，限制了产业链的扩大与价值提升。

小　结

1930年代，湖北纺织工业在其历史上第一次经历全球性的经济大危机，其所受到的沉重打击，暴露了清末一度领先全国的优势产业沦为内地产业的事实，而在当时对外资开放且外资集中于沿海的市场环境下，内地产业意味着低下的竞争力。因此，在那个危机时代，湖北纺织工业备受压

① 冯长菁：《猇亭纺织今昔谈》，《枝江文史资料》1990年第5辑，第90页。

② 该书编写组：《沙市第一棉纺织厂厂志（1930—1981）》，沙市第一棉纺织厂1983年版，第22页。

③ 1935年10月，湖北省棉产改进处处长袁仲逵向省建设厅呈文，建议在老河口开办新式纺纱厂，其计划见：《设立纺纱厂于老河口建议书》，1935年，湖北省档案馆藏档LS31-6-424。

迫，不仅要与咄咄逼人的日本资本竞争，还要与丧失了东部传统市场的沿海华资企业竞争。可以说，彼时的湖北纺织工业在中国纺织工业的雁阵中，由紧密追随头雁的地位，被淘汰至雁阵末尾。究其原因，在1920年代的相对景气时期里，湖北纺织企业未构筑以技术为基础的竞争优势，这就使其更容易受市场潮流的摆布，而不是成为驾驭市场的弄潮儿。由此可见，地区产业竞争力的形成或衰败非朝夕之功，产业竞争力存在着相对平静的孕育期。当市场处于扩张周期时，新的企业不断催生，老企业也能比较轻松地盈利，对产业而言，其面对的外部环境相对平静而友好。然而，面对这样一个环境，产业可能面临着不同的演化路径，而当市场收缩期也就是危机到来时，不同的演化路径将产生不同的后果。毫无疑问，那些在市场扩张期内能够培育技术能力、提高生产率的地区产业，将孕育出较强的竞争力，更容易挺过危机。反之，单纯依赖市场景气赚钱的地区产业，当市场不景气时，就更容易衰败。不幸的是，抗战前的湖北纺织工业恰好属于后者。

然而，由于1930年代的中国经济全球化程度并不深，作为内地产业的湖北纺织工业依靠其传统比较优势，赢得了一定的回旋余地。一方面，中国作为大国的辽阔空间从单纯的地理维度上延缓了外资从沿海发起的攻势，在西部地区为内地产业如湖北纺织业保留了一个可观的市场。另一方面，由于明清时期即存在的资源禀赋比较优势格局延续至民国，30年代的湖北棉纺织业尚能利用其传统的西南腹地市场消化产能。而湖北棉纺织工业对西南腹地的巩固，虽然得益于其区位优势，但更重要的原因在于，湖北棉纺织工业的技术优于西南地区的纺织业。因此，在中国纺织工业雁阵的格局中，湖北纺织业虽从整体上可归属于阵尾的内地产业，但在内地产业之中，湖北纺织工业的技术却有相对于四川、湖南等地产业的竞争优势。由此可见，不管在哪个层次上，技术都可以视为产业竞争力的决定性因素。

必须指出的是，地区产业之间的竞争，不仅仅是由企业自身的发展决定的，相反，它牵涉到地区社会的方方面面。其中尤为重要的是政府的角色。一方面，政府必须为产业发展创造稳定的环境，这是产业发展的前提条件。另一方面，对于落后地区来说，政府采取适当的产业政策，是可以提升当地产业竞争力的。然而，1930年代的湖北却缺乏一个优质的政府作为制度支撑。就大环境而言，当时中国处于实质性的分裂之中，国民党中央政府实际掌控的区域不过长江中下游地区，政权的财力又极为有限，很难采取日本式的发展型产业政策。在这样一种政治环境下，欲求产业提升竞争力，自然是不大可能的。

第五章　战争对湖北纺织工业的摧残（1937—1949）

1937年，日本悍然发动全面侵华战争，中国的工业化进程也受到极大影响。一般认为，中日战争打断了中国的早期工业化进程，然而，实际情况要复杂得多，战争对不同地区、不同部门的作用是大为不同的。以机械工业来说，战争时期，内迁西南的机械企业在技术上开始出现质的飞跃[①]。与之相比，纺织工业受到了较大打击，重要的棉纺织工业中心全部沦于敌手，虽有部分企业内迁，但在战时的大环境下，亦不如与作战有直接关联的机械等重化工业容易发展。尤有甚者，在湖北这一交战双方对峙的最前线，工业重镇武汉、沙市全被日军占领，局限于鄂西一隅的国统区基础设施较差，不易发展纺织工业，故湖北纺织企业虽有内迁，但大企业主要迁往陕西、四川等地，而未留在本省。因此，战争对湖北纺织工业的破坏尤为严重。战后，部分企业虽迁回湖北，然元气大伤，加之内战接踵而至，故湖北纺织工业未能复兴。此外，战后中国纺织工业因接收了日本在华纺而急剧扩张，但由于这些前日本企业分布于上海、青岛、天津等东部沿海地区，因此，湖北纺织工业是隔绝于这一扩张潮流之外的。

第一节　战争初期湖北纺织企业的内迁

尽管湖北纺织工业在日本侵华战争中受到极大的摧残，但在战争初期，当战火还未烧到湖北时，该省纺织企业却利用特殊的形势得到了发展。然

① 严鹏：《战略性工业化的曲折展开：中国机械工业的演化（1900—1957）》，上海人民出版社2015年版，第255页。

而，随着日军对武汉展开进攻，湖北各新式纺织企业亦岌岌可危，遂选择了内迁一途。尽管内迁后方使湖北纺织企业的力量得到保留，避免了沦于敌手，但自清末发展起来的湖北现代纺织工业体系亦由此瓦解。

一、战争初期湖北纺织工业的畸形繁荣

湖北纺织工业在1930年代遭遇了严重的危机，但是，由于1936年农业丰收带来了农村购买力的提高，在法币政策、全球经济好转等多种因素的作用下，中国纺织行业于是年亦开始走出危机。1937年，日本挑起全面侵华战争，打断了中国沿海纺织工业的复兴进程，但湖北纺织企业反而利用战争的时间差经历了一个短暂的畸形繁荣时期。从1936年到1938年，湖北纺织企业的恢复与畸形繁荣，为其之后内迁西部增强了实力。

从1936年开始，除了裕华、申四这两家挺过了危机的企业获得较大盈利以外，湖北纺织工业的好转突出表现为几家停工、改组企业的复工。这其中，表现较为突出的是震寰纱厂，该厂出租给了常州大成纺织染股份有限公司，成为大成四厂。常州大成厂创立于1930年，因企业家刘国钧经营得当，大成在危机中依然获得了发展。1936年，大成厂在比较偶然的机缘下与震寰厂发生了关系，据刘国钧自述："本年春间，经股东会议决，仍在常州地方添办纺织第三厂，基地早经购齐，建筑正在计划。6月间，商公司总理刘国钧入川调查市况，道经汉口，鉴于武昌停闭纱厂多至20万枚锭子，于国家税收、地方生产、农村经济、对外贸易、工人生计损失甚重，深堪痛惜。适武昌震寰纺织公司因迭蒙官厅谕令设法复工，而以市面不佳、金融枯窘力不从心，迄未实现。至是闻知国钧在汉，即挽友相商合作办法。"大成后与震寰订立契约，集合资本国币100万元，大成占60%，震寰占40%，由大成代震寰修理机器，至全部开车时再行接收①。1936年7月，两家企业约定"厂商以所有坐落武昌上新河纺织厂一所，将其全部房屋、基地、机器、生财及商标完全出租于租商使用"，"租期约定6年，自开车之日起租，开车日期双方订立，互换通知为证"，"租金每月法币4000元按国历计算"②。

---

① 《大成厂呈武昌市政府文》，1936年9月6日，武汉市档案馆藏档18-10-184。

② 《汉口震寰纺织股份有限公司、常州大成纺织染股份有限公司租厂合同》，1936年7月26日，武汉市档案馆藏档114-1-80。

大成厂接手震寰后，于当年秋天恢复生产，并获得盈利。除了宏观环境有利外，其原因被认为是刘国钧“对大成四厂之经营管理以及生产操作完全采用常州大成一厂之管理制度与操作技术。开办之初，曾派一批汉口籍工人至常州培训，常州亦调派一部分熟手工人至汉口参加生产”①。由于中国棉纺织工业的雁阵格局，东部地区工人的技术优于湖北工人是很正常的，震寰的经营者对此亦颇认同，称:“武汉纺织工人技能幼稚，无可讳言。”② 因此，震寰与大成在合作计划中规定，大成“与震寰订立契约后，即在武昌方面先行招收生手女工 50 名，资送常州方面训练，并于 8 月 21 日由商公司（即大成厂）第一厂拨调男工 40 余人来鄂代理震寰修理机器”，此外，对于武汉本土工人的训练，还将“由常加派一部分熟练女工及来此整理机器之男工分任教导之职，一方面督促其技能增进，一方面亦拟举办福利事业庶皆造成完好之纺织技术人才”③。可以说，大成帮助震寰改进其技术，是震寰得以迅速恢复的重要原因。到 1938 年因战争关系大成四厂提前结束时，大成公司共分得 200 万银元的盈余。

此外，1936 年，湖北的一批企业家在地方政府的推动下，准备筹组股份有限公司，接办停工日久的第一纱厂。当时，湖北省政府“以第一纱厂停工日久，民生国税两有影响，命为组织银团投资复工，以事救济”。该复工计划以新筹设之复兴实业股份有限公司为投资主体，拟集资国币 100 万元，分配为 10000 股，接办第一纱厂。在企业家付南轩、苏汰余、周伯皋、贺衡夫等人的支持下，至 1936 年 12 月，“所有股本国币 100 万元均由付南轩等各发起人自行认足，不另招募，并由各发起人已将应缴股银如数一次缴由汉口交通银行、汉口大孚银行收足”④。第一纱厂的重组与复工亦表明湖北纺织工业恢复了元气。

好景不长，1937 年中日战争全面爆发，日本的侵略使得中国棉纺织工业刚有好转又陷入一个新的危机之中。然而，在日寇铁蹄迫近华中腹地以

---

① 朱希武：《大成纺织染公司与刘国钧》，文史资料工作委员会编：《工商史料》(1)，文史资料出版社 1980 年版，第 48—49 页。

② 复常州大成纺织染公司总经理刘国钧函，1936 年 8 月 12 日，武汉市档案馆藏档 114-1-80。

③ 《大成厂呈武昌市政府文》，1936 年 9 月 6 日，武汉市档案馆藏档 18-10-184。

④ 《黄文植等人呈湖北省政府文》，1936 年 12 月 10 日，湖北省档案馆藏档 LS31-6-472。

前，湖北棉纺织业却经历了一个短暂的战时繁荣。1937年11月，瞿冠英在申新四厂第36次工务会议上发言时称："全国之民生衣被及全国之军服，均赖武汉，则武汉纱厂，所负使命之重大，当推为全国之冠。"[①] 一个月后，李国伟也在发言中称："我纺织重要区域，多被损坏，损失极重，今所留者，仅内地沿江沿铁路数家，我汉市本月以来，甚为安宁，一切情形，均未受战事影响，则吾辈处于此种环境之下，当更加努力，对于社会之需要，军服之供给，以及各种应有之担负，均应各尽己责，尽量努力为要。"[②]

从申新四厂企业家的发言记录可知，战争初期，随着沿海地区的沦陷，江南、华北等地的棉纺织工业深受重创，中西部地区的棉纺织业却因战火尚未波及而能够正常生产。这样一来，湖北棉纺织企业不仅"使命"重大，而且获得了一个可以迅速赚取大量利润的契机。从抗战爆发到1938年武汉沦陷前，湖北棉纺织工业经历了一个短暂而畸形的战时繁荣，各纱厂纷纷盈利。在1938年1月震寰纱厂（大成四厂）刘笃生写给刘国钧的信中称："年来武汉纱厂营业发达，获利较厚，无可讳言。"[③] 裕华纱厂在西迁前的几个月中"因武汉纱布市价坚挺，营业成绩，亦颇可观"[④]。申新四厂1937年获得了高达185万余元的盈利，1938年也继续获得巨额利润，并偿还了所欠银行债务[⑤]。沙市纱厂亦利用"上游棉花不能东运，下游纱布不能西运"的有利形势在鄂西及云、贵、川、康市场上取得优势，获利颇丰[⑥]。1938年8月25日，沙市纱厂的经营者在董事会议上称："本年营业颇称顺利，自元月份至7月底，除去一切开支及杜董事长提议捐赈灾民额定10万元，本期内已付8.7万元之外，计盈余184.276万元。"[⑦] 由此可见，湖北大型棉

① 《申新四厂第36次工务会议记录》，1937年11月5日，武汉市档案馆藏档113-0-256。

② 《申新四厂第37次工务会议记录》，1937年12月6日，武汉市档案馆藏档113-0-256。

③ 刘笃生致刘国钧函，1938年1月3日，武汉市档案馆藏档114-1-80。

④ 该书编辑组：《裕大华纺织资本集团史料》，湖北人民出版社1984年版，第282页。

⑤ 许维雍，黄汉民：《荣家企业发展史》，人民出版社1985年版，第172页。

⑥ 该书编写组：《沙市第一棉纺织厂厂志（1930—1981）》，河市第一棉纺织厂1983年版，第22页。

⑦ 诸定一：《杜月笙与沙市纺织股份有限公司》，《湖北文史资料》2001年第1辑，第55页。

纺织企业在战争初期所经历的繁荣是相当普遍的。

然而，这样一种畸形的繁荣终究不能持久。随着日军逼近湖北，以及武汉的沦陷，湖北棉纺织企业纷纷西迁，来不及迁走的企业亦受到战火摧残，自清末张之洞开启的湖北现代棉纺织工业发展进程不得不告一段落。

二、湖北大型纺织企业内迁后方

抗战前，中国的工业集中于东部沿海的地理格局已经引起有识之士的担忧，国民政府的部分官员也曾竭力鼓动东部民营企业内迁，然响应者寥寥。由于中西部地区在基础设施建设、要素市场发育程度等方面无法与东部沿海相提并论，故以市场为导向的民营企业家宁可冒着战争爆发的风险留在东部，也不会轻易内迁，这是由市场机制决定的。然而，1937 年，日本开始进攻上海后，战争风险成为现实，在政府的主导下，一批爱国的民营企业家遂与国营企业的管理者一道，将工厂迁往中西部内地。随着日军溯江而上直逼武汉，湖北的纺织企业在享受了短暂的畸形繁荣后，也开始内迁。

实际上，当时湖北的部分纺织企业家贪恋战时畸形繁荣带来的厚利，对内迁并不积极。例如，1938 年 4 月 9 日，在裕华股东会上，黄师让在报告中称，当年 1 月 6 日，国民政府即曾召集武汉各纱厂代表谈话，要求申新、震寰与裕华“克日搬迁”。但是，这几家企业考虑到迁厂成本巨大，且会失去享受战时畸形繁荣的“良好机会”，故“有稍现犹豫者”，于是，某官员即对企业家们发出“声色俱厉”的恐吓：“要知道政府抗战乃抱定焦土政策，如敌人来袭武汉，纵未将各厂毁坏，政府亦将自行烧毁，免得资敌，亦免得诸公顾虑财产去作汉奸。”① 在国民政府如此强硬的态度下，武汉的大型纺织企业亦不得不着手内迁，唯一的例外是承租了第一纱厂的复兴公司，因“有外商借款不予搬迁”②。1938 年 8 月，在日军迫近武汉之际，复兴公司关厂停业。值得一提的是，日资泰安纱厂的经营者在 1937 年战争爆发后就撤走了，该厂由汉口市国民政府保管，并于当年 12 月由国民政府军政部军需署储备司接收，改名为军政部汉口临时军用纺织厂。1938 年8 月，该厂奉令迁往重庆，更名为军政部纺织厂③。

---

① 该书编辑组：《裕大华纺织资本集团史料》，湖北人民出版社 1984 年版，第 314 页。

② 该书编辑组：《裕大华纺织资本集团史料》，湖北人民出版社 1984 年版，第 314 页。

③ 该书编纂委员会：《湖北省纺织工业志》，中国文史出版社 1990 年版，第 80 页。

据统计，湖北内迁的纺织企业共有66家，其中包括：纺织厂5家、布厂52家、染织厂7家、麻织厂1家、袜厂1家，共计纱锭17.23万枚、布机1412台[①]。尤值一提的是，当时湖北的大型纺织企业几乎全部内迁到了西部后方。例如，国营企业湖北官布纱局于1938年奉令将重要机件运往了宝鸡，其后，该厂与中国银行雍兴公司合作，利用官布纱局的设备和雍兴的厂房，共同组建了咸阳纺织工厂，于1940年正式开工。据战后的报告，1938年，官布纱局"由平汉陇海联运迁往陕西宝鸡，只以时间促迫，至10月6日信阳失守，交通绝断，实则运到者尚不及20000锭，布机仅有150台，其所余纱机70000余锭，布机650台，原动全部，自10月22日撤退后完全损失"[②]。申新四厂则向宝鸡转移了20000枚纱锭、400台布机，向重庆转移了10000枚纱锭、100台布机。1941年，该厂又从重庆迁出5000枚纱锭、36台布机到成都设厂[③]。经营绩效最好的裕华亦迁往了重庆。震寰则分迁至重庆与西安。除武汉的大企业外，沙市纱厂也于1938年迁至重庆，1941年5月在渝复工。

这些迁往西部后方的湖北大型纺织企业在一定时期内仍然有所发展。以裕华为例，其在重庆开办分厂后，短短几年间，棉纱产量急速上升：

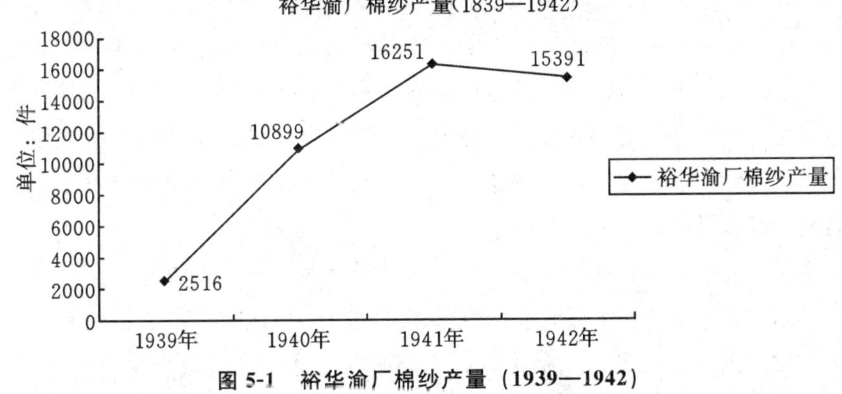

图5-1　裕华渝厂棉纱产量（1939—1942）

整理自该书编辑组：《裕大华纺织资本集团史料》，湖北人民出版社1984年版，第360页。

---

① 该书编纂委员会：《湖北省纺织工业志》，中国文史出版社1990年版，第7页。

② 《湖北省政府建设厅纱布局遭受敌人损毁情形报告表》，1945年9月，湖北省档案馆藏档LS31-6-422。

③ 该书编纂委员会：《湖北省纺织工业志》，中国文史出版社1990年版，第77—79页。

然而，尽管内迁后方的湖北大型纺织企业在一定时期内取得了不俗的经营成效，但从地区产业竞争力的角度说，其与湖北的关系不大。在中日战争期间，湖北的纺织工业经历了一次大倒退。

第二节　国统区与敌占区纺织工业的分化

中日战争期间，湖北大体上被割裂为国统区和敌占区，两地的纺织工业亦出现分化。由于湖北经济最发达的地域全部被日军侵占，蜷缩于鄂西一隅的国统区，缺乏发展现代纺织工业的条件，但为了抗战的需要，地方政府对发展纺织工业仍然有所关心。在敌占区，如武汉和沙市，尽管日本人获取了各大型纺织企业的厂房及未能搬走的设备，但在日军的军事统治下，产业未能发展。因此，尽管在中日战争时期，湖北国统区与敌占区的纺织工业出现了某种分化，但就绩效而论，两者却颇为一致，都体现为欠发展。

一、战时湖北国统区的纺织工业

中日战争时期，湖北大部沦陷，国民政府统治区缩小至鄂西一隅，相当窘迫。从历史上看，由于自然环境等因素的影响，鄂西的纺织业本就不甚发达，抗战爆发前，尽管有人提出了在鄂西发展纺织工业的主张，但囿于客观条件，亦只能停留在构想阶段。因此，战时湖北国统区纺织工业的发展面临着极大的先天制约。

尽管鄂西不适合发展纺织工业，但退居鄂西的湖北省政府在其战时建设计划中，却给了纺织工业以相当重要的地位。1938 年 6 月，行政院会议决议改组湖北省政府，任命蒋介石的心腹陈诚为湖北省政府主席。当时，陈诚身兼数职，其主要精力仍在军事方面，尤其是防范日军进犯重庆这一中国的战时首都。不过，戎马倥偬之间，陈诚对于发展鄂西之经济也颇为关注。1941 年 4 月，陈诚拟定了《新湖北建设计划大纲草案》，几经修改，于同年 7 月提交给省府会议审查。在经济建设方面，该计划之方针系“以发展机器工业为主，并扶植手工业之生产，以补机器工业之不足”[①]。这一

① 陈诚：《陈诚回忆录——抗日战争》，东方出版社 2009 年版，第 171 页。

经济施政方针尚称现实。当时，由于湖北国统区辖境过小，而军民人数过量，陈诚的考虑是以“自力更生”的原则来维持地方经济，并采取如下政策：“增加生产”、“征购实物”、“物物交换”、“凭证分配”[①]。这套政策具有明显的战时经济色彩，意在以计划手段来配置极端稀缺的资源，以使地方经济能在战争中支撑。为实施该政策，1942 年 7 月 1 日，湖北省政府成立了湖北省平价物品供应处，“以为供应之总机关，并兼理生产、交换、购运等业务，同时将合作联社业务亦并入该处办理”[②]。换言之，平价物品供应处成为太平洋战争爆发后湖北省国统区战时经济体系的中枢，政府所办工厂亦归其管辖。具体而言，在纺织工业方面，湖北省政府办有恩施毛纺厂、谷城纺线厂、供应处纺线厂等省营工厂。同时，陈诚等人还制定了《湖北省推进民生工业纲要》，期望指导各县发展民生工厂、简易工厂及工业合作社，要求“尽先择要举办纺织、粮食、化学等工业，以适应社会最迫切之需要”[③]。因此，尽管战时湖北国统区的条件极为恶劣，但陈诚主持下的省政府还是对纺织工业的发展给予了关注。

由于湖北国统区此前并无现代纺织工业基础，而武汉、沙市的大型纺织企业在内迁过程中也未留在湖北，故该地区的纺织工业发展呈现出小型化与手工业化的特征。这一发展特征是由战时湖北国统区资本与技术均稀缺的资源禀赋特征决定的。例如，抗战爆发后，棉纺织专家穆藕初发明了“七七”纺纱机，是一种近似于手工业生产工具的小型纺纱设备。穆藕初在重庆开办了手纺训练所，又聘请前湖北棉业改进所所长杨显东，率领 6 名技术指导员，前往鄂北茨河创办手纺训练所，推广“七七”纺纱机[④]。可以说，以手工操作为基础的“七七”纺纱机代表了战时湖北国统区纺织工业的主流技术。尽管这种技术颇为落后，但它适应了战时资源匮乏的环境，故能够兴盛一时。例如，在湖北国统区，使用“七七”纺纱机的谷城手纺织工厂创办后，其出品“尚可畅销”[⑤]。值得一提的是，战前曾有人提出在

① 陈诚：《陈诚回忆录——抗日战争》，东方出版社 2009 年版，第 225 页。
② 陈诚：《陈诚回忆录——抗日战争》，东方出版社 2009 年版，第 227 页。
③ 陈诚：《陈诚回忆录——抗日战争》，东方出版社 2009 年版，第 231 页。
④ 《盛安镇各社始末概况》，1941 年，湖北省档案馆藏档 LS74-1-51。
⑤ 鄂北工厂杂件，1941 年，湖北省档案馆藏档 LS74-1-51。

湖北西部创办纺织工厂的构想，但因资本缺乏而难于实现，战争时期，迫于环境压力，这种构想变为现实。据当时的记载："谷城已成为鄂北各县工业之中心，纺织工厂多半集中于此。共有纺织厂七八处，工人 400 余人，业务尚算发展，出品除土布土纱毛巾袜子外，并能织斜纹布、人字呢等式样。除纺织工厂外，农民家庭使用土法纺织者为数亦多，即谷城一县，年产土布约 12 万匹。土纱除可供鄂北各县纺织外，并销行巴东、河南南阳一带。"① 另据 1945 年的报告，谷城纺织厂的所有产品均运至谷城及老河口销售，并且在老河口设有推广处②。这种战时发展提升了鄂北地区的纺织技术，例如，谷城纺织厂即利用工余时间举办长达 3 个月的工人训练班，至 1944 年 11 月时，已办过 2 期③。此类训练班在一定程度上当能提升鄂北地区纺织业工人的劳动素质。除谷城外，在纺织业一向较为落后的恩施，政府也兴办了恩施纺织厂，该厂规模亦不大，年产量估计约为棉纱 21840 斤、宽布 10500 匹、窄布 6720 匹、毛巾 2520 打、染色 6000 匹④。自然，这些小型工厂的成立依赖于以"七七"纺纱机为代表的低端技术。

在这些国营小型工厂中，前述位于恩施的湖北省建设厅手纺织工厂颇为典型。该厂在 1942 年前后有工人 180 名、职员 19 人，设备包括：纺纱机 50 部、宽铁木织布机 14 部、宽手拉织布机 16 部、窄铁木织布机 9 部、毛巾机 10 部、织袜机 4 部。不过，实际能开工的设备仅为：纺纱机 30 部、宽铁木织布机 9 部、宽手拉织布机 6 部、窄铁木织布机 9 部、毛巾机 4 部、织袜机 4 部。因此，该厂 1942 年产量约为：棉纱 16800 斤、宽洋布 7392 匹、窄土布 6048 匹、毛巾 5040 打、线袜 2016 打、染色 12000 匹⑤。从营业绩效来看，该厂 1940—1942 年间一直有盈余：

---

① 湖北省乡镇企业管理局：《湖北近代农村副业资料选辑》，湖北省乡镇企业管理局 1987 年版，第 142 页。

② 《湖北省建设厅谷城纺织厂呈文总业字第 175 号》，1945 年 9 月 25 日，湖北省档案馆藏档 LS31-6-605。

③ 《湖北省建设厅谷城纺织厂呈文总人字第 52 号》，1944 年 11 月 1 日，湖北省档案馆藏档 LS31-6-625。

④ 《湖北省恩施纺织厂 1944 年度营业计划书》，时间不详，湖北省档案馆藏档 LS31-6-520。

⑤ 《湖北省建设厅手纺织工厂 1943 年度营业计划书》，1942 年，湖北省档案馆藏档 LS31-6-521。

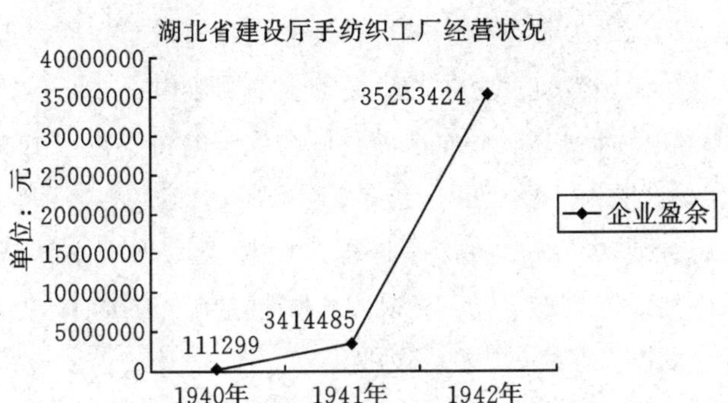

图 5-2　湖北省建设厅手纺织工厂经营状况（1940—1942）

整理自《湖北省建设厅手纺织工厂 1943 年度营业计划书》，1942 年，湖北省档案馆藏档 LS31-6-521。

由上图可见，在 1940—1942 年间，湖北省建设厅手纺织工厂盈余增长幅度较大，经营状况似颇乐观。不过，图中数据的大幅波动乃是一种特殊的战时特征。据湖北省建设厅谷城纺织厂 1943 年的报告称："本厂业务以适应军民需要为原则，故各种产品，随时均有变易，殊难预定，至于物价波动，尤为迅速，以最近数月言之，有涨至一倍至数倍者，是以收支数字，亦难预计。"① 因此，战时国统区纺织企业的营业绩效实际上具有很大的随意性。除恩施与谷城两地纺织工厂外，1940 年 10 月，鄂东行署驻湖北省联络员余澄曾呈请省主席陈诚开办鄂东丝绵手纺织工厂，其理由为："查鄂东出产以丝绵为大宗，向行销长江上下游各地，武汉退守以后，因恐资敌，经由行署禁止出口，迭请贸易委员会设处收购，未准派员前往，以致土货滞销，农村经济枯窘。为活动金融改善产品起见，拟请于鄂东设立丝绵手纺织工厂，就地购买原料，加工制造后运销于皖豫鄂西北各地。"余澄的这一建议得到了陈诚的积极回应，陈诚指示鄂东丝绵手纺织工厂应由鄂东行署主办，至于开办费 15000 元，"准由该行署于所收省税内拨付应用，流动资金 150000 元，应援照鄂北手纺织铁木工合作社贷款办法，由鄂东行署保证，向省行鄂东办事处借用"②。目前尚无史料表明鄂东丝绵手纺织工厂是

① 《湖北省建设厅谷城纺织厂呈文总财字第 190 号》，1943 年 4 月 12 日，湖北省档案馆藏档 LS31-6-616。

② 陈诚指令，1940 年 11 月，湖北省档案馆藏档 LS31-6-840。

否顺利开办，但陈诚的表态显示出当时湖北省政府对于发展纺织工业是极为支持的。实际上，当省营企业遇到经营上的困难时，湖北省政府会出手相助，例如，1945 年 2 月，政府准许谷城纺织厂的白宽布“由物资部按每匹 2800 元作价，收购 1000 匹”，这是为了“以济该厂急需”[①]。但另一方面，省政府也会要求纺织厂将产品样本送交检阅[②]。因此，可以认为，战时湖北国统区纺织工业的发展，在很大程度上受到地方政府的推动。

不过，湖北国统区所占据的鄂西地区在当时毕竟缺乏发展纺织工业的比较优势，尽管地方政府大力支持，取得的成绩却极为有限。以棉纺织业这一主导产业来说，织布环节尚可依赖手工织造，但纺纱环节一旦缺乏资本密集度高的机械设备，将毫无竞争优势可言。然则，在湖北国统区，机制棉纱的缺乏成为纺织工业发展的一大软肋，而省营工厂生产的棉纱每月之产量仅供自身布机纬纱之用，“故需洋纱之数甚巨”[③]。换言之，在战时的恶劣环境下，湖北国统区难以建成最基本的现代纺织工业体系。资本的匮乏甚至使谷城纺织厂的工人“夜则宿于冷露之下，日则餐于烈日之中，形同乞丐，疾病丛生”，由此导致“技术优良者，因之裹足”[④]。尤为严重的是，武汉会战以后，湖北国统区处于中日对峙的最前线，日军的侵扰也使得国统区的纺织工业难以正常发展[⑤]。而日军的空袭则给国统区企业造成了更严重的损失。1945 年 4 月 10 日下午，4 架日本飞机对谷城纺织厂进行了轰炸与扫射，导致该厂“仓库当被炸中焚烧，所有未搬出财产（房屋系当地义学）概付一炬”，总计损失：“物料损失，照成本计算，共计 443078.77 元，搬迁旅运各费损失，共计 796989.14 元。”[⑥] 在如此险恶的

---

① 《湖北省建设厅谷城纺织厂代电总业字第 153 号》，1945 年 2 月 12 日，湖北省档案馆藏档 LS31-6-605。

② 《湖北省建设厅谷城纺织厂代电总业字第 136 号》，1944 年 8 月 16 日，湖北省档案馆藏档 LS31-6-605。

③ 《湖北省建设厅鄂北手纺织工厂开办费概算书》，时间不详，湖北省档案馆藏档 LS31-6-615。

④ 《湖北省建设厅谷城纺织厂呈文》，1942 年 8 月 3 日，湖北省档案馆藏档 LS31-6-604。

⑤ 《经济部农本局福生巴庄函呈巴业字第 243 号》，1943 年 3 月 8 日，湖北省档案馆藏档 LS48-1-25。

⑥ 《湖北省建设厅谷城纺织厂呈文总财字第 1057 号》，1945 年 7 月 31 日，湖北省档案馆藏档 LS31-6-628。

环境下，湖北国统区的纺织工业是不可能正常发展的。

二、战时湖北敌占区的纺织工业

与国统区相比，湖北的敌占区可谓该省精华，战前的经济发展程度及工业发展水平均远远高于国统区，然而，在战争期间，湖北敌占区的工业一落千丈，纺织业亦未能幸免。

1938 年 10 月，武汉沦陷后，日军即对该市残留的纺织工业进行重组，利用劫夺来的纺织设备开办了 10 家织布工厂，共有布机 80 余台[①]。1939 年，日本方面与武汉市的伪政权合伙开办了武汉兴业股份有限公司，该公司由武汉特别市市政府出资通货 50 万元、田附商店出资 40 万元、满洲制丝株式会社出资 10 万元，其业务范围包括：(1) 贝蚌之采集、养殖、加工及其买卖；(2) 绳索、席包、麻布之制造加工及其贩卖；(3) 绷带、纱布、药水棉花、棉线之制造及其贩卖，以及军用手套、袜子、毛巾之制造；(4) 柳藤之种植、加工及其贩卖[②]。从其营业范围看，武汉兴业股份有限公司对纺织业有所涉足，但主要是为满足日本的军需而服务。除了创办这一新公司外，日军还霸占了未能内迁的华资纺织企业。1941 年 11 月 5 日，日军占领了第一纱厂，改名为泰安纺织厂，并委派原日商泰安纱厂人员担任总经理与厂长。至于原泰安纱厂的厂房，则在日军占领武汉以后被拿来当军用仓库，后改为汽车工厂[③]。尽管日军试图推行以战养战的策略，但由于武汉大型纺织企业内迁较为彻底，日军实际上无法有效利用湖北原有的纺织工业基础。换言之，整个战争期间，湖北敌占区的现代纺织工业极形萎缩，产业演化遭遇了名符其实的倒退。这一点与上海不同。上海的棉纺织工业在战争期间还曾享受过一段时间的“孤岛繁荣”，1941 年前，上海民营纱厂利用此种畸形繁荣积累了资金与实力，为战后上海纺织业的重建确立了基础[④]。然而，武汉沦陷以后，大型企业迁徙一空的湖北纺织工业毫无繁荣可言。

---

① 该书编纂委员会：《湖北省纺织工业志》，中国文史出版社 1990 年版，第 28 页。

② 《中日官商合办武汉兴业股份有限公司章程》，涂文学主编：《沦陷时期武汉的经济与市政》，武汉出版社 2007 年版，第 342—343 页。

③ 该书编纂委员会：《湖北省纺织工业志》，中国文史出版社 1990 年版，第 78—80 页。

④ 王菊：《近代上海棉纺业的最后辉煌（1945—1949）》，上海社会科学院出版社 2004 年版，第 2 页。

不过，敌占区虽然缺乏大型纺织企业，城市小型织布厂却一度勃兴，其原因可能在于大企业撤出后留下了足够的市场空间。例如，1938年武汉沦陷后，该市房产经租处经理王竹如、保险公司经理王朗山、久康杂货铺老板朱伯晋、纶康布店老板陈扶久、锦章布店职员黄子庸等人合资兴办了合记和成织布厂。该厂位于汉口贫民区一栋私房内，共筹集资金1800银元，购置了人力铁木机28台，配有染纱、摇纱、导纱等辅助设备，雇工60余人，以黄子庸为经理。然而，该厂虽乘乱兴起，其经营却遭到了日本占领军及伪政权的干扰，如不定期抽壮丁，每抽1人，厂方需花100余银元搪塞。1944年，盟军对武汉发动了规模巨大的轰炸，日军亦加紧对市民侵扰，合记和成织布厂也被迫停歇，业主将动产转移至汉阳县的蔡甸，并派出心腹护厂，工人则四处流散[①]。除此类单织厂外，武汉沦陷后，汉阳西乡的毛巾织造业亦曾有限度地复苏，1940年，有新闻报道称："该业在事变前，约达130余户，其时基于原料便宜，生产化丰，获利亦颇不恶；事变后，复归复业，乃至现在，约计70余户之多，较事变前户数减少十分之四五，生产亦较事变前约减削三分之一二，虽当此原料昂贵之际，户户尚尽可能织造，悉应武汉三镇市场之需要。"[②] 当然，在殖民者的压榨下，这种有限度的复苏也是不可能持久的。

综上所述，中日战争时期，在湖北的敌占区，纺织工业遭到了极大的破坏，自清末逐渐形成的现代纺织工业体系荡然无存。与国统区相似的是，以单织厂为代表的小型纺织企业在敌占区亦构成产业主体，同时，这些小型纺织企业同样生存艰难。因此，可以说，日本侵华战争给湖北纺织工业造成了毁灭性的打击。据1946年湖北省政府统计处所进行的调查，战时湖北共损失土布18020155匹，价值10379482元[③]。如果再加上城市纺织工业的损失，数额自然更大。更为重要的是，中日战争令湖北纺织工业付出了巨大的机会成本，其产业竞争力的损失可能是无法估量的。

---

① 硚口织布厂修志领导小组：《武汉市硚口织布厂厂志（1938—1982）》，武汉市硚口织布厂1983年版，第7—9页。

② 涂文学主编：《沦陷时期武汉的经济与市政》，武汉出版社2007年版，第308页。

③ 《湖北省各县市抗战时期土布棉花损失调查统计表》，1946年，湖北省档案馆藏档LS2-1-153。

第三节 内战时期湖北纺织工业复苏乏力

抗日战争胜利后，中国的纺织工业经历了一个极为重要的重组。国民政府通过接收日伪资产，将前日本在华纺组建为国营企业中国纺织建设公司，使中国的民营企业重新遇到一个强劲的竞争对手。不过，中国纺织建设公司作为一家国企，其更重要的意义在于，国民政府将其作为平抑物价的政策工具使用。例如，以 20 支纱来说，1946 年 10 月，中国纺织建设公司的售价与市价相差近 30%，到 1947 年 6 月，则相差近 40%[①]。尽管国民政府希望通过政策性国企来调节物价、补贴民生的努力最终失败，但国家资本的此项战略意图却值得肯定。不过，由于战前湖北本来就没有多少日资纺织企业，战争过程中湖北敌占区亦没有大型纺织企业组建，故上述重组潮流与湖北基本无关。内战时期，湖北纺织工业的中心议题是恢复元气，然而，其复苏进程相当乏力。

在中日战争时期，湖北的大型纺织企业绝大多数皆内迁西部，战争结束后，这些企业基本上也保留了在西部创立的基业，同时亦考虑迁回湖北复业。震寰纱厂于 1946 年首先在汉开工，但仅 144 台布机运行，1947 年 7 月始收回租给重庆裕华的 5000 纱锭，开工生产。汉口申新四厂则重新订购了 20000 枚纱锭，于 1948 年先开 3200 锭，至 1949 年 5 月开出 13200 锭。期间，申新四厂还筹办了香港九龙纺织厂，于 1949 年 6 月开工生产。裕华的复厂规划则为 26000 锭，亦属重新订购，于 1948 年 9 月开工生产，至 1949 年 5 月开锭 12000 枚。未能内迁的第一纱厂复工亦较早，1946 年 5 月即开工生产，其原有的 88000 枚纱锭稍有损失，陆续整修投产[②]。沙市纱厂则于 1947 年开车复工[③]。与这些民营企业相比，战时迁往西北的国营官布

---

① 王菊：《近代上海棉纺业的最后辉煌（1945—1949）》，上海社会科学院出版社 2004 年版，第 145 页。

② 武汉市纺织工业局编志办公室：《武汉市志·工业·纺织》（初稿），武汉市纺织工业局 1986 年版，第 217 页。

③ 该书编写组：《沙市第一棉纺织厂厂志（1930—1981）》，沙市第一棉纺织厂 1983 年版，第 39 页。

纱局恢复颇为迟缓。至1947年9月25日，在经济部召开的全国纺织工业生产会议上，才由湖北省参议会议长何成濬与裕华的石凤翔等人提案，向中央政府建议恢复湖北纱布丝麻四局，改组为纺织股份有限公司，以发展华中纺织工业。该提案获得会议通过①。同年9月28日，由何成濬在上海牵头召开了"为恢复湖北纱布丝麻四局事谈话会"，组建了湖北纱布丝麻四局复厂筹备委员会，提出要"组织公司招募商股，定名为文襄纺织股份有限公司"。"文襄"乃张之洞的谥号，以之作为公司名称，无疑是为了纪念这位创立湖北现代纺织工业的先驱者。当天出席会议的还有杜镛、浦心雅、陈启天、李璜、束云章、李国伟等政界与财界人士。会议推定何成濬、杜月笙、钱新之、束云章、李璜、石凤翔、潘昌猷、李荐廷、浦心雅、杨典章、李国伟、黄师让、徐荣庭、苏汰余等人为筹备委员，并推定何成濬为主任委员，石凤翔、李荐廷、徐源泉、卢蔚乾、谭岳泉、晏勋甫等人则为副主任委员②。从人员构成上看，该筹备委员会是希望湖北各大型纺织企业的经营者均能参与其事，但整个筹备过程无疑是由政府代表何成濬主导的。不过，复厂进展颇不顺利。1948年，复厂筹备委员会曾致电东北行辕政务委员会，商借纱锭，称："各方初步接洽，均经就绪，惟纱锭金无，闻东北存有敌伪遗留纱锭甚多，迄仍尚有20余万锭未经利用，拟请借用5万锭，俾设厂开工以发展华中纺线基业，俟将来局势好转再行负责购还。"不过，复厂筹备委员会得到的答复是："并无余存纱锭可资拨借。"③ 巧妇难为无米之炊，由于资源匮乏，文襄纺织股份有限公司的成立化为泡影。

除了文襄纺织股份有限公司外，内战时期湖北还有其他一些纺织工业建设计划，但几乎全部失败。早在抗战尚未结束时，湖北省政府就曾提出过战后于武汉、宜沙、襄樊三区各设50000锭纺织厂的构想，呈送经济部，经济部的批复是："关于分配湖北省设置棉纺织厂地点，亦已列有武汉、宜沙、襄樊等处。……将来自当依照计划逐步推进。棉纺工业依第一期经济

---

① 何成濬，石凤翔等：《提案恢复湖北纱布丝麻四局改组为纺织股份有限公司以发展华中纺织工业案》，1947年9月25日，湖北省档案馆藏档LS31-5-283。

② 《为恢复湖北纱布丝麻四局事谈话会会议纪录》，1947年9月28日，湖北省档案馆藏档LS31-5-283。

③ 《国民政府主席东北行辕政务委员会代电发文立务商字第3655号》，1948年5月19日，湖北省档案馆藏档LS31-5-283。

建设原则规定，可由人民自由经营，政府应否特别重视，拨款举办，似宜视国家财政状况详细研讨，再行决定。”[①] 这一回复既肯定了湖北省政府的规划，又对战后由政府投资纺织工业建设的论点不置可否。1945 年 9 月，对于湖北省政府请求以官价外汇向国外订购纺织机器的提案，财政部则回复：“应俟中央统筹规定后，再行洽办。”[②] 实际上予以了回绝，故前述于湖北三区各设 50000 锭纺织厂的构想胎死腹中。1947 年，湖北省政府又有于武汉设立江汉纺织股份有限公司的计划。该计划希望在武昌徐家棚或硚口宗关泰安纱厂旧址设立一个纺织厂，生产 20 支纱、印织布与印色布。公司以官商合办为原则，在筹备期间全由政府投资，等基础奠定以后则依法招募商股。该公司拟规定资本总额为 2000 亿元，由经济部及中国纺织公司、湖北省政府各投资 400 亿元，其余 800 亿元则招募商股，收足半数后即开始营业[③]。该计划若能实现，对于湖北纺织工业的发展自然也是一种促进。只可惜，湖北省政府在融资时遇到了困难。被湖北省政府寄予厚望的湖北省银行认为：“银行资金应以流动为原则，如投资于固定事业，一旦周转不灵，势将无法应付。至本行所存之生金银原为本行资产之唯一保证金，且为数有限，如以之投资，于本行信誉前途不无影响。”因此，湖北省银行表示无力投资于江汉纺织股份有限公司，且建议省政府：“本省创设纱厂确属需要，惟纱厂系轻工业，依照中央经济政策，属民营范围，似可建议省政府如号召人民投资，当容易集事。”[④] 在当时的动荡环境下，号召民间投资“容易集事”云云根本不现实，纯属对省政府之敷衍塞责。然而，湖北省民穷财尽，省银行无力投资亦属实情，江汉纺织股份有限公司一案遂又流产。值得一提的是，除了省政府外，湖北民间在当时亦有设厂计划。1947 年，在沙市经营纱棉布业多年的郝季贞发起组织沙市乾亨纺纱公司。郝季贞“见报载中央各院部会因湖北为有名产棉区，现已准允拨付武汉

---

① 《行政院秘书处发文平叁字第 6822 号》，1945 年 4 月 4 日，湖北省档案馆藏档 LS31-6-499。

② 《行政院秘书处发文平叁字第 9399 号》，1945 年 9 月 7 日，湖北省档案馆藏档 LS31-6-499。

③ 《江汉纺织股份有限公司建厂计划》，1947 年，湖北省档案馆藏档 LS19-1-134。

④ 《湖北省银行董事会签呈董庆字第 757 号》，1947 年 9 月 10 日，湖北省档案馆藏档 LS31-5-281。

30万锭纱锭和机器，以资复兴”，但他认为“就华中产棉而论，固以湖北为首区，而就湖北产棉而论，尤以沙市为要区”，故他发起乾亨纺纱公司，请求政府“于此次中央拨准30万锭纱锭中拨购5万纱锭，以示提倡”[①]。当时，连省政府欲筹办文襄公司都因无纱锭而不可得，郝季贞的请愿自然无法得到令他满意的答复。

必须指出的是，抗战胜利后，湖北省建设厅利用其接收的12个企业的部分设备，将恩施手纺织工厂重组为了湖北省汉口纺织厂[②]。据该厂厂长王安业1946年报告，汉口纺织厂原计划利用泰安纱厂旧址为厂址，但泰安厂区被后勤部修车厂占用，以致不能照预定计划实施，为早日复工，遂以花楼街太平会馆民权路中山会馆远东巷10号及义成西里1号为厂房，次第开工。该厂开办费共计支用国币6559416.00元[③]。1947年上半年，汉口纺织厂营业收入786119110.00元，营业支出611393796.34元，纯收益173518392.99元[④]。该厂的主要产品和服务包括布匹、蚊帐布及代客抓绒等[⑤]。总之，汉口纺织厂虽为政府创办，但作为一家非常典型的城市小型织布厂，该厂难以构成湖北纺织工业发展的主力。而且，到1949年初，汉口纺织厂“以1948年度物价步涨，原编收支预算，均感不敷”[⑥]，陷入难以为继的困境。

综上所述，抗战胜利后，湖北纺织工业的复苏比较迟缓。一方面，回迁湖北的大型纺织企业开工时间均较晚；另一方面，地方政府振兴纺织工业的计划缺乏必要的资源，最终流于空文。因此，湖北纺织工业实际上未能从日本侵华战争的打击中恢复过来，1949年政权鼎革之际，湖北纺织工业是疲软无力的。

---

① 郝季贞：《筹设沙市乾亨纺纱厂申请书》，1947年9月11日，湖北省档案馆藏档LS31-6-501。

② 该书编纂委员会：《湖北省纺织工业志》，中国文史出版社1990年版，第28页。

③ 《湖北省汉口纺织厂呈文纺字第0145号》，1946年6月27日，湖北省档案馆藏档LS31-6-454。

④ 《湖北省汉口纺织厂1947年上半年度结算报告》，1947年，湖北省档案馆藏档LS31-6-456。

⑤ 《湖北省汉口纺织厂1947年度营业预算》，时间不详，湖北省档案馆藏档LS31-6-457。

⑥ 《湖北省汉口纺织厂代电纺字第0338号》，1949年1月22日，湖北省档案馆藏档LS45-2-935。

小　结

整体而言，1937—1949年间，除去武汉沦陷前的短暂景气外，湖北纺织工业的发展乏善可陈。一言以蔽之，湖北纺织工业受到了战争的极大摧残，且未能恢复元气。客观地说，抗战时期大型纺织企业内迁西部对湖北纺织工业的影响最为巨大。一方面，纺织企业的内迁避免了日本侵略者对湖北的工业基础加以利用；另一方面，大型纺织企业的内迁也使自清末以来逐渐形成的湖北现代纺织工业体系遭遇解体。产业体系既已瓦解，竞争力自然无从谈起。因此，日本侵华战争实际上破坏了湖北纺织工业的自然发展进程，使该地区产业出现了倒退。抗战胜利后，湖北地方政府虽有心复兴纺织工业，但终因缺乏资源且时局动荡而未能成功。于是，当战后上海等地纺织工业因接收日本在华企业而益形强大时，湖北纺织工业却与这一重组大潮相隔绝。如此看来，整个1937—1949年对湖北纺织工业发展史来说，就是一段不幸的插曲。

第六章　短缺经济下湖北纺织工业的发育（1949—1978）

中华人民共和国成立后，在国家的强势介入之下，湖北的纺织工业逐渐复苏，并获得较大的发展。不过，1949—1978 年间，湖北纺织工业的发展与此前相比，呈现出不少新的特点。首先，随着中共建政初期对民营经济的国有化重组，湖北纺织工业逐渐演变为一个国营经济体系。其次，在这一国营经济体系中，政府乃至政党与企业紧密结合，改变了产业微观层面上的演化动力机制。再次，最为重要的是，整个国家宏观经济因计划体制而成为一种短缺经济，自由市场被取消，外来竞争被阻挡，产业面临着供不应求的温室般环境，非常有利于壮大。因此，尽管 1949—1978 年间经济发展是在曲折中前进，“文革”更是直接冲击了中国的工业发展，但湖北纺织工业较之近代仍有极大的进步，并从武汉、沙市这两个城市扩散至省内其他区域。可以说，在共和国成立以后，湖北才真正建立起了全省范围内的较完整的现代纺织工业体系。然而，在化纤这一纺织工业的前沿领域，由于种种原因，湖北的发展较为迟滞，这直接拖累了湖北纺织工业在市场化改革时代的发展。总体而言，湖北纺织工业仍较依赖于在棉纺织业中积累的比较优势，以资本密集化为特征的竞争优势则较弱。

第一节　湖北纺织工业的国有化重组

1949 年之后，中国大陆经历了政权更替，中华民国变为中华人民共和国，人民政府取代了国民政府，中国的历史翻开了新的一页。由于新政权是一个由共产党领导的社会主义政权，国营经济体系的建立在当时乃是大势所趋。在共和国成立初期，中国大陆逐渐建立了计划经济体制，并开启了以重工业为核心的大规模工业化进程。然而，纺织工业虽不是被重点扶持的战略产业，却同样获得了较大发展。以湖北来说，在1949—1957年间，其纺织工业得到复苏，并经历了国有化重组。一方面，核心城市的旧民营纺织企业进行了社会主义改造；另一方面，政府亦新建了大型国营纺织企业。湖北纺织工业的国有化重组改变了该产业的演化路径。

一、旧民营纺织企业的改组

中共建政以后，中国工业演化最大的特点乃国家权力对产业的介入，湖北纺织工业亦不例外。国家权力对湖北纺织工业的介入首先体现为新的工业行政机构的建立。在国民政府时期，国家对工业的管理依赖于实业部、经济部等综合性经济行政机关，缺乏针对特定产业的管理机构。但新中国成立后，逐渐建立起“条块结合”的产业管理体系，为了配合计划的制定，专业性的产业管理部门逐渐从综合性管理机构中分化出来。1949年10月，在新中国成立之初，中央人民政府就设立了纺织工业部，管理全国国营和中央公私合营纺织工厂，并对全国纺织工业统筹规划，进行方针政策和业务技术的具体领导[①]。直到1993年纺织工业部撤销为止，该部虽几经演变，但一直作为产业最高行政机关规划着产业发展，对地方产业的演化具有较强的塑造能力。在地方层面，则有不同层次的产业专门管理机构。以湖北为例，1949年7月至1951年7月，省人民政府成立了工商厅，下设实业处，管理原湖北省的8个公营企业，其中包括汉口纺织厂。1951年7月，在实业处基础上建立了工业厅，1952年8月，该厅管理范围扩大，垂直领导专县工业，另设企业公司专管武汉市区的8个厂。1953年，企业公司被撤销，增设了4个专业科，管理包括沙市纱厂在内的大中型纱厂。与此同时，1949年10月至1954年2月，武汉市工业局下设纺织处，管理申新四厂与裕华纱厂。1954年2月，武汉改为湖北省辖市，全省的国营、地方国营、公私合营纺织企业遂由湖北省工业厅统一管理。纺织工业部将武汉震寰纱厂、汉口第一纱厂、武汉市国棉一厂均下放湖北省后，交由武汉市纺织局领导，并委托该局代管沙市纱厂的生产和技术管理。手工纺织业方面，起初由湖北省手工业管理局管理，1958年1月，该局被并入省工业厅[②]。

① 《当代中国丛书》编辑部：《当代中国的纺织工业》，中国社会科学出版社1984年版，第32页。

② 该书编纂委员会：《湖北省纺织工业志》，中国文史出版社1990年版，第292—293页。

以上所述即为1958年之前湖北省纺织工业管理机构变迁的大致情形。大体而言，湖北省纺织工业的管理机构以省工业厅为骨干，但是，核心城市武汉的产业管理机构具有相当大的影响力，这大概是因为新中国成立之初湖北的纺织工业仍主要集中于武汉。不管其变迁如何，共和国成立后，政府建立了一个从中央到地方的庞大的纺织工业管理体系，并通过各种层次的专门机构管理产业，从而使国家权力能够渗透至产业的方方面面。国家权力在产业中的扩张极大地改变了中国纺织工业的演化路径。

在中共建政初期，新政府对于国民政府所办的国营企业和官僚资本企业采取了接管政策，因此，抗战胜利后形成的庞大的国营纺织工业体系，迅速演变为社会主义国营工业体系，成为纺织工业中政府直接管理的部分。然而，由于抗战胜利后湖北省纺织工业缺乏大型国营企业，故新中国成立之初，湖北纺织工业的国有化重组系以民营企业的改造为主要内容。

（一）民营纺织企业的公私合营

科尔奈（Kornai）认为社会主义计划经济的出现“不是自动自发的”，而是“伴随着火与剑”[①]。这种观点证诸斯大林时代的苏联，自然是正确的，但在中国历史上，情形有所不同。实际上，早在国民政府时期，中国的若干民营企业就曾因为经营困难而恳请政府扶持，包括吁请政府采取加工订货政策。新中国成立后，一些处境艰难的民营企业同样恳请新政权予以救济。在湖北大型民营纺织企业中，武汉震寰纱厂即为显例。震寰纱厂于1946年在武汉复工，但由于时局动荡，一直状况不佳。解放后，新政府对震寰厂以贷款加工的方式给予扶持，该厂却终因积重难返而无力维持。1950年7月前，震寰既欠发工人数月之工资，又欠下中国人民银行和私人银行的贷款达40亿元之多。因此，当年8月1日，该厂资本家刘梅生提出以合营、出售、租让等方式，再三恳请政府为其解救危机。为了恢复生产与维持工人就业，政府答应了刘梅生的请求，由中南工业部报请中南财委批准投资，先将生产所需要的资产，由公私双方协商估价，再由政府投入现金76亿元与该厂合营，确定股权公私各半。震寰的债权债务，仍由该厂旧董事会自行处理，合营公司另行成立新董事会。1952年，经震寰资方多

① 雅诺什·科尔奈：《社会主义体制：共产主义政治经济学》，张安译，中央编译出版社2007年版，第102页。

次请求及数度协商，又将当初未投入合营的资产也作价合营[①]。由此可见，震寰走上公私合营之路，并非由于国家政权以火与剑进行胁迫，而是由于该厂经营者主动请求国家权力介入企业，是一种真正的“自动自发”的过程。换言之，在经历了长期的不景气之后，共和国成立初期的湖北纺织企业已极形虚弱，不得不请求政府强势介入，以挽救濒于崩溃的产业。这体现了中共建政后湖北纺织工业国有化重组的逻辑合理性。第一纱厂与震寰纱厂情况相近，1950 年 5 月，该厂即实行了公私合营[②]。

与一纱、震寰相比，申四和裕华素来经营有方，对政府的依赖性也就较小，故在合营问题上起初并不积极。然而，由于抗战胜利后湖北纺织工业的大环境一直不景气，加以政权鼎革之际的动荡，这两家企业也需要政府给予一定程度的扶持。例如，1950 年 3、4 月间，由于经营困难，申新四厂与裕华联合向政府发出紧急呼吁书，要求政府收购成品、借给原棉，并提出了代纺要求。当时，国营花纱布公司掌握的原棉不多，便答应收购成品并借给部分原棉，但没有同意代纺要求。两厂因原棉问题不能得到解决，又于 5 月 12 日再次吁请政府加工代纺。此次呼吁得到了武汉市领导的重视，7 月 5 日，花纱布公司批准了两厂的代纺要求，与申四、裕华签订了第一次代纺合同，合同规定代纺时间为 90 天，代纺占工厂生产能力的 70％[③]。1951 年 1 月 4 日，中央政府公布了棉纱统购统销的决定，棉纺织企业的原料与成品都受到国家限制，申四遂不得不从当年 1 月起由部分代纺、临时加工走上全年加工代纺。1953 年，中共中央提出了过渡时期总路线，当年 9 月，申新四厂的李国伟代表湖北省工商联到北京参加全国工商联代表大会，会后，李国伟向政府提交了《申请公私合营计划书》，称：“宝鸡纺织、面粉、造纸、机械厂及天水面粉厂获得陕西省工业厅的合办，而改组为公私合营新秦企业公司。合营实现后，在短短的时间……空前提

---

① 中南财委第五办公室调查组：《关于公私合营震寰纺织有限公司执行公私关系政策的调查报告》，该书编辑组：《中国资本主义工商业的社会主义改造·湖北卷武汉分册》，中共党史出版社 1991 年版，第 175 页。

② 武汉市纺织工业局编志办公室：《武汉市志·工业·纺织》（初稿），武汉市纺织工业局 1986 年版，第 219 页。

③ 邱佐泉：《改造中的风风雨雨——记荣家申四、福五系统的社会主义改造》，该书编辑组：《中国资本主义工商业的社会主义改造·湖北卷武汉分册》，中央党史出版社 1991 年版，第 401 页。

高了生产量，扩大了生产设备。这一个新的事实，坚定了我们对于公私合营的信心。而经过1952年‘五反’运动的教育，以及一连串的爱国运动，结合到我们工商业者本身的前途，对于汉口厂我们更感觉到有争取进一步的接受国营经济的领导，而走上公私合营的必要。”1953年10月15日，武汉市财委批准了申四的合营申请。1954年1月1日，申新四厂更名为“公私合营汉口申新纱厂”。1954年4月9日，公私双方代表在武汉市政协会议室举行了公私合营签字仪式①。自此，申新四厂亦完成了初步的国有化重组。

裕华的情形与申四相仿，起初并不愿意被纳入国营经济的轨道，但是，1950年3月，由于国营花纱布公司为平抑物价而向市场大量抛售物资，裕华的棉纱出现严重积压，该厂在其历史上第一次出现不能如期发放工薪的现象，故不得不与申新四厂一起向政府求助。在第一次加工代纺合同期满后，裕华亦与申四一样，不继续加工代纺，而是派出大批采购人员深入棉产区，与国营厂商争购原棉。然而，1950年11月，中南军政委员会发出《关于加强棉花市场管理》的指示，命令各地组织棉花联营联购处，规定收购棉花的比重为国营占70%、私营占30%。在这一强制性规定下，裕华收购棉花受到限制，该厂经营者遂感到“棉花市场现在已由政府经营机构大力掌握，私营厂只有围绕附骥，紧随先后一法，自纺自营可说没有好的远景”，进一步说，“加工订货已成目前不易之国策，产销分工亦必然趋势”。1951年棉纱统购之后，裕华彻底放弃自营，完全为国营公司加工代纺②。此即裕华纱厂被纳入国营经济体系的过程。不过，与申新四厂不同，裕华的公私合营与上述过程并无因果关系，而是平行于上述过程。在裕华所属的裕大华资本集团中，大冶利华煤矿解放后一直未能恢复正常生产，至1950年共负债96万元新人民币。为偿还债务，裕大华集团董事长黄师让向武汉市政府提出，愿将利华所持裕华、大华纱厂150万元新人民币股票

---

① 邱佐泉：《改造中的风风雨雨——记荣家申四、福五系统的社会主义改造》，该书编辑组：《中国资本主义工商业的社会主义改造·湖北卷武汉分册》，中央党史出版社1991年版，第404—405页。

② 陈林，石柳：《裕大华纺织资本集团的形成、发展与改造》，该书编辑组：《中国资本主义工商业的社会主义改造·湖北卷武汉分册》，中央党史出版社1991年版，第381—382页。

的一半出售给政府，作为分股，实行公私合营。由于裕华纱厂设备较新且基础较好，武汉市政府也愿意与之合营，便遂其所愿，于1951年11月，以收买裕华、大华公司股票的方式，与裕大华总公司实行公私合营[①]。因此，裕华纱厂的公私合营实际上是裕大华集团整体战略的一部分。不过，由于自由市场被取消乃既定国策，形格势禁，裕华纱厂选择让国家权力进入企业实为大势所趋。

总之，尽管各厂情况有所不同，但到1954年时，武汉四大纱厂全部实现了公私合营，国家权力可谓基本掌握了湖北现代纺织工业体系。在这一过程中，民营纺织企业的改组不仅涉及产权的变革，对产业来说，更重要的变化在于自由市场被国营经济体系所代替。1954年，中央政府决定在全国范围内"实行棉布的计划收购（简称统购）和计划供应（简称统销）"，其要点为"所有国营、合作社、公私合营和私营织布厂、印染厂和手工业生产的机纱棉布和机纱手纺纱交织棉布，一律由国营中国花纱布公司统购、统销，不得自行出售"，同时，几乎全部棉布及棉布复制品"一律采取分区、定量、凭证供应的办法，实行计划供应"[②]。这等于完全掌控了棉纺织业的终端市场。与此同时，政府复决定从1954年秋季新棉上市时起，"在全国范围内实行棉花的计划收购（简称统购）"，其要点为"凡生产棉花的农民，应按照国家规定的收购价格，将所产棉花，除缴纳农业税和必要的自用部分外，全部卖给国家"[③]。这样一来，棉纺织业的原料来源也完全被政府控制。由申四、裕华的例子可见，这两家基础较好的企业起初是不愿意放弃生产经营自主性的，然而，当政府以强制手段改变市场体系后，民营企业生存的环境发生巨变，也就不得不顺应时代潮流，自觉加入国营经济体系中。此前，中国的纺织企业都处在一个资本、原料、设备、产品等要素可以自由流动的市场上，依据价格信号自主决策。但新政府逐渐实施计划手段后，要素市场和产品市场均被国家权力人为控制，价格信号被扭

---

① 陈林，石柳：《裕大华纺织资本集团的形成、发展与改造》，该书编辑组：《中国资本主义工商业的社会主义改造·湖北卷武汉分册》，中央党史出版社1991年版，第383页。

② 《政务院关于实行棉布计划收购和计划供应的命令》，中华人民共和国国家经济贸易委员会编：《中国工业五十年》第2部上卷，中国经济出版社2000年版，第525页。

③ 《政务院关于实行棉花计划收购的命令》，中华人民共和国国家经济贸易委员会编：《中国工业五十年》第2部上卷，中国经济出版社2000年版，第526页。

曲，企业遂无法自主决策，从而由一个市场经营主体蜕化为政府掌控下的纯粹的生产单位。然而，由于近代中国的工业基础过于薄弱，为了迅速扭转这一局面，生产问题被新的执政党摆在首位是情有可原的。而且，对于震寰、一纱那样绩效不佳的企业来说，由国家控制原料与销售市场，消除了企业运营的风险。只是，如此一来，被改造后的企业实际上丧失了企业的诸多功能。

与武汉的四大纱厂相仿，老民营企业沙市纱厂也走上了公私合营之路。解放后，沙市纱厂的上海董事会对该厂抱“任其自生自灭”的态度，但是，政府为了维持工人就业，对该厂给予贷款，并推行了加工代纺的政策。1951 年 10 月，政府接受资方请求，签订了公私合营初步议定合同，由政府进行了新的投资，增加纱锭 16408 枚。1953 年 10 月 16 日，该厂正式公私合营[①]。除这些大型纺织企业外，城市小型纺织厂也逐步被纳入国家权力的掌控之中。例如，武汉的正祥正记织布厂，在解放初期处境艰难，因此，该厂经理王正经向国家提请移交企业。当时，中国人民解放军在武汉设立了中南公安司令部，其后勤部在地方开办了中安被服厂、中安鞋厂、中安布厂等企业。王正经愿意将企业移交给中安经营，且只提出了要求将原厂工人转入新厂这一个条件。对王正经的请求，中南公安后勤部生产科按照中共的赎买政策，与正祥正记达成协议，报请批准后，于 1951 年 9 月办理承售手续。此后，正祥正记织布厂即被改组为中南公安后勤部生产科中安染织厂。1954 年，该厂复被改组为武汉市硚口织布厂，成为一家地方国营企业[②]。正祥正记织布厂的例子也说明了新中国成立初期纺织工业的国有化重组，并非一味由政府强制推动，相反，民营企业自身在这一过程中相当具有主动性。在当时的武汉，正祥正记织布厂直接国有化了，其他不少民营小型织布厂则通过集中联营等方式逐步得到改造，并在 1956 年全行业公私合营的高潮中走上公私合营道路。这些小厂中后来有一些亦被并入硚口织布厂。

综上所述，在 1958 年之前，通过公私合营等方式，湖北民营纺织企业

---

① 该书编写组：《沙市第一棉纺织厂厂志（1930—1981）》，沙市第一棉纺织厂 1983 年版，第 66—67 页。

② 硚口织布厂修志领导小组：《武汉市硚口织布厂厂志（1938—1982）》，武汉市硚口织布厂 1983 年版，第 11—14 页。

被逐步纳入社会主义国家经济的轨道，成为国有经济体系中的组成部分。由此，湖北纺织工业乃至整个中国纺织工业的微观基础被彻底改变。

（二）公私合营企业的早期发展

在新中国成立初期，湖北的公私合营纺织企业依靠政府扶持，从抗战胜利后的混乱中逐渐恢复过来，并取得了快速发展。武汉的四大纱厂，1951 年共有职工 9176 人，1952 年为 10867 人，1953 年增长为 14605 人①，吸纳就业人数逐年攀升，可以视为产业景气的一个证据。另外，从开工时间上看，1956 年，公私合营汉口申新纺织厂（申新）实际开工 311 天，震寰开工 330 天，裕华开工 309 天，第一纺织公司（一纱）开工 329 天②，亦可表明企业运转正常。四大纱厂的总产值、产量逐年增长情况则如下表之统计：

表 6-1 武汉市“四大纱厂”总产值、产量逐年增长情况（1950—1954）

指标项目	企业名称	单位	各年总产值产量				
			1950 年	1951 年	1952 年	1953 年	1954 年预计
总产值	合计	亿元	—	—	—	10837.88	13296.94
	一纱		3576.10	3102.89	5037.11	6360.80	6711.10
	裕华		—	823.05	1508.30	2249.65	3209.22
	震寰		274.10	312.70	573.28	1150.75	1312.28
	申新		—	—	—	1076.68	2064.34
棉纱混合数	合计	件	—	—	—	143142.17	176623.00
	一纱		51147.49	44177.63	70812.00	83777.07	88361.00
	裕华		—	11142.00	21193.00	31278.60	43496.00
	震寰		3469.61	3764.30	7072.01	14186.13	17060.00
	中新		—	—	11548.05	13900.37	27706.00
棉纱折合数	合计	亿元	—	—	—	153686.18	—
	一纱		46457.66	39986.00	68169.00	86435.85	—

① 武汉市人民政府纺织工业管理局：《局属各厂 1950—1954 年职工人数逐年变动情况表》，1954 年 10 月，湖北省档案馆藏档 SZ90-2-418。

② 各企业年报，1956 年，湖北省档案馆藏档 SZ90-2-469。

续表

指标项目	企业名称	单位	各年总产值产量				
			1950 年	1951 年	1952 年	1953 年	1954 年预计
	裕华		—	12077.00	22225.00	33428.96	—
	震寰		3417.62	3761.00	7087.46	16426.26	—
	申新		—	—	14580.85	17395.11	—
棉布混合数	合计	匹	—	—	—	743018.43	1018084.00
	一纱		218938.00	277202.41	517530.00	534990.38	629438.00
	裕华		—	—	—	41433.62	184755.00
	震寰		91187.73	122591.03	210036.75	166594.43	203891.00
棉布折合数	合计	匹	—	—	—	76375.38	—
	一纱		215492.95	298634.69	510944.00	554927.64	—
	裕华		—	—	—	40945.20	—
	震寰		85371.75	114062.08	195662.56	167880.54	—

整理自武汉市人民政府纺织工业管理局：《局属各厂 1950—1954 年总产值产量逐年增长情况表》，1954 年 10 月，湖北省档案馆藏档 SZ90-2-418。

除了产值、产量逐年增长外，各公私合营企业的利润亦逐年上升，以有数据可查的一纱、裕华、震寰这三厂为例，其 1950—1953 年间的利润增长情形如下：

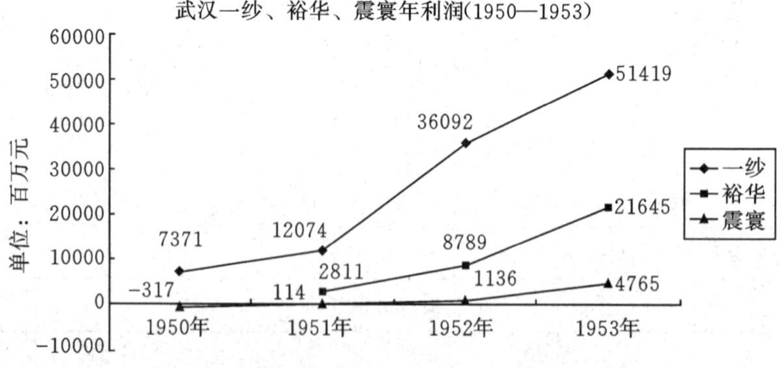

图 6-1　武汉一纱、裕华、震寰三厂历年利润（1950—1953）

整理自武汉市人民政府纺织工业管理局：《局属各厂 1950—1954 年利润逐年增长情况表》，1954 年 10 月，湖北省档案馆藏档 SZ90-2-418。

由上图可见，一纱、裕华与震寰这三厂的利润在1950—1953年间是逐年增长的，其中，震寰纱厂1950年时处于亏损状态，但1951年后逐年好转。而最早实行公私合营的一纱利润亦最高，甚至远超武汉纱厂中素来最强势的裕华，这可能是因为在政府嵌入经济的新形势下，企业的盈利在很大程度上与政策有关。因此，中共建政初期，在国家扶持之下，武汉大型纺织企业的境况较国民政府末期确实有很大好转。此外，1950—1953年间，武汉各纱厂的劳动生产率如下表所示：

表6-2 武汉各纱厂劳动生产率及平均工资（1950—1954）

指标项目	企业名称	单位	各年总产值产量				
			1950年	1951年	1952年	1953年	1954年预计
劳动生产率	一纱	千元	—	54465.00	90568.32	100585.35	108506.00
	裕华	千元	78426.00	83612.00	125274.09	113781.06	144040.00
	震寰	千元	—	—	75830.94	80984.42	87485.00
	申新	千元	—	—	—	—	127823.50
生产工人平均工资	一纱	千元	—	500.07	578.71	552.60	565.20
	裕华	千元	551.3	580.80	594.13	540.82	547.40
	震寰	千元	—	—	618.85	455.97	518.07
	申新	千元	—	—	—	—	532.37

整理自武汉市人民政府纺织工业管理局：《局属各厂1950—1954年劳动生产率逐年增长情况表》，1954年10月，湖北省档案馆藏档SZ90-2-418。

由上表可见，一纱、裕华、震寰这三厂的劳动生产率亦是逐年递增的。三厂的工人平均工资虽有波动起伏，但大体上处于一个相对稳定的区间内。以上种种数据皆表明，在新中国成立之初，武汉原有的大型纺织企业处在发展之中。

当时，在宏观层面上，国家制订了发展计划，在微观层面上，企业亦施行计划管理，以落实国家计划。实际上，早在“一五”计划实施之前，新政权已经试图在经济活动中贯彻计划性。例如，1951年，在中南区棉纺织行政会议上，干部们认为："目前有些厂子仍处在'心中无数'的状态，没有定额，就不能制订准确的计划与实行经济核算。"因此，他们将推行定额视为重要的工作，即"要求推行四定，即定料、定量、定质、定员作为定额的重点"①。由此可见，政府希望企业推行计划管理，以做到"心中有数"。公私合营企业虽非由政府直接管控，但也以完成生产计划作为企业活动的核心内容。裕华1955年的报告很清楚地反映了这一点。

1955年1月，裕华生产棉纱3108件、棉布15467匹，单位用棉量各支纱通扯为383.25斤，比上月降低0.87斤，纱布工费总成本计划3036478千元，实际3398990千元，仅完成计划89.33%，故该厂报告谓："本月纱布产量虽较上月为少，而成本超支太大，正深入分析原因研究降低办法。"当月，裕华召开了全厂职工代表大会，下达了1955年的国家计划，同时，裕华"将全厂职工思想由以节约用棉为中心调度到大力加强技术管理、提高质量降低成本上面来"。2月，裕华即制订了贯彻质量指标"三分三定"工作试行办法，经厂级会议通过后试行。该厂试验科建立了科内质量分析会(每天上午8时1刻至9时)，后会派人重点参加清花前纺车间分析会，并将质量报表分解，及时分送各车间研究，厂级及车间动态表分析会亦将质量情况纳入议程。由此可见，裕华2月的活动系有意识地针对1月制订的计划。4月，裕华的产品中，棉纱混合数超额7件，完成计划100.24%，精纺做到按日100%的均衡，成包均衡只95.55%，总产值完成计划100.46%，但质量方面，多数纱支较上月倒退，中下旬因原纱质量不好，出现大量云织次布，成本亦大大回升。为此，该厂5月"着重抓住了降低成本这一中心环节"，其措施包括：首先，进行充分的思想动员，组织全厂职工讨论成本高的原因；其次，制订较细致的降低成本方案，如节约动力用电、控制开车时间、吃饭时关马达，细纱间还订出专责制，由落纱长负责关车头、副工长负责关吸棉器；再次，加强成本检查工作，以机物料消耗为重点，按旬在旬分析会上检查完成定额情况，提出表扬和批评；最后，发挥职能科室作用，在制订降低成本方案时，财务科人员分途下车间参加讨论，吸取群众意见。采取了这些措施后，5月份裕华棉纱混合数超额15件，完成计划100.50%，棉布超额37匹，完成计划100.25%，各支棉

① 张仁：《中南区棉纺织行政会议总结》，1951年7月4日，湖北省档案馆藏档SZ90-2-803。

纱的质量均比上月进步，成本亦有所降低。7月，裕华棉纱混合数产出2724件，完成计划100.15%，棉布混合数13906匹，完成计划100.29%，但该厂自认为“计划管理还贯彻得不深不透”，因为“7月份的工作主要是车间主任以上的活动，大部分的指标还停留在车间一级”。8月，裕华在产量上亦稍有超额，成本则与7月相差无几。10月，裕华全面完成了国家计划，多数指标有比较显著的进步，由于生产任务增加，棉纱完成原订计划106.77%，棉布完成104.68%，总产值完成107.13%。月初，该厂根据上级指示，深入检查了一至三季度国家计划与主要技术经济指标的完成情况，中旬则召开了中层以上干部和工人代表共约200人的经济活动分析会，就大力提高棉纱棉布质量、继续降低用棉、加速资金周转、降低工费成本、均衡控制产量以及改善固定资产管理等6方面作了具体规定，责成专人负责，限期完成。当月，裕华即开始编制1956年国家计划，做好次年生产技术准备工作。11月，裕华总产值完成计划107.21%。12月，该厂总产值超额283450元，完成计划的110.93%[①]。综上，在1955年1—12月中，裕华每月皆重视从各项指标上完成或超额完成国家计划，为此制定并实行各种对策。可以说，在制度层面上，中共建政初期湖北公私合营纺织企业最主要的角色为国家计划的执行者。由此导致的结果则是企业对于产量扩张的追求逐渐成为一个基本的行为逻辑。

不过，由裕华1955年各月的生产状况可见，企业在产量、产值上虽能超额完成国家计划，但在质量与成本方面不易达标。这一点，不仅表现于裕华，第一纱厂的情况亦很类似，如下表所示：

表6-3 汉口第一纺织公司1955年4、5月份经济活动分析

种类	各项计划指标	单位	4月份			5月份		
			计划	实际	完成百分比	计划	实际	完成百分比
产量	总产值	千元	4785	4809	100.50	4613	4660	100.89
	棉纱混合数	件	6176	6208	100.52	5973	6023	100.84
	棉布混合数	匹	43913	44675	101.74	42472	42125	99.18

① 裕华纺织厂：《裕华纺织厂1955年各月工作情况报告》，1955年，湖北省档案馆藏档SZ10-1-90。

续表

种类	各项计划指标	单位	4月份			5月份		
			计划	实际	完成百分比	计划	实际	完成百分比
质量	10支成绩总评分	分	82	71.89	87.67	82	72.65	88.60
	16支成绩总评分	分	84	81.12	96.57	84	81.41	96.92
	21支成绩总评分（南）	分	84	72.56	86.38	84	72.10	85.83
	21支成绩总评分（北）	分	84	70.95	84.46	84	71.88	85.57
	23支成绩总评分	分	83	74.44	89.69	83	71.96	86.70
	23×21市布次布率	%	1.4	1.47	105.07	1.4	2.58	184.50
劳动工资	职工人数	人	—	7590	—	7303	7351	100.66
	其中：生产工人	人	—	5715	—	5481	5503	100.38
	生产工人工资总额	千元	—	272.68	—	271.88	277.65	102.12
	生产工人平均工资	元	—	47.71	—	49.60	50.45	101.71
	劳动生产率	元	—	841	—	842	847	100.59
成本	全部商品产品总成本	千元	—	3048.60	—	2982.21	2960.03	99.26
	其中：原料成本	千元	—	2180.29	—	2118.39	2110.25	99.82
	工费成本	千元	—	868.31	—	863.82	849.78	98.37
	21支成包纱单位成本	元	—	476.71	—	480.38	477.19	99.34
	其中：原料成本	元	—	356.95	—	356.26	354.66	99.55
	工费成本	元	—	119.76	—	124.12	122.53	98.72
	中南市布单位成本	元	—	16.22	—	16.63	16.29	97.95
	其中：原料成本	元	—	11.89	—	12.13	12.04	99.25
	工费成本	元	—	4.33	—	4.50	4.25	94.44
财务利润		千元	—	479.25	—	—	429.03	—

资料来源：《公私合营汉口第一纺织公司1955年4、5月份经济活动分析报告》，1955年，湖北省档案馆藏档SZ10-1-90。

由上表可见，一纱在1955年4、5月份的产值亦均超过了计划指标，然而，其在质量方面的计划完成度则相对较差，几乎在所有项目内都未完成预定计划，成本方面亦复如是。可以推断的是，一纱在质量与成本两方面均表现欠佳，而这又暗示了该厂在技术上仍然较为欠缺。实际上，比较同期的裕华，一纱在管理上存在着较多问题，由此带来成本高企。以 1955 年 5 月份 21 支纱单位成本为例：

表 6-4 一纱与裕华生产 21 支纱单位成本比较（1955 年 5 月份）

项目	一纱	裕华	一纱比裕华
原料成本（元）	3546600	3540488	＋6112
原料中纯用棉（市斤）	3928500	3904653	＋23847
工费成本（元）	1225284	893400	＋331884
全部成本（元）	4771884	4433888	＋337996

资料来源：《公私合营汉口第一纺织公司 1955 年 4、5 月份经济活动分析报告》，1955 年，湖北省档案馆藏档 SZ10-1-90。

由此可见，在公私合营后，旧民营企业之间在生产效率上的差异依旧存在。进一步说，在计划经济体制下，企业容易形成以产量为导向的运行逻辑。对于质量和成本上的问题，过去，可以由市场竞争对企业施加约束，若忽视该问题，企业将会被淘汰。然而，计划体制下，企业异化为单纯的生产单位，不必过多考虑质量和成本问题，亦削弱了改善生产效率的动机。由于缺乏类似市场选择的淘汰机制，企业对质量和成本问题的控制主要只能依赖自我纠错。客观地说，在政府的要求下，每一个企业都存在着自我纠错的机制和行动，但由于缺乏被淘汰的风险，企业自我纠错机制的实效具有极大的不确定性。相对来说，在公私合营企业中，裕华表现较好，这可能与其历史基础更好不无关系。同时，裕华对技术管理的重视亦毋庸置疑。在制度层面上，裕华各车间以车间主任为首，正式建立了 5 至 7 人的技术核心领导，厂一层级则以总工程师为首组建技术核心领导，每周开 2 次会，对纱、布场的技术问题展开专题研究①。该厂对技术人员非常重视，每周有 1 个下午被定为“技术活动日”，让全厂工程技术人员在该时间段内从事技术研究。在业余时间，厂领导一般不找技术人员开会，同时，厂里订购了一些技术书刊，保证技术人员有进修的时间和资料②。裕华的这些举措无疑能促进该厂人力资本积累，并提升企业技术能力。除重视技术人员作用外，裕华也开展了广泛的合理化建议运动，据称，仅 1956 年第

① 裕华纺织厂：《裕华纺织厂 1955 年 4 月份工作情况报告》，1955 年 5 月，湖北省档案馆藏档 SZ10-1-90。

② 武汉市裕华纺织厂：《走群众路线推广先进经验》，工人出版社 1957 年版，第 43—54 页。

一季度，该厂即收到合理化建议 286 条，决定采用 149 条，已实施的 87 条可为企业年节约 10100 元[①]。实际上，裕华还非常重视学习先进企业的经验，并在厂内设法推广先进经验。据裕华自己的总结报告称："当我们在武汉市纺管局的通报中看到哪个厂的指标完成得好，或是参加市纺管局和市纺织工会的会议，听到哪个厂出现了先进经验，或他们新到外地学回了先进经验，我们便马上组织有关干部和工人去参观学习。"此外，裕华还积极组织有关人员赴外地作专题学习，如向湖南裕湘纱厂学习细纱锭子"电抛光"的经验，向郑州纺织厂学习降低次布的经验，以及组织一大批人赴上海全面学习[②]。裕华积极学习的态度与行为，为企业技术能力的发展提供了保障。

当然，在计划经济体制下，类似裕华这样的学习动机，在企业内部是缺乏持久激励的。然而，在企业外部，却存在着要求企业掌握先进技术的激励。新中国成立后，新政权对于技术发展的重视远胜以往，专门性产业管理机构的设立也使政府的工业行政更容易深入技术等生产层面。例如，武汉市纺织工业管理局"要求各级干部保证工程技术人员务正业，减少他们的事务活动。同时，建立了工作时间安排表，除了必须参加的会议如动态分析会、调度会、日常生产会及旬、月生产技术例会外，尽量注意不让他们参加不必要的会议"，这就使技术人员"每天能有三分之一左右的时间深入现场"。1955 年，在学习了哈尔滨亚麻厂的经验后，该市推行生产巡视制度，使技术人员深入生产的时间得到了制度上的保证[③]。不过，与这种外部激励相比，企业内部激励主要还是依赖政治动员，尤其在经历了若干政治运动之后，政府及企业对技术人员的态度也逐渐发生改变，更为强调的是"群众"的力量。例如，一纱在 1957 年底的报告中称："随着整风运动的逐步深入，我厂开始出现了一个群众性的新的生产高潮。"[④] 如前所

---

① 裕华纺织厂：《加强生产技术领导，组织和促进生产高潮》，1956 年 4 月 9 日，湖北省档案馆藏档 SZ90-2-919。

② 武汉市裕华纺织厂：《走群众路线推广先进经验》，工人出版社 1957 年版，第 13—14 页。

③ 武汉市纺织工业管理局：《关于如何发挥技术人员作用的几个问题（初稿）》，1956 年 4 月 3 日，湖北省档案馆藏档 SZ90-2-919。

④ 中共第一纱厂委员会：《武昌第一纱厂通过整风运动促进新的生产高潮的情况》，1957 年 12 月 28 日，湖北省档案馆藏档 SZ1-2-436。

述，这种激励机制所导致的结果更多地体现在产量扩张上，而不一定能有效控制质量和成本。但在当时的行政主管部门看来，此种政治动员式激励机制被认为是“最重要的基础”[①]。

二、新国营纺织企业的创建

中共建政初期，除促使民营纺织企业走上公私合营道路外，新政权强化国有经济体系更重要的举措还是创建新国营纺织企业。在湖北，1958 年之前，最重要的新国营纺织企业乃武汉国棉一厂。

（一）纺织机械工业发挥战略性作用

1950 年冬，中央政府决定于 1951 年在武汉建设一座 50000 纱锭的棉纺织厂，作为发展中南地区纺织工业的开端，为今后的大规模建设积累经验。这就是政府创立武汉国棉一厂的动机，可以说，该厂具有某种试验性质。此前，1950 年 9 月，中南军政委员会轻工业部已成立了一个新纺织厂工程建设委员会，当年 11 月，该会更名为中南军政委员会工业部轻工业管理局基本建设处。1951 年 5 月，又将基建与生产分开，成立了国营武汉第一纺织厂建厂委员会，主任委员为张仁，下设基建处与筹备处。1951 年 6 月 15 日，在汉阳兵工厂旧址，开始动工兴建，1952 年 4 月，厂房基本建成，开始安装设备，6 月初，部分机器开始试车。1952 年 12 月 15 日，武汉国棉一厂的全部建厂工程基本完成。1953 年 9 月 15 日，中南纺管局邀请各有关单位对武汉国棉一厂建厂工程进行了验收。武汉国棉一厂建成初期，占地 335 亩，拥有纱锭 50400 枚，厂长为周铸。该厂全部工程投资，1951 年原计划数为 173439966300 元，后经 3 次追加，于 1959 年 9 月初共追加 9516483700 元，总计划数为 182956450000 元[②]。由于武汉国棉一厂为新中国成立后中国依靠自身力量新建的第一批棉纺织厂之一，其建厂投产之迅速颇值得肯定。

武汉国棉一厂能够迅速建成投产，得益于纺织机械工业的支持，而发展纺织机械工业乃中共建政后中国政府在纺织工业中推行的重要战略。

中华人民共和国成立初期，中央政府推行了重工业优先的发展战略，该战略背后的理论逻辑，是希望依靠重工业提供资本品，诱致整个国民经

---

① 《中国共产党湖北省委员会批示总号〔58〕009》，1958 年 1 月 3 日，湖北省档案馆藏档 SZ1-2-436。

② 武汉市纺织工业局编志办公室：《武汉市志·工业·纺织》（初稿），武汉市纺织工业局 1986 年版，第 53—56 页。

济升级，从而摆脱在世界体系中的边缘地位。马克思认为“资本主义社会把它所支配的年劳动的较大部分用来生产生产资料（即不变资本）”①，这从一般意义上肯定了资本品生产的战略意义，早期的社会主义理论家据此建立了重工业优先发展的经济理论。纺织机械工业在本质上属于重工业，因此，以发展纺织机械工业来提升纺织工业，在逻辑上与重工业优先发展战略相吻合。尤为重要的是，当时的纺织工业部长钱之光将发展纺织机械制造业作为部门发展战略，即“由纺织工业部自己动手制造纺织设备”②。这给纺织机械工业的发展带来了极大的推动力，实际上等于在国家层面复制了近代中国若干企业的棉铁联营战略③。为了实现纺织机械自给，1951 年，中财委决定采取的措施为：“拟创办一较有规模的经纬纺织机械制造厂以专业制造纱锭外，并拟组织全国公私营纺织机械制造厂，在现有基础上，从事研究改进，并在统一的规格下，根据各厂设备能力、技术条件、分工合作、发挥特长，以奠定纺织机械自造的基础。”④ 当时，中国共有 8 家技术实力较强的国营纺织机械厂，其修配分工如下：

表 6-5　国营纺织机械厂修配分工（1951）

厂名	修配种类		供给对象
	纺织零件	纺织用品	
上海中纺第一机械厂	阪本式各种织机零件		上海中纺各纺织厂，华东、中南、西南等区公营纺织厂
上海中纺第二机械厂	细纱机牵伸部分零件细纱锭子、锭胆、罗拉、钢领圈，纺织机各种弹簧		
上海中纺第三机械厂	纺织机各种齿轮、粗纱锭子、皮辊子壳子		

① 马克思：《资本论》第 2 卷，中央编译局：《马克思恩格斯文集》第 6 卷，人民出版社 2009 年版，第 489 页。

② 该书编写组：《钱之光传》，中共党史出版社 2011 年版，第 388 页。

③ 纺织机械工业与纺织工业有极强的共生关系，因此，在近代中国，不少企业曾同时经营这两个行业，以追求纵向一体化效果。这两个行业的协同演化关系可参考彭南生，严鹏：《论 20 世纪 20 年代上海棉纺织机械业的技术创新》，《江汉论坛》2011 年第 3 期，第 88—93 页。

④ 中财委：《全国棉纺织会议综合报告》，中华人民共和国国家经济贸易委员会编：《中国工业五十年》第 1 部下卷，中国经济出版社 2000 年版，第 1226 页。

续表

厂名	修配种类		供给对象
	纺织零件	纺织用品	
中国纺织机械制造公司	丰田式织布机各种配件，JX式牵伸纺纱机各种配件，铸钢件		
余家背机器厂	纺织机各种配件		重庆各公营纺织厂
天津中纺机械厂	钢领圈、细纱锭子、罗拉等	钢筘、木梭、木管、打梭板	
西北机器厂	纺织机各种配件		西北各公营纺织厂
青岛中纺第一机械厂	细纱锭子、钢领圈、罗拉等	棉纺各种钢丝针布、钢综、钢筘、小型马达	青岛中纺各纺织厂，华东、东北各种公营纺织厂

资料来源：陈维稷：《全国公营纺织机械会议总结报告》，中华人民共和国国家经济贸易委员会编：《中国工业五十年》第1部下卷，中国经济出版社2000年版，第1226页。

由上表可见，新中国成立之初，新政权所接收的纺织机械厂数量有限，且主要集中于上海、天津、青岛等城市，地域分布不甚平衡。而且，这些机械厂的生产及修配能力也相当有限。据统计，8家国营纺织机械厂全部主要设备计有机械2889台，工具机606种，动力5035.5匹马力，职工人数总计5815人，全年生产量最多只能制造50000枚纱锭和3000台布机。即使把上海民营纺织机械厂的产能整合进来，全年最多也不过能生产100000纱锭①。换言之，中共建政之初，中国大陆纺织机械工业之产能仅够装备一个稍具规模的纺织厂。这种低下的产能自然无法满足纺织工业快速发展的需求。但是，政府还是利用国家权力对纺织机械行业进行了有计划的干预，包括统一纺织机器制造的样式，促进各厂向专业化方向发展，以及培养专门技术干部等②。此外，为了使纺织装备产能与纺织厂需求量

① 中财委：《全国公营纺织机械会议总结报告》，中华人民共和国国家经济贸易委员会编：《中国工业五十年》第1部下卷，中国经济出版社2000年版，第1221—1222页。

② 中财委：《全国公营纺织机械会议总结报告》，中华人民共和国国家经济贸易委员会编：《中国工业五十年》第1部下卷，中国经济出版社2000年版，第1224页。

之间的缺口缩小，1951 年，中央财经计划局制定 1952 年的基本建设方针为："中央不新建纺纱厂，重点放在调整和扩大现有各公营纺织机械制造厂的生产能力。"[①] 由此可见，在宏观层面上，政府确实注重发挥纺织机械工业的先导作用，也为此采取了相应的政策与措施。

除了整合国民政府时期遗留下来的纺织机械厂外，新政权还着手兴建新的国营纺织机械厂。在抗战时期，国民政府曾创办经纬纺织机制造股份有限公司。该公司成立后，一方面在柳州设厂，自造细纱锭子、罗拉、钢领圈等，另一方面在重庆与各机械厂商接洽，将 2400 锭纱机的制造分包出去[②]。1944 年，公司柳州工厂可月产精纺纱锭 1200 锭，但由于湘桂战事扩大，不得不迁往独山，8 月以后，生产完全停顿。此后，公司将残余器材运到重庆复工[③]。战后，该公司重庆分厂停工，又从交通银行借了 1500000 美元外汇，向美国订购了一批机床设备，准备在杭州建立新厂，但未能实现。1950 年，新政权的纺织工业部利用接管的进口设备，决定在山西榆次建立新的经纬纺织机械厂，1951 年 5 月破土动工，1954 年 8 月正式建成投产。在东北，1949 年初，新政府组建了沈阳纺织机件厂，即此后的沈阳纺织机械厂[④]。此外，1949 年 11 月，郑州纺织机械厂亦开始组建。抗战胜利后，联合国善后救济总署曾给国民政府提供援助物资，协助中国创立农业机械公司，该公司在河南设有分厂。然而，与经纬厂相似的是，未及该厂组建完成，国民政府即在大陆垮台。中共建政后，决定利用国民政府留下的设备继续组建机械厂，即所谓河南省机械厂。起初，该厂生产方向不明确，曾打算仍旧生产农业机械，或修造内燃机、工具机等。1951 年 3 月，该厂建厂委员会主任委员郭福海参加了纺织工业部召开的第一次纺织机械定货会议，接受了生产 32 台粗纱机的任务。9 月，在第二次定货会上，又确定了 1952 年的纺织机械制造任务。1952 年下半年，纺织工业部派员来厂调查

---

① 中央财经计划局：《棉纺织工业基本情况》，中华人民共和国国家经济贸易委员会编：《中国工业五十年》第 1 部下卷，中国经济出版社 2000 年版，第 1500 页。

② 《经纬纺织机制造股份有限公司 1942 年业务报告书》，1943 年，武汉市档案馆藏档 108-0-264。

③ 《经纬纺织机制造股份有限公司 1944 年业务报告书》，1945 年，武汉市档案馆藏档 108-0-264。

④ 《当代中国丛书》编辑部：《当代中国的纺织工业》，中国社会科学出版社 1984 年版，第 260—262 页。

后，正式决定将该厂“发展成一个纺织机器通用工厂”，规定“凡不适于分散制造的纺织机器辅助设备均集中于该厂制造”。1953 年 1 月，河南省机械厂正式划归纺织工业部领导，并更名为国营郑州纺织机械厂[①]。1951 年 4 月，郑州纺织机械厂第一期工程竣工后，即以纺织工业部下达的 32 台粗纱机任务为主，组织了全厂生产。1952 年，除继续承接纺织工业部下达的 81 台粗纱机和 150 台梳棉机的试生产任务外，还开始试制混棉机、高速尘笼、豪猪开棉机、立式开棉机、清棉机、并条机、细纱机、络筒机、摇纱机、小打包机等，奠定了正规生产纺织机械的基础。1952 年该厂产品品种总计有 14 类，产量为 187 台[②]。郑州纺织机械厂的早期发展表明，当时的纺织机械企业从动工建设到正式投产的过程是非常迅速的，这也使纺织机械工业迅速装备新建国营纺织厂成为可能。

实际上，按照官方说法，建政初期纺织机械工业的迅速发展确实是新建纺织厂同步发展的重要原因，因为“新建厂除北京国棉一厂 50000 纺锭是采用民主德国的设备以外，其他厂全部采用国产设备，而且国产设备价格逐年下降”[③]。武汉国棉一厂的快速投产自然亦可归功于此。该厂建成后，机器设备计有纱锭 50400 枚，以及与之相适应的前后纺纱各工序配套设备，共计主机 596 台，辅机 13 台，全部为国产，由上海、天津、青岛、河南、重庆、贵州及宝鸡等地的 15 家机械厂制造，分批于 1951 年 10 月到 1952 年中交齐[④]。由此可见，政府扶持纺织机械工业优先发展的策略取得了成效。

从产业属性和技术水准角度说，纺织工业属于劳动密集型的普通产业。在 1950 年代，已经有人指出了纺织业的工程学特性为：“纺纱工程中，某些工序从性质上说是一样的（例如粗纺和精纺）。这样便减少了生产过程的多样性。各种产品之间，各种支数和各种织物之间的区别很少，制造不同

---

① 该书编纂委员会：《郑州纺织机械厂厂志（1949—1985）》，郑州纺织机械厂厂志编辑室 1990 年版，第 8—12 页。

② 该书编纂委员会：《郑州纺织机械厂厂志（1949—1985）》，郑州纺织机械厂厂志编辑室 1990 年版，第 148—155 页。

③ 《当代中国丛书》编辑部：《当代中国的纺织工业》，中国社会科学出版社 1984 年版，第 182 页。

④ 武汉市纺织工业局编志办公室：《武汉市志·工业·纺织》（初稿），武汉市纺织工业局 1986 年版，第 55 页。

支数的细纱或不同组织的布，通常只需要同样技术的工人来看管，使用同样的机器并稍加调整就行了。”[①] 这说明了纺织工业是一种相对较为低端的产业，其技术改进主要依靠外部关联产业提供投入要素。纺织机械工业就是这样一种外部关联产业。同时，纺织机械工业可被视为装备工业，而装备工业属于技术密集型的战略产业。因此，新中国成立初期，中国大陆优先发展包括装备工业在内的重工业的战略，实际上就是一种战略性工业化，以战略工业的先行发展来带动普通产业的进步。换言之，战略性工业化扩大了迂回生产，使普通工业能够享受资本与技术投入的外溢性好处。尽管中央政府并未在湖北建设纺织机械工业，但在社会主义举国体制之下，国家权力可以促进生产要素间的异地流动，从而使全国的纺织机械厂都有可能为湖北纺织企业服务。这样一来，虽然当时湖北缺乏纺织机械工业，但该省的新建国营纺织厂还是受惠于纺织机械工业所发挥的战略性作用。

（二）新建国营纺织企业的早期发展

1953—1954 年，武汉国棉一厂强化了党委的领导，并在生产上推行计划管理，建立责任制度[②]。与公私合营纺织企业一样，该新建国营纺织厂管理工作的重心亦在于建立微观的计划管理机制，以便完成宏观的国家计划。

与前文所述之裕华一样，武汉国棉一厂每个月亦以完成计划指标作为中心工作，并不断反思、改进。例如，1955 年 1 月，该厂各车间技术组织措施计划完成情况如下：

表 6-6　武汉国棉一厂各车间技术组织措施计划完成情况（1955 年 1 月）

单位	计划项数	准期完成		逾期完成		部分完成		合计	
		项数	百分比	项数	百分比	项数	百分比	项数	百分比
清花	6	1	16.6	3	50			4	66.6
梳并粗	2	2	100					2	100
细纱	3	1	33.3			2	66.6	3	100

① 陈维稷：《纺织工业与国家工业化》，中华全国科学技术普及协会 1954 年版，第 3—4 页。

② 国营武汉第一棉纺织厂工会委员会：《我们厂工会是怎样发挥组织作用的》，工人出版社 1957 年版，第 1 页。

续表

单位	计划项数	准期完成		逾期完成		部分完成		合计	
		项数	百分比	项数	百分比	项数	百分比	项数	百分比
筒摇成	4	2	50			2	50	4	100
试验	1					1	100	1	100
通风	2							0	
保全	2	2	100					2	100
合计	10	8	40	3	15	5	25	16	80

资料来源：武汉国棉一厂：《国营武汉第一棉纺织厂 1955 年 1 月份技术组织措施计划贯彻情况报告》，1955 年，湖北省档案馆藏档 SZ10-1-88。

该厂自我总结若干计划未完成的原因为：(1) 原计划制订不周，在贯彻中决定修改者 2 项：如通风组“细纱通风门加装钢丝布网”考虑安装后不能影响吸棉装置效率，增加吸棉装置排风时之阻力，降低吸孔风压，因此决定取消；(2) 机物料供应脱节，未按计划办事，因而影响计划，不能准期完成者 2 项：如清花间“纤维杂质分离机加速”皮带盘之图样，车间是中旬始提出，致使计划不能按时完成，修机间之交货日期有部分亦与技措进度表上规定之交货日期不相符合；(3) 事前未作试验，执行中遇到困难不能贯彻者：如清花 32 支校正平衡杠杆，事前未经试验，校正后不匀率由 0.92 增至 0.98，退卷率由 0.74 增至 1.36，最后又恢复原状；(4) 没有事前考虑很好组织技术力量，未能按时完成者：如细纱 1953 揩车工作的整顿工作，因原负责本项工作的同事请假，未能按计划完成，清花间豪猪式开棉机隔距气流亦未校正①。同年 2 月，未能按计划完成的技术措施则有 4 项，包括：(1) 粗纱 32 支改用三绕头，统一张力，原规定试验科 7 日提出设计资料，后因试验中发现问题，增加试验次数，资料延至 13 日始提出，设计资料中确定筒管牙改 31T 较好，但该种齿轮无备货，必须重新翻造，估计 3 月 15 日始能全部完成推广；(2) 粗纱自动加热接头法在 1 月份未能达到原定要求，2 月份仍需继续推广，致测定力量不足，无力推广本项措施；

① 武汉国棉一厂：《国营武汉第一棉纺织厂 1955 年 1 月份技术组织措施计划贯彻情况报告》，1955 年，湖北省档案馆藏档 SZ10-1-88。

(3) 上绒辊刻槽推广8台后，值车工反映工作上有困难，加以效果亦不显著，故决定停止推广；(4) 纹纱根数检验器须改装摇纱机2台，2月份未获中央批准，故未能改装①。以上述2个月的总结为例可以看到，武汉国棉一厂在实际运行中由计划进行引导，并以实现计划为主要目标。当然，由于企业内部和外部各种复杂因素的作用，完全实现计划是非常困难的。

与裕华相同的是，武汉国棉一厂亦较注重通过以人力资本积累的方式培养企业的技术能力，广泛开展各种学习活动。该厂努力提高单个工人的技术素养。例如，有一个工人从粗纱车间调至梳棉车间后，操作技术不熟练，每天回花达12磅左右，她所在的小组即请技术较好的值车工帮助她，通过亲自表演和讲解等方式予以辅导，最终使该工人掌握了各种操作，回花指标逐步下降。同时，该厂亦积极学习其他企业的先进技术经验，如1956年推广天津摇纱扎绞工作法等。在推广该经验时，起初在车间遇到了一定的阻力，因为车间主任怕试验性的推广经验会打乱正常工作节奏。但工会组织了3个工人利用班后时间学习，作为示范，取得了不错的效果，使车间行政干部同意了该经验的普遍推广②。在制度层面上，该厂建立了编制技术措施计划的程序（即编、讨、贯、总），贯彻了纺织工业部颁发的技术管理规则，建立了保全和车间大小平车交接验收制度，以及建立了合理化建议制度，克服了不经批准即大量制造试验引起修机间大量返工报废的现象③。由于该厂采取了诸多提升技术的举措，在绩效上遂取得了相应的成绩，如下表所示：

表6-7　武汉国棉一厂1954年与1955年若干指标比较

指标	1954年	1955年	增减百分比
总成本（元）	15930320	15176086	－4.73
利润（元）	3222824	3802235	＋15
上缴利润（元）	2134461	3659768	＋16.87

① 武汉国棉一厂：《国营武汉第一棉纺织厂1955年2月份技术组织措施计划贯彻情况报告》，1955年，湖北省档案馆藏档SZ10-1-88。

② 国营武汉第一棉纺织厂工会委员会：《我们厂工会是怎样发挥组织作用的》，工人出版社1957年版，第9—12页。

③ 武汉国棉一厂：《国营武汉第一棉纺织厂55年工作基本总结（初稿）》，1955年12月，湖北省档案馆藏档SZ10-1-88。

续表

指标	1954 年	1955 年	增减百分比
用棉（统扯）（斤）	394.44	387.54	－3.90
总值（%）	100	100.33	
产量计划（%）	100	100.084	

整理自武汉市国棉一厂：《国棉一厂党的领导和文化技术学习调查报告》，时间不详，湖北省档案馆藏档 SZ10-1-88。

表 6-7 显示，武汉国棉一厂 1955 年的生产运行较 1954 年有所进步，成本与原料消耗量有所减少，利润、产值则有所增加，产量亦超额完成计划。实际上，与当时的公私合营企业相比，武汉国棉一厂具有一定的优势。从产值上看，1957 年武汉各厂表现如下：

表 6-8　1957 年 1—7 月武汉各纺织厂总产值

单位：千元

厂别	1—6 月份		7 月份	
	计划	实际	计划	实际
国棉一厂	14841.26	14856.51	2184.72	2052.10
全局	106709.06	107565.44	17958.11	18013.55
地方国营	4532.89	4646.08	650.90	620.67
四大纱厂	70065.12	70361.09	12077.77	12114.89
一纱	32372.65	32401.21	5484.86	5484.86
裕华	16016.12	16120.75	2896.19	2896.19
震寰	8440.23	8462.24	1375.85	1375.85
申新	13236.12	13376.89	2320.87	2357.99

整理自武汉市纺织工业管理局：《局属各厂 1957 年 1 至 7 月份各项计划执行情况综合表》，1957 年 8 月 31 日，湖北省档案馆藏档 SZ90-2-958。

从产值上看，1957 年 1—7 月，国棉一厂总产值为 16908.61 千元，四大纱厂为 82475.98 千元，则四大纱厂平均产值为 20618.995 千元，高于国棉一厂，但这主要是由企业规模决定的。在至关重要的质量指标上，情形有所不同，如下表所示：

表 6-9 1957 年 1—7 月武汉各纺织厂质量指标（百分比）

指标项目	支别	厂名	1—6 月			7 月		
			计划	实际	完成	计划	实际	完成
棉纱标准品率	混合	国棉一厂	82.75	77.60	93.78	71.61	80.08	111.83
		四大纱厂平均	78.53	66.55	84.74	78.45	83.00	105.68
	21 支	国棉一厂	88.89	88.12	99.13	70.00	78.26	111.80
		四大纱厂平均	82.00	71.58	87.29	87.03	89.47	102.80
	32 支	国棉一厂	85.78	88.55	103.23	80.00	89.09	111.36
		四大纱厂平均	83.23	63.47	76.26	70.00	61.74	88.20

整理自武汉市纺织工业管理局：《局属各厂 1957 年 1 至 7 月份各项计划执行情况综合表》，1957 年 8 月 31 日，湖北省档案馆藏档 SZ90-2-958。

由上表可见，1957 年 1—7 月，武汉国棉一厂 3 种棉纱的标准品率均高于四大纱厂，这既说明产值与质量没有对应关系，又表明武汉国棉一厂在生产效率上要优于公私合营的四大纱厂。而且，在技术含量较高的 32 支纱方面，国棉一厂的计划指标和实际完成率均高于四大纱厂，这也能说明新建国营企业在生产能力上更具优势。究其原因，不能说国营企业在制度上优于公私合营企业，实际上，到 1957 年时，公私合营企业在很大程度上也已经国有企业化了。在设备方面，由于国内纺织机械制造企业尚极幼稚，各地供给国棉一厂的机器还处于 20 世纪 30 年代的水平，比裕华等老厂落后①。因此，新建国企的领先亦非由技术优势决定。真正的原因在于，武汉国棉一厂是一个新成立的企业，在人员方面要优于老企业。例如，裕华在学习国棉一厂落纱工弯腰用抹布做清洁的经验时曾遇到困难，后来裕华发现："国棉一厂的女工大多数是青年工人，弯弯腰还算方便，而我们厂的成年工多些，并且大多结了婚，有的怀了孕，弯腰的操作不能太多。"② 纺织工业是一个劳动密集型产业，工人承受劳动强度的身体素质在很大程度上也能够决定单个企业的竞争力，故新中国成立初期，新建国营纺织厂比公私合营老企业在生产上更有效率，与国营企业年轻化的劳动力构成不无关系。

① 该书编委会：《武汉纺织工业》，武汉出版社 1991 年版，第 156 页。

② 武汉市裕华纺织厂：《走群众路线推广先进经验》，工人出版社 1957 年版，第 19 页。

综上所述，1949—1957年间，湖北的纺织工业经历了一个国有化重组阶段，产业面对的宏观环境与构成产业的微观基础均被彻底改变。在宏观层面上，自由市场被国家计划取代，在微观层面上，面向市场自由竞争的企业异化为执行国家计划指令的生产单位。因此，在计划经济时代，湖北纺织工业成为一个与政府紧密结合的产业。

第二节　短缺经济下的投资驱动发展

在计划经济体制下，中国出现了短缺经济，基本物资供不应求。按照科尔奈的定义，如果某一经济体制下几乎在所有经济领域都经常出现持续性的严重短缺现象，该体制可被称为短缺经济[①]。在短缺经济之下，经济发展的动力不是企业根据消费者需求的决定从事生产，而是由政府根据计划以基本建设投资来驱动。因此，政府对产业发展的推动可以说是短缺经济时代湖北纺织工业发展的主要内容。

一、地方政府对纺织工业发展之推动

新中国成立后，由于国家取代了市场，政府遂与产业紧密结合。不过，政府管理产业的模式却并非一成不变，在中央政府与地方政府职能的划分方面，也就是所谓的放权与收权方面，尤其多变。然而，如果说“一五”时期中国大体上遵循了经典的斯大林模式，由强势的中央政府积极推动产业发展，那么，从1958年开始，在各种因素的作用下，地方政府在产业发展中的作用逐渐扩大。温铁军将这一现象称为“中央发动地方政府开展的自主工业化建设”[②]，颇为中肯。在温铁军看来，这一地方政府开展的自主工业化建设未能持续太长时间就难以为继，这是就“大跃进”而言。然则，尽管“大跃进”之后中央一度收权，但地方政府经济行政职能的强化在1958年之后已成为了一种长期性的趋势。换言之，毛泽东时代的计划经济

① 雅诺什·科尔奈：《社会主义体制：共产主义政治经济学》，中央编译出版社2007年版，第222页。

② 温铁军等：《八次危机：中国的真实经验1949—2009》，东方出版社2013年版，第52页。

体制在很大程度上偏离了高度中央集权的经典斯大林模式，用郑永年的话说："和之前其他的共产主义国家相比，中国的地方政府在地方性事务的决策上享有更多的自主权。"[①] 这也就意味着，尽管在计划体制的大一统之下，地区间的利益尚能由中央加以协调，但各地区的产业实际上已具有潜在的竞争性，一旦计划体制施加的大一统束缚被解除，这种竞争就将浮出水面。由此，毛泽东时代各省产业的演化是相当重要的，因为这种演化为后毛泽东时代的产业发展划定了路径依赖的轨道。

不管是中央政府还是地方政府，在计划经济时代，其对于经济发展都有着强烈的动机。这种动机植根于中国共产党的意识形态之中。自鸦片战争以后，中国社会的精英分子就以在世界体系中创建独立国家作为孜孜以求之目标，而主权独立也是所有中国政权合法性的来源，中国共产党虽有共产主义之宏大远景，亦莫能外[②]。而中国与先进国家之落差，根源在于中国乃落后的农业国，故实现工业化遂成为清廷以降中国历代政权之职责。在彰显中共合法性的《中国人民政治协商会议共同纲领》中，即提出要"稳步地变农业国为工业国"[③]。因此，尽管在毛泽东时代，出现了泛政治化的现象，经济建设也受到各种政治运动的冲击，但发展国民经济始终是中国共产党所追求的目标。是故，有学者称 1978 年之前的中国亦可被归于发展型国家的谱系中，其体现的发展型国家的共性特征是政府通过计划和战略手段刺激民族国家的经济发展，其不同于资本主义发展型国家的特点则在于社会主义政党是主要的经济行为主体[④]。因此，中华人民共和国成立后，政府以发展经济为职志。而在计划经济体制下，由于出现了短缺经济的特征，故政府发展经济的主要方式即为基本建设投资。

在 1958 年之前，由于借用了经典斯大林模式，对产业建设投资的主体主要是中央政府。当时，在重工业优先发展战略的支配下，"一五"计划工

---

① 郑永年：《中国的"行为联邦制"：中央—地方关系的变革与动力》，邱道隆译，东方出版社 2013 年版，第 74 页。

② 毛泽东：《中国人民站起来了》，《建国以来毛泽东文稿》第 1 册，中央文献出版社 1987 年版，第 6 页。

③ 《中国人民政治协商会议共同纲领》，中共中央文献研究室编：《建国以来重要文献选编》第 1 册，中央文献出版社 2011 年版，第 2 页。

④ Gordon White: *Riding the Tiger: The Politics of Economic Reform in Post-Mao China*, Stanford: Stanford University Press, 1993, pp. 4-5.

业基本建设投资中，纺织工业部仅分得 11.6 亿元，远远低于机械工业部的 69.3 亿元、燃料工业部的 67.9 亿元以及重工业部的 64.9 亿元[①]。中央政府在纺织工业中的投资主要用于建设武汉国棉一厂等具有一定规模的纺织企业，而地方政府管理的纺织企业主要是一些小型织布厂、染整厂等。不过，尽管这些地方企业规模小，当地政府依然对其发展倾注心血。例如，沙市工业局注重组织各厂学习先进经验，于 1956 年先后组织 200 多人到外地学习，其中，亚光针织厂习得外地经验后，消灭了“反罗纹”疵点，解决了质量关键；大中织物厂学习上海三勤调色法，提高了采色质量，9 个颜色均达到上海水平。通过加强质量对比、分析和研究工作，该市地方工业系统逐步建立了技术管理制度，纺织、针织、染化工厂都实施了质量疵点分析表和质量分析会议，使企业领导能够掌握质量变化情况，找出关键问题，采取措施加以解决。大中织物厂还经常与上海厂比较被单、毛巾质量，不断吸取别厂的优点，使自身产品的花样得以增多，色彩得以改进[②]。由此可见，地方政府对于其所管理的小型企业还是颇为重视的。

1957 年 11 月，国务院下达了《关于改进工业管理体制的规定》，规定“凡是属于大型矿山、大型冶金企业、大型化工企业、重要煤炭基地、大电力网、大电站、石油采炼企业、大型和精密的机器、电机和仪表工厂、军事工业以及其他技术复杂的工业，仍旧归中央各工业部门管理”，但对于轻工业，则要求“大部分企业都下放”[③]。根据该规定，纺织工业部于 1958 年 2 月决定：“除机械制造和人造纤维企业外，我们准备将现在管理的棉、毛纺织企业全部下放地方管理，以后有关棉、毛、麻、丝新厂建设，亦由地方负责。”中央之所以仍保留纺织机械和化学纤维的管理权，是因为：“纺织机器制造目前是按厂分工协作生产，产品供应全国，继续由部统一管理较为适宜，化学纤维工业是新兴的工业部门，国内技术力量薄弱，大家都缺乏经验，因此部属现有保定、安东、北京三个化学纤维厂及今后新建的

① 《中华人民共和国发展国民经济的第一个五年计划》，全国人大财政经济委员会办公室等编：《建国以来国民经济和社会发展五年计划重要文件汇编》，中国民主法制出版社 2008 年版，第 668 页。

② 沙市工业局：《沙市地方工业加强技术工作提高产品质量的作法与收获》，湖北省工业厅：《湖北省 1957 年地方工业会议资料汇编》，湖北省工业厅 1957 年版，第 93 页。

③ 《国务院关于改进工业管理体制的规定》，中共中央文献研究室编：《建国以来重要文献选编》第 10 册，中央文献出版社 2011 年版，第 588 页。

大型厂仍由我部建设管理，中、小型可由地方建设。”[①] 但当年6月，纺织工业部还是将所属纺织机械制造厂和化学纤维厂都下放给省、市管理。尽管此后中央又曾收权，尤其是将纺织机械工业划回纺织工业部领导[②]，但总的来说，1958年以后，地方政府介入工业发展的权限较前大为扩展，地方政府自身成了地区产业发展的重要动因。

1958年的工业放权与“大跃进”是同步的，两者互相作用，共同促成了地方政府大举兴办纺织工业的高潮。以湖北为例，武汉市第二棉纺织厂（即武汉国棉二厂）即于1958年开始筹建。同时，由于中央要求有条件的省要建立独立的工业体系，湖北开展了中小城市建设，建立襄樊、沙市、宜昌等新工业基地。例如，1959年，该省有在麻城兴建20000锭半全能棉纺织厂的计划，其建厂动机即为适应“工农业大跃进的新形势”，依据则是“党提出的我国工业大中小相结合，以中小型为主的建设方针，要做到纺织工业星罗棋布，遍地开花的局面”。按照纺织工业部基本建设设计院的规划，该厂“在设计内容上，工艺机器设备力求采取大跃进中的新技术成就，如59型开清棉联合机，高产量梳棉机，综合式大牵伸细纱机等，因而简化了工艺过程，节约了大批机台设备，又提高机器运转速度，同时又保证了成品质量”，具有鲜明的时代特色[③]。然而，“大跃进”所推动的地方产业扩张超越了地方政府的财力，是不可持续的，1959年后，大部分在建项目被迫停建。以前述麻城棉纺织厂（麻城纱厂）来说，1960年底大部分土建工程即已完工，主要机械设备亦调运到厂，技术员工培训和机械安装也基本就绪，故曾上马600余人开工生产，“但由于农业连年遭受自然灾害，原棉减产，供不应求，遵照中央关于缩短工业战线的指示，该厂即停止基建和生产、减人，留下57名职工负责厂房、机械设备的维护保养”[④]。麻城纱

---

① 《纺织工业部党组关于纺织企业全部下放交地方管理的报告》，中共中央文献研究室编：《建国以来重要文献选编》第11册，中央文献出版社2011年版，第179页。

② 收权的原因在于，纺织机械厂下放地方管理后，地方根据自身需要给企业增加了许多其他任务，影响到了各地计划新建棉纺织厂的设备供应。见该书编写组：《钱之光传》，中共党史出版社2011年版，第363页。

③ 纺织工业部基本建设设计院：《麻城二万锭半全能棉纺织厂厂房文字说明》，1959年，湖北省档案馆藏档SZ88-2-441。

④ 《中共麻城县委文件麻发（64）066号》，1964年7月19日，湖北省档案馆藏档SZ43-2-220。

厂的下马是“大跃进”时期湖北纺织工业高速扩张难以为继的一个缩影。

1960 年 7 月，苏联单方面召回援华专家，并撕毁经援合同，使以大规模基本建设投资驱动的中国经济面临更加恶化的形势。8 月 30 日至 9 月 5 日，国务院审议了国家计委的《关于 1961 年国民经济计划控制数字的报告》，形成“调整、巩固、充实、提高”的八字方针，经党中央同意后，于 9 月 30 日批转各部、各地参照执行[①]。八字方针实际上是一个收缩战略。按照该方针，1961 年，湖北亦对纺织行业进行了调整，其方案包括：(1) 保武汉五大纱厂、213 厂、沙市纱厂，但需精简人员。武汉国棉二厂安装 30000 锭、500 台布机投产，按生产规模定员，多余人员减下来。(2) 武汉、沙市、黄石、襄樊、宜昌等地主要针棉织厂，设备、人员一律保留；暂时原材料不足，可开展修补业务，搞副业生产，培训人员。各县及市区小型针棉织厂，保留传统产品，其他根据情况，采取合并、撤销或减少人员。(3) 武汉纺织机械厂改变生产方针，即改为纺织机械配件厂，生产纺织机械配件[②]。1962 年，“七千人大会”进一步统一了中共全党的认识，在“西楼会议”上，中共“才真正下了退够的决心，才真正开始扎扎实实的全面调整，‘八字方针’才落到了实处”[③]。受政策影响，湖北的纺织工业从 1960 年开始大幅度减产，1961 年生产水平继续下降，至 1962 年则开始回升。1962 年底，棉纱方面，全省 9 个全民所有制企业共有锭子 426164 枚，其能力约为 29 万件，当年实开锭子 344990 枚，产量为 21.79 万件；棉布方面，全省共有全民所有制企业 39 个，有可开布机 5772 台（其中自动布机 3006 台，普通布机 794 台，动力铁木机 1591 台，人力铁木机 246 台，人力木机 135 台），其生产能力为 10000 万公尺/年—11000 万公尺/年，另有非工业系统土布机 3000 多台，其生产能力为 2000 万公尺/年—2500 万公尺/年，总计 1962 年产布 12685 万公尺。尽管大跃进时期实行了纺织工业扩散政策，但 1962 年全省纺织品产量仍以武汉为大宗，棉纱占 80%，棉布占

---

① 薄一波：《若干重大决策与事件的回顾》（下），中共党史出版社 2008 年版，第 626 页。

② 湖北省轻化工业厅：《轻工、化工、纺织行业调整方案（草案）》，1961 年 4 月 27 日，湖北省档案馆藏档 SZ88-2-27。

③ 薄一波：《若干重大决策与事件的回顾》（下），中共党史出版社 2008 年版，第 631 页。

78%，印染布占90%，针棉织品占54%[①]。综上，“大跃进”时期湖北纺织工业虽出现一个短暂的扩张高潮，但不久即遭流产，从1962年调整恢复的结果来看，仍有一定规模的产能被闲置，且产业扩散的目标亦未实现。

不过，到1963年时，情况已大为好转，故地方政府也制订了新的产业发展计划。当年4月，湖北省轻化工业厅在《湖北省纺织工业十年规划说明》中写道，“三五”期间，该省的方针任务是“以调整为主，在调整中适当发展，在提高质量、发展对路和高档产品前提下发展数量，有重点地改建和扩建部分织布厂，力争建成武汉国棉二厂，使纺织工业内部各产品趋于平衡”；“四五”期间，则“以发展为主，在发展中注意调整，在荆、襄地区新建若干大型棉纺织企业，根据资源的可能相适应地发展些苧麻、纺织、缫丝企业，以便能充分利用本省丰富的棉、麻、蚕资源，并改变过分集中于武汉地区的畸形布局状况”[②]。这个规划实际上仍延续了“大跃进”时期的总体战略，只是更切合实际，这表明地方政府认为产业发展已从低谷中走出。同时，不少此前被迫停建的项目，此时也申请恢复建设。例如，麻城县委即于1964年7月请求湖北省委根据地方工业“三就、四为”方针，促成停建已久的麻城纱厂及早上马，一则“继续利用现有20000纱锭以外的1440纱锭为群众搞自留棉加工”，二则在“三五”期间“将该厂续建为一座纺织联合企业，既能纺纱，又能织布，还能印染”。对此，湖北省计委的批复予以了肯定[③]。此后数年，湖北纺织工业有了一定发展，至1966年时，全省有棉纺锭49.3万枚（包括军工为54.3万枚），布机（铁机）7837台（包括军工为9093台，全省另有铁木机约1万台）[④]，较1962年有了较大进步。1966年1月，国家计委“三五”规划安排湖北省“三五”纺织工业建设规模的初步设想为：(1) 棉纺织纺锭40万枚及相应的布机印

---

① 湖北省轻化工业厅：《湖北省纺织工业十年规划说明》，1963年4月，湖北省档案馆藏档SZ88-2-90。

② 湖北省轻化工业厅：《湖北省纺织工业十年规划说明》，1963年4月，湖北省档案馆藏档SZ88-2-90。

③ 《湖北省计划委员会〔64〕鄂计基庄字第995号》，1964年9月15日，湖北省档案馆藏档SZ43-2-220。

④ 湖北省纺织工业公司：《湖北省纺织工业“三五”发展规划初步设想》，1966年6月30日，湖北省档案馆藏档SZ86-1-2。

染设备；(2) 麻纺织麻袋织机 50 台，化学纤维聚酯纤维 6000 吨，粘胶强力丝 5000 吨①。6 月，湖北省纺织工业公司制订的《湖北省纺织工业“三五”发展规划初步设想》基本方针则为：“以棉纺织印染为主，并根据本省原料资源情况相应的发展毛、麻、丝、化纤工业以及扩建、新建针棉织行业，解决缺门产品。为了保证全省纺织工业正常生产，同时应积极考虑纺织配件和器材工业的生产，加强生产的后方，以保证正常生产无后顾之忧。”对于筹建新厂的原则，该设想贯彻毛泽东提出的备战精神，侧重于“将新建厂分布在农村，以鄂西鄂西北为主，作为纺织基地”，生产方向亦“主要面向农村，生产中低档产品，但也要适当根据市场的需要发展少部分高档产品”②。这一注重低端需求的产业发展战略与 1963 年的《湖北省纺织工业十年规划说明》基本相反，体现了政治气候的变化。

实际上，1966 年开始的“文革”确实意味着政治形势丕变。这场史无前例的政治运动对湖北纺织工业的发展造成了较大冲击。1967—1968 年，夺权运动日炽，生产陷于瘫痪，湖北纺织工业虽获得国家投资 6382 万元，产量却连续下降，1968 年全省纺织工业总产值 7.37 亿元，较 1966 年下降 44.34%。后来，通过人民解放军“三支两军”，各级政府和企业相继建立革命委员会（简称革委会）。1970 年 3 月，湖北省革委会下设轻工业局，一批干部出来抓工作，生产秩序开始恢复。当年制订的《湖北省纺织工业“四五”规划》中，提到“四五”期间计划新建 40000 纱锭、1200 台布机的棉纺厂 10 个，24000 纱锭、800 台布机的棉纺厂 10 个，12000 纱锭、400 台布机的棉纺织厂 12 个，50000 纱锭、1500 台布机的棉纺织厂 1 个，并且在武汉国棉一厂增添 2000 台布机搞捻线，同时在郧阳、鄂城、武昌等地县建设化学纤维厂，并做到器材和配件达到省内自给③。1973 年，全省和全系统纺织工业总产值分别上升至 19.1 亿元和 13.81 亿元，较 1968 年分别增长 147.52%和 87.38%。当年，省轻工业局还与省电子工业局合作，在印染生产中研究“染色自动生产线”、“电子配色”这两项科研项目，引进电

① 《纺织工业部〔66〕纺计基字第 3011 号》，1966 年 1 月 12 日，湖北省档案馆藏档 SZ43-2-17。

② 湖北省纺织工业公司：《湖北省纺织工业“三五”发展规划初步设想》，1966 年 6 月 30 日，湖北省档案馆藏档 SZ86-1-2。

③ 《湖北省纺织工业“四五”规划》，1970 年，湖北省档案馆藏档 SZ43-5-72。

子计算技术①。这表明地方政府具有推动产业技术进步的意愿。1974 年，“批林批孔”运动使湖北纺织工业产生波动，1975 年邓小平主持中央工作期间，形势有所好转，但当年底开始的反击右倾翻案风使产业发展再度受到冲击。总计 1966—1975 年国家共对湖北纺织工业投资 39190 万元，是前 16 年投资总额的 69.56%，经计算，“文革”期间的年投资额与“文革”前相较，基本持平而略多，故产业发展虽屡受冲击，规模上仍有较大扩张。至 1978 年，湖北省棉纺锭达到 124 万枚，棉织机达 4.16 万台，印染能力达 38247 万米，缫丝机达 22004 绪，丝织机达 1381 台，化纤生产能力 1.3 万吨，毛纺锭达 2554 枚，毛织机有 33 台，麻纺锭达 10170 枚，麻织机 422 台；与此同时，在产业布局上亦结束了武汉一城独大的局面，形成了沙市、襄樊、宜昌、黄石等纺织工业新基地②。因此，在整个 1966—1978 年间，湖北纺织工业还是有较大发展的。

自然，湖北纺织工业的发展离不开地方政府的规划与努力。例如，1973 年，黄石市革委会计委向省革委会计委提交了《湖北苎麻纺织厂设计任务书》，提出要利用当地的苎麻资源优势，就地取材，兴建总投资控制在 8000000 元左右的湖北苎麻纺织厂。该提议得到了省革委会的肯定，省革委会要求黄石市革委会“抓紧组织工厂与轻工局设计院联系编制扩初设计”③。1974 年 9 月，省革委会基本建设委员会批复了省轻工局的黄石苧麻纺织厂扩大初步设计，“同意设计规模为 5304 锭，布机 200 台，年产涤麻细布 170 万米，纯麻细布 110 万米，麻缝线 225 吨”④。可见，在计划经济体制下，地方政府已经具有强烈的产业基本建设投资冲动，且地方政府本身即为最重要的经济行为主体之一。

下表显示的是截至 1980 年湖北棉纺建设的概况：

---

① 《湖北省革命委员会轻工业局鄂革轻〔73〕纺生字第 17 号》，1973 年 6 月 14 日，湖北省档案馆藏档 SZ63-1-112。

② 该书编纂委员会：《湖北省纺织工业志》，中国文史出版社 1990 年版，第 15—16 页。

③ 《湖北省革命委员会计划委员会鄂革计基字〔73〕第 546 号》，1973 年 10 月 13 日，湖北省档案馆藏档 SZ43-5-479。

④ 《湖北省革命委员会基本建设委员会鄂革基〔74〕第 290 号》，1974 年 9 月 19 日，湖北省档案馆藏档 SZ63-1-158。

表 6-10 湖北棉纺建设概况（截至 1980 年）

企业名称	开工时间	环锭纺（枚）				气流纺（头）	备注
		原建	扩建		合计		
武汉第六棉纺织厂	1920	90400	14056		104456		原第一纱厂
武汉第五棉纺织厂	1921	30336	33152		63488		原震寰纱厂
武汉第四棉纺织厂	1922	43416	19112		62528		原裕华纱厂
武汉第三棉纺织厂	1922	45968	24834	10608	81400		原申新四厂
沙市第一棉纺织厂	1931	25776	20072	24072	73920		原沙市纱厂
武汉第一棉纺织厂	1952	50000		21000	71000		
武汉第二棉纺织厂	1960	100000		12320	112320		
黄石棉纺织印染厂	1966	53040	15808		68848		
麻城市纺织厂	1970	15000	15000	15000	45000		
宜昌棉纺织厂	1970	50688			50688		
安陆棉纺织厂	1970	38352	6120	6120	50592		原直属纺织部
武汉东西湖棉纺织厂	1970	31824	13512		45336		
沙市棉纺织印染厂	1970	83618	2520	20000	106136		
襄樊棉纺织印染厂	1970	81600			81600		
黄梅县棉纺厂	1970	9984		15000	24984		原建于孔垅
蒲圻纺织总厂	1971	76269	22035		98304	432	原属总后勤部
随州棉纺织厂	1971	33456			33456	3456	
嘉鱼棉纺织厂	1972	24480			24480		
云梦棉纺织厂	1973	42840			42840		
襄樊五一棉纺厂	1975	45584	13312	10000	68896		
老河口市棉纺厂	1975	2000	17176	11000	30176		
宜昌旭光棉纺织厂	1975	32232	26728	15000	73960	400	
沙市第三棉纺织厂	1975	30192			30192		
沙市棉毛纺织厂	1976	1224			1224		集体所有制
枝江棉纺织厂	1976	30600	408	15000	46008		

续表

企业名称	开工时间	环锭纺（枚）				气流纺（头）	备注
		原建	扩建		合计		
松滋棉纺织厂	1977	30192	816		31008		
黄石市纱厂	1979	0200	16348		26548	336	
天门棉纺织总厂	1979	14200	17112		31312		
荆沙棉纺织厂	1979	50592	51592		102184		
江陵棉纺厂	1980	15000	5544	10000	30544	1200	
洪湖棉纺厂	1980	9072	21288		30360		
新洲县棉纺厂	1980	18000	13008		31008		
仙桃棉纺厂	1980	15504	11424	5000	31928	2800	
汉川县棉纺厂	1980	14976	16760		31736	400	

整理自湖北省棉花公司：《湖北省棉花贸易史》，湖北科学技术出版社 1989 年版，第 260—261 页。

在湖北纺织工业中，棉纺织业是最重要的组成部分，因此，从棉纺建设情况即可知纺织工业整体发展态势。由上表可见，在 1980 年之前，湖北棉纺业建设有较大进步，从 1949 年时的武汉四大纱厂与沙市纱厂这 5 厂体系扩展至拥有 34 个颇具规模的企业，布局上也大为改观。值得注意的是，大部分新厂均筹建于 1960 年代，而于 1970 年代开工生产。在这些新厂中，不乏武汉第二棉纺织厂、沙市棉纺织印染厂、荆沙棉纺织厂、襄樊棉纺织印染厂、蒲圻纺织总厂等大企业。因此，可以说，在计划经济时代，政府推动湖北纺织工业发展从总体上来说是成功的。

二、短缺经济下湖北纺织工业的发展特征

在短缺经济之下，湖北纺织工业的发展受到双重影响。一方面，由于原料、设备短缺，尽管政府以基本建设投资来驱动产业发展，但产业发展易受累于此；另一方面，由于纺织工业生产的产品也具有短缺性质，在事实上形成了一个受保护的市场，使产业能在缺乏竞争的温和环境中成长壮大。总体而言，在计划经济时代，湖北纺织工业的发展继续受自然资源的比较优势诱导，形成棉纺织业发展最充分的局面。然而，若干资本密集型

关联产业发展的滞后，削弱了湖北纺织工业潜在的竞争力。

（一）由原料资源引导的产业发展

在计划经济时代，湖北省纺织工业的发展依然以棉纺织工业为重心，官修志书称这一特征“发挥了湖北棉花资源优势”，但认为“在发展棉纺工业的同时，其他行业发展比重很小，发展不平衡，使得行业结构不够合理”[①]。实际上，湖北纺织业的这一发展特征绝非“不够合理”。在纺织工业门类中，除了化纤与纺织机械这两个行业更依赖资本与技术外，其余如棉、麻、丝、毛等纺织业，均高度依赖自然资源。以湖北来说，缺乏发展丝、毛两业的资源优势，而麻纺织业并非大宗消费品产业，故棉纺织业的一枝独秀乃势所必然。换言之，在计划经济时代，湖北纺织工业的演化依然受自然资源禀赋的比较优势原则支配。此外，湖北纺织工业以棉纺织为重心，亦与中央战略相契合。棉纺织业在近代就是中国纺织工业的主干行业，1953年初，在编制“一五”长远计划纲要时，纺织工业部内曾掀起一股“反对大棉纺主义”的风潮，主张大力发展毛、麻、丝行业[②]。部长钱之光冷静以对，仍然坚持了以棉纺织为重点的战略，直到1959年，仍在《红旗》上撰文称“以棉纺织为重点是从当前我国人民的需要和客观条件出发的”，因为“如果棉纺织品的供应量充足，我们就基本上解决了现阶段人民的穿衣问题”[③]。可见，在国民基本生活水平本就较低的阶段，以生产大宗消费品的棉纺织业为重心亦有政策上的合理性。故湖北纺织工业在计划经济时代以棉纺织业为重点，既适应了本省的资源禀赋，又与中央政策相合。

从建政之初，中共即重视棉花种植工作，湖北作为产棉大省，自然也很重视相关问题，而且也有意识地要利用这一比较优势。例如，1954年，湖北省政府提出了在沙市新建棉纺织厂的计划，在给中央的报告中，省政府指出：“纺织厂在沙市建厂最有利的条件为就地取用棉花，就地供应纱布，减少棉花和纱布的往来运输。”[④] 为了充分发挥资源优势，湖北省政府

① 该书编纂委员会：《湖北省纺织工业志》，中国文史出版社1990年版，第16页。

② 该书编写组：《钱之光传》，中共党史出版社2011年版，第407页。

③ 钱之光：《高速度发展纺织工业》，该书编写组：《钱之光传》，中共党史出版社2011年版，第565页。

④ 《湖北省人民政府财政经济委员会〔54〕财经办字第1299号》，1954年3月6日，湖北省档案馆藏档SZ43-1-182。

对于棉花种植采取了扶持态度，例如，1960 年 2 月 29 日，省农业厅副厅长周咏曾在中共荆州地委召开的全区广播大会上，即号召该区要“大战棉花播种关”[①]。尽管该报告带有“大跃进”的色彩，但湖北省政府对棉花种植的重视是毋庸置疑的。1949—1978 年间，湖北省的棉产量和纺织工业的棉花消费量同时呈增长态势：

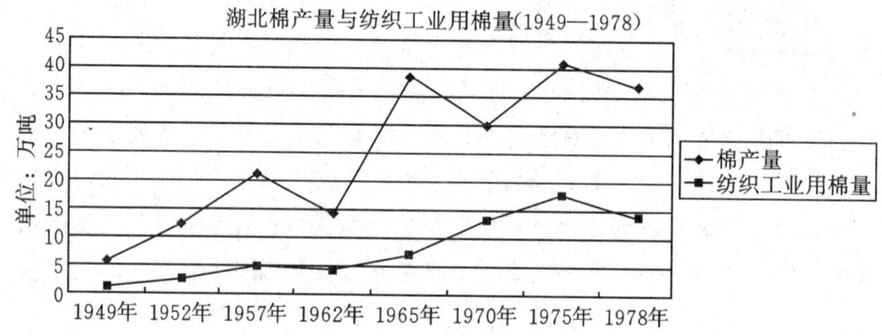

图 6-2 湖北棉产量与纺织工业用棉量（1949—1978）

整理自该书编纂委员会：《湖北省纺织工业志》，中国文史出版社 1990 年版，第 31 页。

图 6-2 显示，尽管 1949—1978 年间湖北的棉产量存在着较大波动，但总体趋势是呈增长态势的，纺织工业用棉量亦复如是。实际上，因棉田面积扩大，湖北棉花产量在 1960 年代和 1970 年代有 3 年位居全国第一位。同时，该省亦注重发展棉花加工业。例如，1963 年，湖北省建立了 37 个棉花良种轧花站，共加工良种子棉 10 多万担。1964 年，财政部增拨该省棉花良种轧花站投资 70 万元[②]。而且，在纤维检验方面，湖北省也开展了相关工作，保证了原料质量的提高。例如，1965 年，由于调往销地的棉花，发生填记错误、货证不符、品级复杂等现象相当普遍，松滋县纤检站提出了 17 条整改意见，湖北省纤维检验局认为很好，遂对其进行了推广[③]。在种

① 周咏曾：《全面完成棉花备耕工作大战棉花播种关》，中共荆州地委农业办公室 1960 年版。

② 《湖北省计划委员会发文〔64〕鄂计基宋字第 386 号》，1964 年 5 月 9 日，湖北省档案馆藏档 SZ43-2-220。

③ 湖北省纤维检验局：《湖北省纤维检验工作情况交流》第 10 期，1965 年 1 月 26 日，湖北省档案馆藏档 SZ87-1-50。

种努力之下，1978 年前，湖北省的产棉大省地位得到了巩固，其棉花不仅供给省内企业生产，还大量调拨省外：

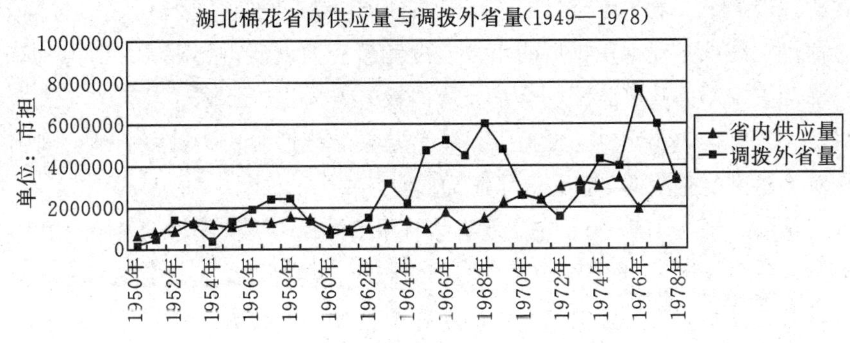

图 6-3　湖北棉花省内供应量与调拨外省量（1949—1978）

整理自湖北省棉花公司：《湖北省棉花贸易史》，湖北科学技术出版社 1989 年版，第 254—257 页。

上图显示，在 1949—1978 年的大部分时间里，湖北省所产棉花调拨省外的数量要高于省内纺织工业自用量。这种现象的成因相当复杂，但可以肯定的是，湖北存在着充足的棉花供给，棉纺织工业发展从理论上说不存在原料供应困难。例如，武汉国棉二厂采购的原棉，通常由天门、沔阳、京山、钟祥、潜江、荆门、洪湖、监利、新洲、黄冈、麻城、广济、汉阳、黄陂、孝感等县及武汉市供给，其中以天门、沔阳、新洲及武汉市供应数量较多[①]。沙市第一棉纺织厂的棉花则主要来自江陵、松滋、公安、潜江、石首与监利[②]。由此可见，湖北大中型棉纺织企业的原料供应是可在省内解决的。在纺织工业中，原料在企业生产成本中占较大比重，例如，原棉、涤纶占沙市棉纺织厂生产总成本的 85%以上[③]。故纺织企业在靠近原料产地的地区更容易发展壮大。也正因为如此，湖北纺织工业在省内棉花高产这一比较优势的诱导下，形成了棉纺织业独大的格局。

---

① 该书编纂领导小组：《武汉市第二棉纺织厂厂志（1958—1982）》，武汉市第二棉纺织厂 1983 年版，第 154 页。

② 该书编写组：《沙市第一棉纺织厂厂志（1930—1981）》，沙市第一棉纺织厂 1983 年版，第 238 页。

③ 厂志编写小组：《湖北省沙市棉纺织厂厂志（1965—1985）》，沙市棉纺织厂 1986 年版，第 60 页。

（二）生产环节与流通环节的分离

在计划经济体制下，企业沦为单纯的生产单位，此已如前所述。对产业而言，这意味着生产环节与流通环节的分离。从积极的方面说，在1949年之前湖北纺织企业饱受折磨的市场过度竞争问题就此得到解决，因为所有产品的去向都由政府分配。但是，从消极的方面说，计划体制带来了短缺经济，政府在协调原料、设备、产品等要素的流通时，不可避免地会遇到困难，这又给企业的生产带来了阻力。

例如，早在1957年，在湖北省第一届人民代表大会第四次会议上，即有武汉代表提出："我省各公私合营棉纺织厂，均代省纺织品公司加工，由于该公司受到周转资金限制，各厂存棉不足1月（我国各地国营厂一般在2月，苏联法定期为3个月），因调运关系，原棉质量波动甚大，造成各厂混配棉工作的波动，以致影响生产秩序正常和质量的稳定。按国家收购时，早已付出价款，任何部门储存均与国库无关，仅是账面上属此属彼而已。因此希增加各厂周转和库存量，以便分别棉质、调节用量，从而合理使用原棉，稳定纱布质量。"[①] 这显然是公私合营企业在对省纺织品公司表达不满。省纺织品公司对此进行了答复，指出原棉分配出现困难的原因之一在于："由于纺纱用棉是用数种品级长度原棉配纺的，尽管我公司付出了相当于国营厂的购棉资金总额，但供棉单位（现在是武汉棉花经营管理处经营）未能按照规定的分支配棉比例平均进厂，往往是按调的批次品级长度进厂，各厂本月份开始使用纺用棉的同时，需要将下个月纺用棉拨进作为补充，但因未能分支按比例地衔接起来，以致虽然从总量上看有47个到52个工作日的原棉供周转，但各种品级长度原棉使用的比例与补进的比例不一致，每月上中旬不免有几种原棉过多，某几种原棉偏少的现象，一直到每月25日以前原棉拨齐时，才能符合规定比例。如果纺织厂要求各种品级长度原棉存量都不少于规定周转额，那么只有请供棉单位改善现在按批次进厂的办法。"[②] 这样，作为纱厂原棉分配者的省纺织品公司把问题转移给了下级供棉单位。而湖北省供销合作社棉花经营管理处的回应则将问题又指向了公私合营企业，认为："我们拨售国棉一厂的棉花，也有某种长度不足的

---

① 《湖北省第一届人民代表大会第四次会议提案工业类第44号抄件》，1957年，湖北省档案馆藏档SZ83-2-112。

② 《湖北省人民委员会〔57〕鄂提工字第0033号》，1957年2月14日，湖北省档案馆藏档SZ83-2-112。

情况，由于存量超过合营厂（60天储备量）而厂方随时以储存的等级加以调剂，因此，对安排生产和稳定质量，并不因某种长度供应紧张而发生问题。”[①] 尽管省供销合作社棉花经营管理处也为公私合营企业提出了解决对策，并表示自己会加强相关工作，但该案例仍然暴露了计划体制下原料调拨体系的缺陷。由于原料供应权掌握在和企业没有关联的单位手中，而那些单位与企业并非利益攸关，故实际上不存在要为企业解决困难的强烈动机，于是无形中增加了企业生产的交易成本。

此后，在整个计划经济时代，湖北纺织工业原料供应不畅的问题一直存在。例如，1971年底，湖北省革命委员会轻工业局向省计委、省工办报告，请求解决纺织用棉供应问题，称：“1972年我省纺织工业担负外贸、军工的任务增多，内销高支纱、高档棉布如60支、80支、针织用纱、府绸、灯芯绒、士林坯布等，以及化纤混纺的花色品种也有增加。因此用棉品级不能比往年低，要求一二三级好花供应不少于用棉的60%，即在72年1至8月纺纱用棉中，一二三级好花需用115万担”，然而，“从今年新花上市后，棉花供应在数量上比较紧，在品级上过低，严重影响配棉，如襄阳地区供应襄樊纺织厂的新花四五级比例达86%”，因此，“这种情况如不立即解决，工厂就无法进行正常配棉生产，势必影响产品质量”[②]。由此可见，在计划体制之下，企业生产环节与原料供应环节之间，存在着一种潜在的紧张关系，一旦某个环节出现不平衡，就会影响到整个计划的落实。然而，由于存在着诸多不确定性因素，计划本身实际上是不稳定的。例如，1974年11月30日，湖北轻工业局给各棉纺企业下达了关于安排12月份棉纱产量的紧急通知，称：“12月份要完成82500件棉纱才能完成国家230000件计划。因此，12月份要在76000件的基础上，增产6500件，即增产9%。12月份是关键的一个月，能不能完成国家下达的230000件计划，就看这31天。”故轻工业局希望各企业“迅速再来一次大动员，大力表彰先进，把广大职工动员起来，大战12月，提高10%，实现83000”[③]。

---

① 《湖北省供销合作社棉花经营管理处〔57〕供仲字第00192号》，1957年3月4日，湖北省档案馆藏档SZ83-2-112。

② 《湖北省革命委员会轻工业局鄂革轻〔71〕第351号》，1971年12月29日，湖北省档案馆藏档SZ63-1-22。

③ 《湖北省革命委员会轻工业局鄂革轻〔74〕纺字第42号》，1974年11月30日，湖北省档案馆藏档SZ63-1-189。

这一动员令的发布是基于计划可能无法完成的现实，而在动员令中，对计划指标却又有所提高，可以想见，这势必造成企业在原料供应等方面的连锁变化，从而更加破坏整个计划体系的稳定性。因此，计划体制本身具有漏洞，会经常性地造成企业生产与原料供应的脱钩。

除了原料须由政府统一分配与供应外，企业的产品流向也由政府统一安排。1949 年之前，湖北纺织企业的产品在全国市场上通过自由竞争决定销路。1949 年之后，随着统购统销的实施，纺织品不再被销售，而由政府调拨。据统计，1950—1980 年间，湖北省所产棉纱共调往省外 144.48 万件，占同期总产量的 10.32%。相对而言，前期外调较多，如 1951—1960 年共调出 98.65 万件，占同期总产量的 41.53%。然而，到了 1963—1975 年间，则外调 33.36 万件，仅占同期总产量的 4.93%，1976—1980 年外调量更是仅及总产量的 0.93%[①]。这一变化是由于湖北省棉织业的发展使大量棉纱须留在省内供企业自织自用。以武汉国棉二厂为例，该厂所产棉纱，除用于本厂织布外，在 1979 年前多销往武汉线厂，武昌手帕厂，武汉市第一、二、三色织布厂，前进、先锋织布厂，花山公社织布厂，和平织布厂，武昌县棉织厂及汉阳县等地，销场全部都在省内[②]。1955—1957 年系湖北省棉纱外调量较大的年份，其中 93.05%的棉纱被调往以下 9 个地区：

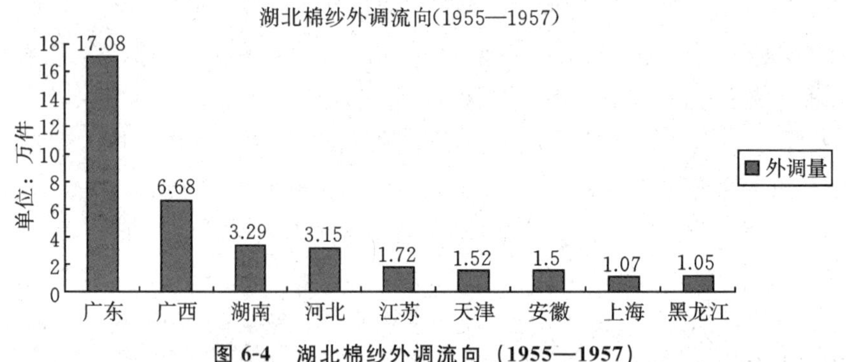

图 6-4　湖北棉纱外调流向（1955—1957）

整理自湖北省商业厅主编：《湖北省商品简志·纺织品商业志》，湖北省商业厅 1988 年版，第 222—223 页。

---

① 湖北省商业厅主编：《湖北省商品简志·纺织品商业志》，湖北省商业厅 1988 年版，第 222 页。

② 该书编纂领导小组：《武汉市第二棉纺织厂厂志（1958—1982）》，武汉市第二棉纺织厂 1983 年版，第 156 页。

由上图可见，1955—1957年间，湖北棉纱主要调拨给了广东，其次则为广西、湖南。实际上，1960年代后期，湖北棉纱调拨对象减少，但亦开始集中调给广东、广西，大致广东占70%，广西占30%①。与棉纱相比，湖北的棉布生产稍显滞后，故1970年之前，省内尚不能完全自给，被定为半产区，须从外部调入棉布。自1971年起，除1977年外，湖北的棉布调往省外则为净调出，其流向遍及全国，而以中南、西南地区为主。据现有统计数据，1980—1982年，从湖北调入棉布达千万米以上的省区为：

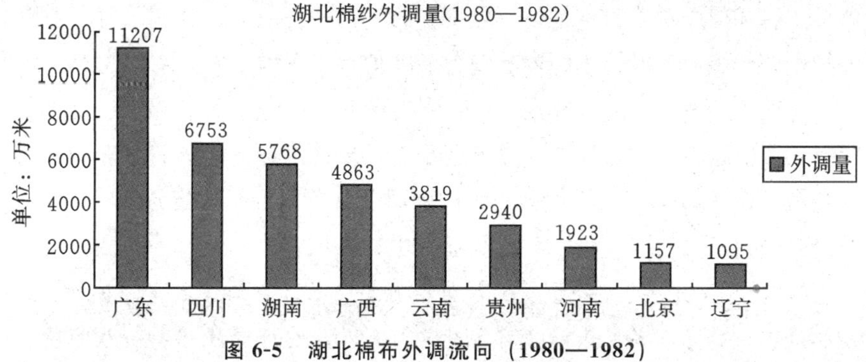

图6-5 湖北棉布外调流向（1980—1982）

整理自湖北省商业厅主编：《湖北省商品简志·纺织品商业志》，湖北省商业厅1988年版，第229页。

与棉纱外调的情形相仿，湖北棉布的外调，亦主要流向广东、湖南、广西等地。值得一提的是，计划经济时代湖北棉布的重要流入地四川、湖南、云南、贵州等省，在历史上一直是湖北纺织工业的市场腹地。由此可见，某些结构性因素实际上从近代保留了下来。

和原料供应相似的是，在产品分配环节上，计划体制也存在着脱节现象。例如，1970年上半年，湖北省“工商双方库存积压情况严重，目前商业库存棉纱达3万件，棉布仅武汉站库存达3千万米，工业库存也达1.5万件，工商共计积压二级配棉的专纺棉纱达1.5万件，占整个积压棉纱数的30%”，省纺织品公司要求不再安排低级棉专纺，为此省轻工业局进行了多次磋商，但未取得一致意见②。实际上，一直到1980年代初期，生产部门

① 湖北省商业厅主编：《湖北省商品简志·纺织品商业志》，湖北省商业厅1988年版，第223页。

② 《湖北省革命委员会轻工业局鄂革轻〔70〕第079号》，1970年7月16日，湖北省档案馆藏档SZ63-1-5。

与流通部门仍然存在着较大矛盾与对立。例如，1983 年 5 月，湖北省纺织工业局就出口纺织品作价及交货结算问题向省政府紧急报告，称："按照国家物价局（1982）价字 196 号《关于调整纺织品价格的几项具体政策的通知》规定和今年 1 月 18 日中国纺织品进出口总公司电报指示精神，出口纺织品的国内供应价格应按内贸调后价格加外贸现行（注：即调价前原有的）特殊要求差价制订。由于我省外贸部门单方面取消了所有出口调价产品的原有外贸特殊差价，造成了出口纺织品生产和交货结算的困难。"具体而言，生产部门面对的困难是，商业部门将各种加（差）价连同价外补贴一并取消，使工厂连最起码的内外销包装差价都得不到，"已造成部分产品、部分企业生产困难，发生亏损，资金周转不开"①。这表明，由于企业在计划体制下缺乏自主定价权，商业流通部门采取的措施未必能符合企业的利益。再如，1983 年，省纺织品进出口公司以白厂丝亏损为由，于 9 月将该种产品"窒息"，致使全省 10 家缫丝厂中的 8 家停产，共计亏损 100 多万元，6000 多名职工的生活也受到严重影响。然而，省纺织工业局认为省纺织品进出口公司"经营茧丝是盈利的"，故向省政府建议"工贸双方坐下来，心平气和地检查工作上的原因"，而且建议双方"共议丝绸经营关系的改革"②。此事的是非曲直姑且不论，可以肯定的是，当时的生产部门与流通部门在联系与沟通中无法"心平气和"。而生产部门与流通部门间的矛盾和对立，可以说是计划经济体制的顽疾了。自然，这对于产业发展是极为不利的。

（三）资本密集型关联产业发展的滞后

在计划经济时代，湖北纺织工业的发展面临着资本密集型关联产业发展滞后的拖累，技术进步受到一定影响。当时，在能源与动力方面，湖北纺织工业受制于短缺经济下的能源供应瓶颈。在设备方面，湖北纺织工业则受制于纺织机械工业的布局。

从动力角度说，在计划经济时代，湖北纺织工业主要受电力短缺的困扰，而这又与煤炭供给不足息息相关。故在 1974 年的《关于我省主要纺织

---

① 《湖北省纺织工业局鄂纺〔83〕价字第 12 号》，1983 年 5 月 4 日，湖北省档案馆藏档 SZ34-11-501。

② 《湖北省纺织工业局鄂纺〔83〕化字第 31 号》，1983 年 12 月 17 日，湖北省档案馆藏档 SZ34-11-501。

产品品种三年规划的初步意见》中，湖北省轻工业局谓："我省随着工业的迅速发展，煤电感到不足，影响生产计划的完成，请部里帮助，对煤的分配量适当增加一些。"[①] 当年，从8月下旬开始，湖北省即严重停电。9月后，停电问题不仅未解决，反而越来越严重，有的纺织厂一天只能开一个班，故轻工业局希望省委根据"农轻重"的方针，按照"不挤不让"的原则，采取有效措施，保证纺织用电[②]。当时，中央确曾指示，要根据"发展经济，保障供给"和"农轻重"的方针，把轻工市场安排好，保证人民生活的安定，增加国家的财政收入，对轻工生产所需要的燃料、电力、原材料和运输要优先安排，安排了就要努力兑现，坚持"不挤不让"[③]。11月1日，湖北省计划委员会亦发布通知，要求"各地、市在安排电力时要按照农、轻、重方针，首先安排好轻工市场用电，同时要把原材料工业用电安排好。纺织印染企业每周仍按20个班安排，出口援外和季节性的榨糖用电要给予保证"[④]。然而，能源工业供给能力不足这一现实制约并不会因政府命令而改变。12月初，湖北纺织工业停电极为严重，成为当年停电最厉害的时期。在12月1—15日，全省各棉纺织厂共停电1055.48小时（按20班/周算），少产棉纱8098件，相当于全省棉纺织企业共停产10个工作班的产量。这就使12月上半月的棉纱产量比11月同期的棉纱产量下降11%左右。本来，11月供电情况较好，纺织企业产棉纱76000余件，创当年最好月水平。为此，轻工业局在11月底专门发出通知，要在12月份产棉纱82500件，确保完成四季度的23万件的计划指标。岂料，从进入12月的第一天开始，就连续碰到严重停电的情况，使全省棉纱日产波动在2100—2300件，少于应该达到的2700—2800件，有些企业只能开1/3的班次。轻工业局预计，照此情形，当月棉纱产量只能达到69000—70000件，是无法完成计划指标的[⑤]。因此，能源短缺实实在在地破坏了湖北纺织企

① 《湖北省革命委员会轻工业局文件鄂革轻〔74〕纺生字第26号》，1974年8月21日，湖北省档案馆藏档SZ63-1-190。

② 《湖北省革命委员会轻工业局鄂革轻〔74〕办字第19号》，1974年9月11日，湖北省档案馆藏档SZ63-1-137。

③ 《湖北省革命委员会轻工业局鄂革轻〔74〕办字第24号》，1974年10月11日，湖北省档案馆藏档SZ63-1-137。

④ 《湖北省革命委员会计划委员会鄂计办工字〔74〕第390号》，1974年11月1日，湖北省档案馆藏档SZ63-1-137。

⑤ 《湖北省革命委员会轻工业局鄂革轻〔74〕办字第32号》，1974年12月17日，湖北省档案馆藏档SZ63-1-137。

业的生产计划。然而，能源工业发展滞后乃是计划经济时代中国的通病，非独湖北如此。

在设备这一最主要的技术载体方面，计划经济时代湖北纺织工业则受到整个中国纺织机械工业布局的制约。1958年后，纺织工业部在下放所属企业时，保留了对纺织机械企业和化纤企业的管理。因此，在计划经济时代，纺织机械工业的布局在很大程度上仍由中央政府决定，而中央政府在规划该产业的发展时，相当长的时期内并未在湖北建设大型纺织机械企业。1957年，中央一度计划在武汉投资4000万元，组建年产15000吨的武汉纺织机械大型厂，1958年8月开工兴建，旋即因大办钢铁等运动挤占了资金而停建[①]。如此一来，湖北失去了一个建立纺织机械业领军企业的机会，纺织企业所需的机械设备主要依靠从外省调运。以颇具规模的武汉国棉二厂为例，其创建初期的生产设备全部由郑州、青岛、上海、天津、沈阳等地的纺织机械企业供给。即使到了1982年，该厂设备绝大部分仍系省外机械企业制造。如下表所示：

表6-11　武汉国棉二厂1982年实有主机设备一览表

工序	设备型号及名称	数量	制造厂
清花	A005自动抓棉机	7台	武汉纺机
	A002自动抓棉机	1台	咸宁纺机
	A002高效棉箱	7台	改造
	1041凝棉器	18台	郑州纺机
	A045凝棉器	2台	郑州纺机
	A034六滚筒开棉机	5台	郑州纺机
	A035混开棉机	1台	郑州纺机
	1031豪猪开棉机	7台	郑州纺机
	A036C梳针滚筒开棉机	1台	郑州纺机
	A073A双打手成卷机	11台	郑州纺机
	A073A单打手成卷机	5台	郑州纺机
	A076A单打手成卷机	3台	江二纺机

① 该书编纂委员会：《湖北省纺织工业志》，中国文史出版社1990年版，第402页。

续表

工序	设备型号及名称	数量	制造厂
前纺	A181C 梳棉机	139 台	青岛纺机
	1181F 梳棉机	156 台	青岛纺机
	A186C 梳棉机	10 台	青岛纺机
	A191B 条卷机	4 台	上海一机
	A201C 精梳机	16 台	上海一机
	gA261 并条机	98 节	上海六机
	A272C 并条机	10 节	沈阳纺机
	1271B 粗纱机	36 台	经纬纺机
	A453B 粗纱机	4 台	天津纺机
细纱	A513 型细纱机	270 台	上海二机（改造）
筒拈	1381B 并纱机	7 台	天津纺机
	1381G 并纱机	15 台	天津纺机
	1391 拈线机	46 台	天津纺机
	A631 拈线机	74 台	天津纺机
	1332N100 锭槽筒机	12 台	天津纺机
	A733 80 锭摇纱机	3 台	邯郸纺机
	A734 80 锭摇纱机	17 台	邯郸纺机
	1372 小包机	4 台	邯郸纺机
	1371 中包机	1 台	邯郸纺机
	1332M120 锭槽筒机	2 台	天津纺机
	1332M80 锭槽筒机	16 台	天津纺机
准备	1452 整经机	9 台	沈阳纺机
	1452A 整经机	1 台	黄石纺机
	G142-140 浆纱机	4 台	上海一印机
	G142-140 浆纱机	4 台	郑州纺机
	G142A-140 浆纱机	1 台	郑州纺机
	1502 穿筘机	36 台	新乡纺机

续表

工序	设备型号及名称	数量	制造厂
	G177-130 三自动穿筘机	10 台	邯郸纺机
	G181 结经机	2 台	青岛二机
	G138 结经机	6 台	常州纺机
织布	1511E 自动换梭织机	864 台	上海中机
	1511M 自动换梭织机	1536 台	上海中机
整理	G3/2-110 验布机	23 台	新乡纺机
	G3/2-130 验布机	11 台	邯郸纺机
	G351-130 摺布机	3 台	邯郸纺机
	G352-130 摺布机	2 台	邯郸纺机
	G352-110 摺布机	3 台	邯郸纺机
	1371 中包机	1 台	邯郸纺机
	A752 中包机	1 台	烟台外贸机械厂

整理自该书编纂领导小组：《武汉市第二棉纺织厂厂志（1958—1982）》，武汉市第二棉纺织厂 1983 年版，第 45—47 页。

由上表可见，在武汉国棉二厂的主机设备中，由湖北本地企业生产的设备少之又少，绝大部分设备系由上海、山东、河南、天津、河北、辽宁等地企业制造。不只武汉国棉二厂这样的大企业依赖省外企业供给设备，即使一些小厂也须从省外购进生产机械。如武汉市硚口织布厂，于 1965 年从沈阳购回 G121 型分条整经机 2 台，1973 年从天津纺织机械厂购回 P1332 型导筒机 2 台，1976 年从上海第四纺织机械厂购回 M301 钢丝起毛机 1 台。此后，直到 1982 年，该厂又相继从海宁、郑州、邯郸、哈尔滨等市购置了机械设备。通过从省外大量购置设备，硚口织布厂才能建成一个比较完整的棉布整理加工体系①。由此可见湖北省纺织工业对省外装备供给的依赖程度之深。由于自身纺织机械制造能力较弱，湖北省纺织工业深受拖累。

① 硚口织布厂修志领导小组：《武汉市硚口织布厂厂志（1938—1982）》，武汉市硚口织布厂 1983 年版，第 76—77 页。

例如，1973年时，湖北省的锭子、钢令、钢筘等纺织配件远远不能满足生产的需要，全省每年需配件6000吨，而生产能力只有2600吨，仅能满足需要的43%。全省纺织业每年需要10多万件齿轮，但由于没有齿轮加工设备，经常造成设备停台，严重影响生产。因此，湖北省政府自己亦意识到"纺织配件已成为我省纺织工业的致命伤"[①]。再如，化学纤维用纱在针织工业中的使用日益显著，这种新形势对针织配件品种、数量都提出了更高的要求，但湖北省的针织配件多由上海供应，1972年以后，供应基本中断，遂造成该省针织配件的供需矛盾。在湖北，承担针织配件生产供应任务的企业是武汉针织配件厂，可是，由于针织配件难度大、精度要求高，多数需要磨制，而该厂没有平面磨床、内外圆磨床等关键设备，故只能生产一般性的简单配件，对大量急需的、精密的、难做的配件则始终不能生产，向外省求援亦无果[②]。自然，这对于湖北省针织工业的发展是极为不利的。

实际上，1960年代中期，纺织工业部决定将上海印染机械厂分迁黄石，将沈阳纺织机械厂分迁宜昌，分别建设黄石纺织机械厂和宜昌纺织机械厂。此后，政府又投资扶持了武汉纺织机械厂、襄樊纺织机械厂等[③]。但截至1970年代初，这些新建企业仍不完备。例如，1973年，襄樊纺织机械厂因设备太少，曾请求从宜昌纺织机械厂调拨1台万能工具磨床[④]。一直到1980年代初，湖北纺织工业需要设备时，仍须请求中央调拨。例如，1981年2月，湖北省纺织工业局在给纺织工业部的报告中称："我省现有棉纺设备（包括1981年分配数，下同）共有152万纱锭，精梳机仅有57套，平均一万锭0.37套，远远不能适应国内外市场对纺织产品高质量多品种日益增长的需要。1981年化纤产品的比重又有所提高，尤其是蒲圻总厂纺织厂和武汉国棉一厂还担负有补偿贸易和出口筒子纱的任务，现有

---

① 《湖北省革命委员会轻工业局鄂革轻〔73〕供字第165号》，1973年12月20日，湖北省档案馆藏档SZ63-1-119。

② 《湖北省革命委员会轻工业局鄂革轻〔74〕供字第114号》，1974年11月30日，湖北省档案馆藏档SZ63-1-175。

③ 该书编纂委员会：《湖北省纺织工业志》，中国文史出版社1990年版，第403页。

④ 《湖北省革命委员会轻工业局鄂革轻〔73〕纺生字第29号》，1973年8月11日，湖北省档案馆藏档SZ63-1-111。

精梳设备，实难满足需要”，故“恳请在1981年再分配我省精梳机4套，以应生产急需”[①]。同时，在计划体制下，企业的装备技术更新也由政府加以协调。例如，1982年8月10日在云梦棉纺织厂举行了改制1511ME-52″型织机座谈会。当时，湖北省棉纺织厂的织机绝大部分均为1511M-44″型，但该机型因幅窄已不能适应市场的需要，故省纺织工业局召开了改制会议。会议决定改制云棉、五七、蒲纺、嘉棉、宜棉等厂的830台织机，以蒲圻总厂已改制的1511MP-52″型为准（湖北省另加了4种零件，故型号改为1511ME-52″型），技术资料由总工程师潘定生审批后，交给纺机公司负责按图加工，供需双方均无权擅自修改，改制质量由供方负责，技术资料供需双方各负其责[②]。可以说，在计划经济时代，湖北纺织机械工业发展滞后，纺织企业的装备供给与更新在很大程度上依赖政府协调解决。

不过，尽管湖北缺乏纺织机械行业的领军性大企业，却不乏生产零配件的厂家，其典型者如武汉纺织器材厂。武汉纺织器材厂本为1958年被列为基本建设重点项目的武汉第一苎麻纺织厂，但因该年政府收缩工业战线，纺织工业部为促进少数民族地区工业发展，将优先供给武汉的设备调往贵州都匀地区办厂，武汉第一苎麻纺织厂遂不得不于1959年下马，其时已招收之836名职工亦面临困境[③]。为解决困难，该厂党委通过调查，发现武汉市纺织器材供应十分紧张，棉织试验工厂和国棉二厂的3054台织布机因缺乏梭子等器材而无法开工。同时，老厂1台布机1年应配备10把梭子，但武汉库存只有1把。雪上加霜的是，一向供应武汉的上海因自身纺织工业发展需要和出口任务增加，将不对外供应器材。武汉纺织器材供应短缺的局面，反而使苎麻厂党委下定决心改办器材厂。尽管当时“一无资金、二无厂房、三无设备、四无图纸”，但该厂党委利用20万元下马安置经费，采取“土法上马”的方式，以芦席棚单身宿舍代替机动车间，副厂长亲自去上海学技术，用“蚂蚁啃骨头”的办法做出了简易的刨床、车床等设备。

---

① 《湖北省纺织工业局鄂纺〔81〕机字第05号》，1981年2月13日，湖北省档案馆藏档SZ86-2-226。

② 《关于改制1511ME-52″型织机座谈会纪要》，1982年8月10日，湖北省档案馆藏档SZ86-2-286。

③ 武汉纺织器材厂：《武汉纺织器材厂志（1958年6月—1982年12月）》，武汉纺织器材厂1983年版，第4—5页。

1959年7月，该厂试制木梭成功，受到了纺织工业部的表扬，当年下半年，纺织工业部拨款60万元，要求该厂作为综合性纺织器材厂发展[①]。武汉纺织器材厂的创立表明，关联产业的落后确实会阻碍纺织工业的发展。但该厂的创立同时表明，即使在计划经济体制下，仍然可以发现熊彼特式企业家精神的存在。如果在毛式发展型国家（Maoist Developmental State）中，社会主义政党成了最主要的经济行为者，那么，党的领导干部就将在这一模式中扮演相应的企业家角色。武汉纺织器材厂实际建成之后，依然保持了前述以需求为导向的作风。例如，1973年，该厂"为改进产品质量，组成工人、技术干部、领导干部三结合小组，走访用户20余家，还派100多名工人到纺织厂了解梭子使用情况，及时的改进了质量，满足了纺织厂的要求"[②]。只是，武汉纺织器材厂虽然取得了不错的发展成绩，但与主机厂不同，该厂难以被称为资本密集型企业。

总体而言，在计划经济时代，湖北纺织工业的资本密集型关联产业的发展是迟滞的。其中，能源工业的落后系短缺经济下的通病，纺织机械工业的落后则属于湖北特有的问题。在计划体制的大一统之下，各地产业间的协作互补尚不构成太大问题，然则，一旦计划体制被废除，各地区产业间形成竞争态势，湖北纺织工业在装备供给问题上就将面临潜在的困难。1985年，湖北能生产纺织机械的工厂有16家，生产专件、配件的工厂有16家，生产纺织器材的工厂有35家[③]，纺织装备行业可谓初具规模。但是，与先进地区相比，湖北纺织机械工业的进步无疑相对滞后。进一步说，从英国工业革命时期开始，纺织装备工业就与纺织工业形成了协同演化的关系，刺激着纺织工业的技术进步。湖北缺乏领军性的纺织装备企业，自然也就无法享受此种协同演化关系带来的技术溢出效应。

三、传统纺织工业渐趋消亡

在1949年之前，湖北的传统纺织工业，也就是手工纺织业，以乡村棉织业为主体。1930年代，在各种因素的作用下，湖北乡村棉织业已呈衰落之势。实际上，从长远来看，除部分具有奢侈品或纪念品性质的手工纺织

---

① 武汉纺织器材厂：《武汉纺织器材厂志（1958年6月—1982年12月）》，武汉纺织器材厂1983年版，第19—22页。

② 《轻工业部王怀叔同志在三大区纺织器材会议上的讲话记录稿》，1973年，湖北省档案馆藏档SZ63-1-124。

③ 该书编纂委员会：《湖北省纺织工业志》，中国文史出版社1990年版，第403页。

品外，传统纺织工业产品被现代工业制品排挤出历史舞台乃大势所趋。1949年之后，湖北传统纺织工业即渐趋消亡。

传统纺织业具有一定程度的自给性，即使近代出现纺织分离现象后，农民也只不过需要从市场上购买机纱。然而，中共建政后，花、纱、布统购统销政策的推行彻底瓦解了传统纺织工业的生产制度。要之，乡村棉织业的重要原料棉纱被统购之后，该业也随之被并入社会主义经济的轨道，而不能自由发展。政府对于乡村棉织业则采取力促其产业升级的政策，希望逐步淘汰落后的手工生产。不过，各地实际情况有差别，政策执行结果亦不一致。1956年6月，在上海举行了全国手工棉、针织业专业会议，“这次会议主要是研究手工棉、针织业生产上的管理、技术、产品质量、操作规程等问题”①。在会上，绝大部分代表认为应根据不同地区、不同情况采取分别对待，采取“一般的提高专业，相应紧缩兼营，逐步淘汰木机”的方针。例如，广东兴宁有织布户50000多人，1955年压缩到只剩500多人，另有800多人转到公私合营，其他许多有技术的人只好跑到广州、上海、汕头、香港等地谋生。各地对压缩的兼营户，绝大部分令其转入农业生产，除山东省外，各地均认为转入农业问题不大。广西、四川、湖南、云南、贵州等地代表则一致反映当地技术低、设备陈旧、质量低、成本高，希望先进地区在技术上给予指导和帮助。有些地区连制造人力铁木机的人才都没有，即便是有，当时也多在赶制新式农具，故这些地区“希望中央研究解决纺织机的问题，最好纳入国家计划，或设法购买国营纺织工厂所不要的旧机器”②。当时，湖北、广东、贵州、广西、江西、福建等地反映棉纱供应不足，不能满足手工棉织业生产的要求。湖北省的棉纱供应，城市能满足生产所需量的81%，农村能满足31.1%，平均能满足56%。武汉市公私合营每台布机配纱9.471件，而相同设备的手工业布机每台配纱5.232件纱，公私合营任务完不成，手工业社任务不足，故该地希望棉纱分配能够更加合理③。最后，会议总结报告认为，“兼营织布户主要在农村，对于农

---

① 《全国手工棉、针织业专业会议简报》第1期，1956年6月2日，湖北省档案馆藏档SZ89-2-77。

② 《全国手工棉、针织业专业会议简报》第2期，1956年6月4日，湖北省档案馆藏档SZ89-2-77。

③ 《全国手工棉、针织业专业会议简报》第3期，1956年6月5日，湖北省档案馆藏档SZ89-2-77。

民兼营织布的压缩，必须视农业生产的发展和农业收入维持生活的程度有计划有步骤地进行”，总之，“不可操之过急”①。

从全国手工棉、针织业专业会议可见，中央政府对手工棉织业实际上并未采取积极的扶持政策，相反，政府推行的政策是希望缩减手工棉织业规模，将大部分劳动力转移至农业中，残余的手工棉织业则通过设备更新完成向机械化过渡的产业升级。实际上，这一政策与重工业优先发展战略是相统一的，因为重工业的快速发展依赖于农业提供更多剩余，以养活日渐增多的城市工业人口。同时，计划经济体制造成了短缺经济的态势，而传统工业会与现代工业争夺有限的原料，这也使传统工业不为发展型国家所喜。不过，由于工业化不能一蹴而就，故地方上对于该政策其实反应不一，然总的倾向是希望此种产业升级能循序渐进。在相当长的时间内，农村手工业的存在本来就是为了吸纳农业所无法吸纳的剩余劳动力，故将该部分劳动力驱赶回农业是相当困难的一件事。正因为传统工业在提高就业人口方面有较大功能，故1950年代不少地方政府对该产业持积极发展的态度。以湖北省而论，1956年，该省手工业管理局对棉织手工业产值产量规划的初步意见如下表。

表 6-12　湖北省棉织手工业产值产量规划初步意见

年份	单位	总产量	单价（元）	总产值	各年总产值占1956年百分比
1956	匹	1189549.4	28	33307383	100
1957	匹	1452439.8	28	40668314	122.1
1962	匹	3057385.8	28	85606802	257.02
1967	匹	4869342.0	28	136341576	409.34

整理自湖北省手工业管理局：《湖北省棉织手工业产值产量规划初步意见》，1956年，湖北省档案馆藏档SZ89-1-67。

这个规划对于手工棉织业的发展无疑是非常乐观的。1957年，全国手工业生产合作社联合总社也编印了《手工业生产经验选编——棉织业》，意

① 《全国手工棉织、针织业座谈会总结报告（草稿）》，1956年，湖北省档案馆藏档SZ89-2-77。

在推广手工棉织业中的先进生产经验[①]。不过，到了1958年2月，形势突变，中央决定将原属全国手工业合作总社系统领导的手工纺织业划归纺织工业部领导，并提出对该业要“采取不同情况不同办法，逐步全面纳入计划”[②]。这一管理体制上的变化，意味着手工棉织业不再被视为手工业，在很大程度上，该产业已成为工业部门内应被逐渐淘汰的落后产能。然而，“大跃进”时期，以“土纺土织”为名的农村手工棉纺织业一度回潮，各地兴起了一批利用简陋手工设备生产的“小土群”。这些“小土群”生产力落后而能耗高，以致纺织工业部长钱之光在1959年专门呼吁：“棉纺织、棉印染和毛纺织工业等，国内已经能够生产现代设备，而且土法生产花的劳动力多，质量又差，就不必搞土的或洋土结合的。”[③] 1960年2月7日，因手工纺织高耗低产，中共中央终于发布了《关于立即停止棉纺的土纺土织的指示》，受其影响，湖北土纱土布产量亦逐年下降。1964年，湖北土布产量为310.3万米，1965年减为280.7万米，此后，土纱土布生产日趋萎缩[④]。至此，曾兴旺数百年之久的湖北传统纺织工业可谓彻底消亡。

在湖北传统纺织工业消亡的同时，近代曾备受挤压的城市小型织布厂等所谓单织厂却获得了一定的发展。可以认为，这两个行业间的此消彼长存在着很强的关联性，在传统纺织业被作为落后产能遭到淘汰的同时，小型纺织厂包括针织厂等就填补了空缺。受国家政策影响，部分小型单织厂在技术上也出现了脱离传统形态的进化。以武汉市硚口织布厂来说，直到1953年，该厂仍实行人力手工生产。但此后，该厂即朝着机械化与自动化的方向发展。1958年，该厂在全厂所有铁木混合织布机上安装了自动停纬和自动换梭装置。1976年，由于导纬机跟不上自动织布机的生产，该厂又将3部捻线机改装成槽筒式络纱机。1979年，该厂一面从温州学习了先进经验，改装了红外线光电自控断经自停装置，一面向湖北省第五监狱织布

---

① 全国手工业生产合作社联合总社筹委会生产局：《手工业生产经验选编——棉织业》，财政经济出版社1957年版。

② 《中华人民共和国纺织工业部〔58〕纺计字第116号》，1958年2月26日，湖北省档案馆藏档SZ90-2-997。

③ 钱之光：《高速度发展纺织工业》，该书编写组：《钱之光传》，中共党史出版社2011年版，第568页。

④ 该书编纂委员会：《湖北省纺织工业志》，中国文史出版社1990年版，第45页。

厂学习，试制了四色自动换梭机构[①]。硚口织布厂的发展清楚地表明了计划经济时代湖北小型织布厂在技术上有所演化，生产制度亦由传统作坊演进为现代工厂。与硚口织布厂相似的企业尚有襄樊市棉织厂。该厂起初亦系手工作坊，1953年时，厂内只有17台破旧的铁木织布机[②]。至1956年时，该厂亦仅有118台旧铁木织布机和150部手摇导线车，全手工操作，劳动强度大而工效低。1958年，在“大跃进”运动中，受政府感召，该厂自制了1413台设备，改铁木织机为电动铁木织机，实现了半机械化。在这一技术革新过程中，该厂采取的策略是从小型工具改进入手，逐渐革新设备。至1959年，该厂全部织机都实现了电动化，结束了脚踩手摇的劳动方式[③]。在农村方面，亦有一些传统手工业者被组织进合作社，最终演化为工厂。例如，汉阳县索河早在近代即以手工毛巾生产闻名，1950年，在中共的号召下，当地毛巾业个体户纷纷组织起来，成立了11个小毛巾厂。1952年，蔡甸手工织袜个体户亦办起加工厂。同时，还有手工业者组建了织布厂。此后，几经整合，1958年，汉阳县的毛巾、针织、织布合作社均被并入1951年成立的国营益民布厂，定名为汉阳县地方国营针棉纺织厂，隶属县工业科领导，有职工332人，织机129台（毛巾机83台、袜机39台）[④]。该厂亦存在着典型的技术升级过程。以该厂织袜部门来说，直到1958年，设备仍系手摇，但1967年，国家分配了一批Z506型电动袜机，使电动设备代替了手摇设备，而该厂工人亦去汉口学习，掌握了操作新设备的技术，从此“结束了袜子生产一直靠口念、心记、手摇的历史”[⑤]。汉阳县地方国营针棉纺织厂后改名为武汉市汉阳针棉织总厂，该厂的发展历程较典型地展示了在计划经济时代，农村传统纺织业是如何被国家整合为

---

① 硚口织布厂修志领导小组：《武汉市硚口织布厂厂志（1938—1982）》，武汉市硚口织布厂1983年版，第92—93页。

② 梁彦斌口述，邱晓瑛整理：《依靠群众，勤俭创业》，襄樊市政协文史资料委员会，襄樊市纺织工业公司：《勤俭创业，地久天长——襄樊市棉织厂史料专辑》，襄樊市政协文史资料委员会1992年版，第6—7页。

③ 阮宜生口述，邱晓瑛整理：《回忆棉织厂土木布机电动化的经过》，襄樊市政协文史资料委员会，襄樊市纺织工业公司：《勤俭创业，地久天长——襄樊市棉织厂史料专辑》，襄樊市政协文史资料委员会1992年版，第42—45页。

④ 武汉市汉阳针棉织总厂：《武汉市汉阳针棉织总厂厂志》，武汉市汉阳针棉织总厂1985年版，第1—7页。

⑤ 武汉市汉阳针棉织总厂：《武汉市汉阳针棉织总厂厂志》，武汉市汉阳针棉织总厂1985年版，第45—46页。

现代工业的。

综上所述，新中国成立后，湖北的传统纺织工业逐渐走向消亡。从表面上看，近代湖北纺织工业的二元工业化进程亦完全被打断。然而，就实质而言，二元工业化的机制依然存在，只是表现为不同的形式罢了。因为，在传统纺织业中，被社会主义国家淘汰掉的部分，实际上是在近代即已开始走向灭亡的“土纺土织”，换言之，社会主义发展型国家加速了传统纺织业的制度转型，并为其导入了新技术。可以说，在计划经济时代，湖北传统纺织工业的渐趋消亡，应该被理解为一种产业升级，但纺织工业中的二元格局，仍然以国营大厂和地方小厂并立的形式继续存在。

第三节　湖北化纤工业发展的迟滞

发展化纤工业是计划经济时代中国政府最主要的纺织工业政策之一。在1949年之前，除了上海和安东两家试制人造丝的小厂外，中国几乎完全没有化学纤维产业[①]。1960年9月1日，中共中央批准了纺织工业部《关于纺织工业发展方针的请示报告》，指出：“今年纺织工业的基本建设计划已经经过调整，该停办的项目应该坚决停下来，把腾出的资金和材料，用于增添改进产品质量的设备和发展人造纤维。人造纤维所需的原料材料，国家经委应该进一步安排落实，按时拨给。”[②] 在该报告中，纺织工业部指出：“化学纤维主要包括两大类：一类是人造纤维，中央已经决定由纺织工业部门管理。另一类是合成纤维，仍由化工部门管理。化学纤维在某些方面具有天然纤维所没有的优点，它的用途越来越广。根据1958年的资料，在世界各国纺织原料中化学纤维约占22%，而我国1959年化学纤维的产量还只占纺织原料的0.3%。”[③] 这使得中国政府有了“急起直追”的紧迫感。

---

① 该书编委会：《中国近代纺织史》下卷，中国纺织出版社1997年版，第199页。

② 《中共中央批转纺织工业部党组〈关于纺织工业发展方针的请示报告〉》，中共中央文献研究室编：《建国以来重要文献选编》第13册，中央文献出版社2011年版，第492页。

③ 《纺织工业部党组关于纺织工业发展方针的请示报告》，中共中央文献研究室编：《建国以来重要文献选编》第13册，中央文献出版社2011年版，第495页。

1964年，中共中央进一步指示要积极发展人造纤维工业，认为这是“解决穿衣问题的一项重大措施”[①]。由此可见，中国政府将发展化纤工业提升至了战略高度。不过，在湖北，“化纤行业因投资大，周期长，没有得到重视”[②]。湖北化纤工业在计划经济时代发展的迟滞性，直接影响了改革开放时代湖北纺织工业的竞争力。

一、中国化纤工业早期发展概况

从原料的演变上说，中国化纤工业的发展经历了3个阶段：一为人造纤维时期，即所谓纤维素纤维，主要取自木材，从1960年开始发展，代表性企业有保定化学纤维联合厂、南京化纤厂，但很快即面临木材资源紧缺的制约；二为维尼纶时期，用电石作原料，把电石制成乙炔，再经化学方法做成纤维原料，然后纺丝，1963年引进日本技术，建成了北京九龙山有机化工厂和顺义维尼纶厂，后在全国复制了9个工厂，但维尼纶纺织品性能不好，穿在身上舒适度不高，1980年代后即逐步退出衣用领域；三为石油化工原料时期，从1972年开始，利用石油、天然气生产涤纶、腈纶、锦纶等产品，依靠引进国外大型成套设备，起步阶段建有上海、天津、辽宁、四川四大合成纤维厂[③]。而从产业演化的形态上说，与更为传统的棉纺织工业相仿，中国化纤工业的最初发展，也走了一条移植引进与本土自建并行的二元化道路，且分化为“大化纤”与“小化纤”。

近代中国的化纤工业极为落后，新中国成立之初，筹建这一新兴产业被中央政府提上了议事日程，这就有了从国外引进技术来发展大型化纤工业的移植型发展道路。化学纤维是化工产品，本该由化工部门负责，但当时化工部门以基础化工为主，主管的大行业多达13个，化学纤维被排在最后。于是，出于发展纺织工业的需要，纺织工业部产生了自行发展化纤工业的构想，并于1954年在部内成立了化学纤维筹备小组。1955年9月，纺织工业部部长钱之光率领中国纺织工业代表团赴苏联考察，侧重考察了化纤工业。他们回国后，在编制“二五”计划时，列入了拟从苏联进口成套

① 《中共中央关于积极发展人造纤维工业的指示——批转人造纤维会战指挥部1964年会战计划》，中共中央文献研究室编：《建国以来重要文献选编》第18册，中央文献出版社2011年版，第240页。

② 该书编纂委员会：《湖北省纺织工业志》，中国文史出版社1990年版，第27页。

③ 陈锦华：《国事续述》，中国人民大学出版社2012年版，第4—9页。

设备建设4个大型化纤厂的计划，并派员再度赴苏联谈判。不过，与苏联的谈判并不顺利，最终，苏联要求中国从东德购买设备。1956年，经周恩来总理批准，中国政府确定从东德引进年产5000吨粘胶长丝（俗称“人造丝”）成套设备和年产380吨锦纶长丝实验设备，建设保定化纤厂和北京合成纤维实验厂[①]。这是中国大规模引进化纤技术的开端。与此同时，中国旧有的上海安乐人造丝厂和丹东化纤厂也经过恢复和改造，于1958年开工生产，这两个厂更多地体现了中国化纤工业的本土自建道路。

在从东德购买设备建立的两家企业中，北京合成纤维实验工厂规模较小，1957年建成，并移交给了化工部，保定化纤厂的建设周期则较长。早在1955年，纺织工业部就成立了第一人造纤维厂筹建处，由令吾任筹建处主任。在与东德谈判的同时，筹建处即开始进行厂址选择和搜集资料工作，先后考察了哈尔滨、牡丹江、成都、灌县、合肥、通州等20多个地区，最后于1956年由来华东德专家组选定在保定西郊建厂。1957年10月，保定厂正式开始基建，至1959年12月基本完成主要建筑工程，1960年7月正式投产[②]。与一般纺织厂相比，保定厂的建设周期如此之长，除去特殊的时代因素外，当与中国首次建设大规模化纤厂不无关系。保定厂建成后，以棉短绒和聚酯切片为基本原料，通过化学工艺过程生产天鹅牌粘胶长丝和涤纶长丝，其粘胶长丝大部分用于纯织或交织生产高档丝绸织物，供应全国300多家丝绸厂[③]。可以说，靠全面引进技术建立起来的保定厂，是中国早期“大化纤”的典型，具有规模较大、技术较先进、产品档次较高等特征。

在中央政府引进技术创建大型化纤厂的同时，部分地方政府也投入到小型化纤厂的建设中。前文所述上海安乐人造丝厂和丹东化纤厂的恢复可谓此种建设的一个开端。以上海来说，1958年安乐人造丝厂投产后，该市成立了化纤厂筹建委员会、化纤筹建办公室，下设锦纶6、锦纶66、腈纶、

---

① 该书编写组：《钱之光传》，中共党史出版社2011年版，第425—426页。

② 保定化学纤维联合厂：《保定化学纤维联合厂厂史（1957—1987）》，保定化学纤维联合厂1988年版，第11—15页。

③ 保定化学纤维联合厂：《保定化学纤维联合厂厂史（1957—1987）》，保定化学纤维联合厂1988年版，第7页。

涤纶、氯纶、粘胶、醋酸纤维7个建厂组，抽调了428名干部和技术人员参加工作[①]。1960年，也就是保定厂正式投产的同一年，由于棉花连续减产，中国的纺织原料问题十分突出。纺织工业部于同年提交的《关于纺织工业发展方针的请示报告》，强调要实行“发展天然纤维与化学纤维同时并举”的方针，即以天然原料短缺为背景[②]。在这种形势下，各地方政府对于发展化纤工业热情更高，由此催生了部分地区的“小化纤”模式，以上海最为成功。当年10月，上海市纺织工业局党委在《关于发展化学纤维的报告》中，提到上海纺织原料“一向主要仰给外省调入和进口”，由于“需要原料数量大，负担国内外市场任务重”，在原料不足的情况下，上海纺织工业“尤感压力大”，只能通过发展化学纤维来缓解压力。由于缺乏中央投资，上海发展化纤主要又只能依靠“小土群生产”[③]。

所谓“小土群生产”，即指在条件欠缺的情形下，因陋就简地采取非正规办法从事生产建设。例如，上海市木浆粕厂改建缺少泥工，群众就“自己边学边做”；粘胶小土群缺乏先进设备，则“参照苏联一步法制造粘胶的原理，自行设计制造五合机，以简化的方法生产粘胶短纤维”[④]。在缺乏投资和大规模技术引进的条件下，此种“小土群生产”可以说是地方政府发展化纤工业的唯一途径。不过，上海市政府没有一味地支持“小土群”。1961年8月，该市纺织工业局成立了化纤办公室，对“小土群”进行整顿，撤并了不具备化纤生产条件的厂点，集中力量扶植较成熟的生产点，当年底共形成18家具有生产能力的厂点。1962年10月，上海市撤销化纤办公室，成立上海市化学纤维工业公司（简称化纤公司），直辖8家企业，兼管7个单位[⑤]。可以想见，上海化纤工业“小土群”发展之初存在着很多问题，例如，1961年时，“安乐厂生产的人造丝正品率仍然不高，毛丝、条

① 该书编纂委员会编：《上海纺织工业志》，上海社会科学院出版社1998年版，第237页。

② 李瑞编著：《中国化纤工业技术发展历程——赤子的答卷》，中国纺织出版社2004年版，第43页。

③ 《纺织工业局党委关于发展化学纤维的报告》，1960年10月31日，上海市档案馆藏档B134-1-614。

④ 上海市纺织工业局：《三年来化学纤维生产总结（初稿）》，1961年9月19日，上海市档案馆藏档B134-1-1144。

⑤ 该书编纂委员会编：《上海纺织工业志》，第237—238页。

干不匀现象仍很严重，生产的产品只能用于小商品，而不为丝绸厂所欢迎。”[①] 因此，上海“小化纤”发展初期，“由于质量低，成本高，引起一些人的怀疑，认为‘缺乏科学根据、瞎搞一起（气）’”[②]。不过，上海市政府对“小化纤”采取的是“积极支持的态度”，并“经常给予督促和帮助”[③]，故上海市化纤公司在1980年代最终由“小土群”成长为了大型企业。这说明中国化纤工业的本土自建道路是可以走成功的。

然而，“小化纤”虽然可以成功，但其成长周期较长，且在规模与技术上与国外化纤工业相比，缺乏优势。因此，为追赶发达国家，中央政府势必要继续从事“大化纤”建设，而其模式，也仍然是从国外引进移植。1963年，纺织工业部从日本引进成套设备、技术，在北京建设年产万吨的北京维尼纶厂，该厂于1965年9月建成。1965年11月，又从英国引进了生产腈纶短纤维的成套技术装备，在兰州动工建设，1969年建成投产，年产能力为8000吨[④]。不过，此种移植引进型“大化纤”建设的高潮显然是所谓“四大化纤”项目。1970年代初，大庆油田产量达到5000万吨，这使中国领导人看到了发展合成纤维的希望。1972年1月22日，根据周恩来的指示，由钱之光组织研究起草了进口成套设备发展化纤工业的报告，并很快获得批准，3月，钱之光即派出考察小组赴日本考察三菱油化、三井油化、住友化学工业等10家公司，为引进设备做准备[⑤]。最终，中央政府决定引进4套化纤设备，分置于上海市金山卫、辽宁省辽阳市、四川省长寿县和天津市北大港，这就是所谓“四大化纤”。当时，中央政府对于产业布局的考虑是，将引进的成套化纤设备“分别放在纺织工业比较发达、原料短缺而人口又比较多的地区”[⑥]。按这一标准，产棉大省湖北自然难以入

---

① 上海市纺织工业局：《三年来化学纤维生产总结（初稿）》，1961年9月19日，上海市档案馆藏档B134-1-1144。

② 上海市纺织工业局：《上海小型化学纤维生产总结（初稿）》，1963年9月，上海市档案馆藏档B134-2-149。

③ 上海市纺织工业局：《上海小型化学纤维生产总结（初稿）》，1963年9月，上海市档案馆藏档B134-2-149。

④ 李瑞编著：《中国化纤工业技术发展历程——赤子的答卷》，中国纺织出版社2004年版，第45页。

⑤ 李瑞编著：《中国化纤工业技术发展历程——赤子的答卷》，中国纺织出版社2004年版，第45页。

⑥ 陈锦华：《国事忆述》，中共党史出版社2005年版，第11页。

选。在这四大项目中，上海石油化工总厂于1979年11月正式交付生产，辽阳石油化纤总公司与四川维尼纶厂于1983年交付生产，天津石油化纤厂则于1984年正式交付[①]。“四大化纤”的建设，可以说是计划经济时代后期中国“大化纤”发展的最主要内容。当然，除了“四大化纤”外，中央政府在同一时期还进行了其他“大化纤”建设，如黑龙江涤纶厂、营口化纤厂等，但与“四大化纤”相比，其战略性和重要程度显然要低一些。

以上所述，即为中国化纤工业早期发展的概况。很显然，在计划经济时代，中国化纤工业的演化出现了两条路径：其一为由中央政府主导的“大化纤”，系以直接向国外引进技术为建设方式，具有规模大、技术水平高等特征；其二则为由地方政府推动的“小化纤”，系依靠本土资源自行建设起来的，在发展初期通常采取因陋就简的“土办法”，在技术、产量及产品质量等方面均存在较大问题。从理论上说，“大化纤”应该是中国化纤工业发展的正常路径，然而，由于整个国家技术起点低，资金也很匮乏，故“小化纤”有了生存空间。而且，上海化纤公司曾抽调党政领导和技术人员362人、工人213人支援上海石油化工总厂一期工程建设[②]，显示出在中国特殊的国情下，“小化纤”的技术积累，对“大化纤”具有一定的支持作用。因此，中国化纤工业早期发展的二元化道路有其合理性。然而，就湖北省而言，在计划经济时代，中央投资的“大化纤”项目规模有限，地方企业发展“小化纤”又中途受挫，这就直接拖延了该省化纤工业的发展。

二、湖北化纤工业起步之不顺

湖北省的化纤工业起步于1960年代末，当时，国家投资1亿多元，在湖北建设了武汉人造纤维厂、湖北化学纤维厂和沙洋化纤厂，三厂分别于1970年7月、1972年1月和1975年6月建成投产。1978年后，又新建一些项目。至1985年，湖北实有化纤企业和企业附属车间11家，生产粘胶纤维者1家，生产合成纤维者8家，生产化纤浆粕者2家。当年，湖北化纤生产能力在全国仅占2.07%，居全国25个省市的第17位，合成纤维更

---

① 该书编写组：《钱之光传》，中共党史出版社2011年版，第449—452页。

② 该书编纂委员会编：《上海纺织工业志》，上海社会科学院出版社1998年版，第238页。

是只占 0.8%，居第 24 位[①]。湖北化纤工业在改革开放时代发展的落后，与其在计划经济时代发展迟滞有直接关系。

其实，早在 1958 年，中国科学院武汉化学研究所就曾开展用棉杆制造人造纤维的研究。该所经过近 2 年的努力，试制成功，其成果据保定人造纤维厂扩大试验的初步鉴定，较之一般用木浆做的普通人造纤维并不逊色，不失为一种品质优良的人造纤维。此外，该所用该人造丝在武汉的针织厂试织了汗衫和袜子等衣着用品，在制织过程和成品性能方面都得到满意的结果。因此，1960 年 7 月，该所建议科委组织轻工业厅、纺织管理局、汉阳造纸厂与保定化学纤维厂协作，按照该所制订的工艺流程制造 10—15 吨棉杆人造丝浆，分别利用保定和武汉的大、小抽丝、纺织设备进行大量的扩大试验；同时组织轻工业科学研究所、纺织科学研究所、纺织工学院等武汉市的有关单位共同协作，进一步比较鉴定，进行纺丝生产性试验和研究解决生产中存在的问题；并组织农业部门、商业部门共同协作，解决原料的供应和综合利用的途径等问题[②]。目前所知的是，该项目并未得到推广，湖北省的首家化纤厂武汉人造纤维厂与之无关。不过，该项目反映了在化纤业发展过程中，科学研究部门的参与度较高。另外，该项目带有浓厚的“大跃进”色彩，中科院武汉化学所在介绍中称：“从生产工艺看，用棉杆制人造丝，生产技术不算复杂，化工原料国内均已大量生产，生产设备除部分过程需要稍为精密的机械外，其余都可土法上马。因而生产不必高度集中，可以大、中、小型同时并举。目前，县以上可以办厂，具备一定条件的人民公社也可以办厂。”[③] 因此，该项目可以被视为所谓“小化纤”。

值得一提的是，1968 年，湖北省水产厅尚有将厅直属东风鱼种场改建为化学纤维渔具厂的设想。据称，湖北省的渔网、渔具历史上均以植物纤维棉、麻、丝为制作原料，每年共需 1000 多吨，解放后，由于水产生产的发展，产生了供不应求的矛盾，遂采用了部分尼龙、低压聚乙烯、维尼纶丝、聚氯乙烯等化学纤维以补不足，每年约需各类化学纤维 500 吨，而西

---

① 该书编纂委员会：《湖北省纺织工业志》，中国文史出版社 1990 年版，第 271 页。

② 中国科学院武汉化学研究所领导小组：《关于推广用棉杆制造人造纤维研究成果的报告》，1960 年 7 月 18 日，湖北省档案馆藏档 SZ124-2-89。

③ 中国科学院武汉化学研究所领导小组：《关于推广用棉杆制造人造纤维研究成果的报告》，1960 年 7 月 18 日，湖北省档案馆藏档 SZ124-2-89。

南、西北各省及湖南、河南两省亦常来信要求大量支援。只是，当时淡水鱼产区尚无一个较完整的化学纤维渔具厂，几无生产能力，主要依靠海水产区天津、上海、泰州、南京、大连等地的加工厂供应，而这些地区本身任务重，均表示不愿承担，并批评湖北省"为什么不自力更生"。故省水产厅计划将汉阳区大山寺附近的鱼种场改建为拥有1000平方米生产车间的化纤渔具厂①。该计划虽与纺织业之主体产业无直接关联，但它表明当时湖北省对化纤的需求量是非常大的，而化纤材料不能自给带来了下游产业发展的瓶颈。1973年，纺织工业部分配湖北省人造丝指标370吨，其中由河南新乡化纤厂供货270吨，但到8月时，该厂仅供货87.48吨，湖北省轻工业局派员去催货，厂方却称供给湖北的人造丝原料只能完成60%。由于原料供应不足，湖北各厂出现了停工待料、断续生产的情况②。化纤短缺给湖北纺织工业带来的冲击于此可见一斑。实际上，不仅仅是湖北，整个中国大陆皆面临着化纤短缺的局面，每年的进口数量都很大③，这也迫使中国政府推进化纤工业的发展。

为了解决化纤供给不足的问题，以及配合国家产业建设，和上海等地一样，湖北省的化纤工业建设也于1960年代启动，于是武汉市人造纤维厂（简称武汉人纤厂）、湖北化学纤维厂（简称湖北化纤厂）和沙洋化纤厂相继动工兴建。其中，沙洋化纤厂本为沙洋劳改农场所办的厂，于1966年8月动工建设。1970年，省轻工业局因接到武汉大学师生成功炼出"蛋白纤维"的报告，一度打算将沙洋化纤厂交由武汉大学办④。后此议未行。当年，由于建设进度缓慢，省公安机关军管会于1月初对该厂的建厂工程作出安排，要求"加强领导，集中优势施工力量打歼灭战，1970年一定将浆粕车间建成投产，富纤车间和二硫化碳车间力争今年建成"。同时，军管会预计上述两个车间需要增加200—250名工人，故考虑抽调老厂骨干力量，从精简的干部中抽调一部分35岁以下的进行培训，以及从干部、职工

① 《湖北省水产厅革命领导小组〔68〕水产革生字第043号》，1968年8月14日，湖北省档案馆藏档SZ139-1-75。

② 《湖北省革命委员会轻工业局鄂革轻〔73〕供字第107号》，1973年8月18日，湖北省档案馆藏档SZ63-1-119。

③ 《进口化纤检验问题座谈纪要》，1966年5月28日，湖北省档案馆藏档SZ87-1-56。

④ 《湖北省革命委员会轻工业局鄂革轻〔70〕字第086号》，1970年7月24日，湖北省档案馆藏档SZ63-1-9。

家属子女中选拔一批[①]。5 月，省计划委员会决定 1970 年沙洋化纤厂增加 150 名劳动计划指标，并下达到荆州地区招收[②]。1975 年 4 月底，该厂终于全部建设完成，7 月 1 日，省公安局劳改局向省计委请求将该厂试生产所需的原材料和电力 2000 千瓦纳入计划[③]。9 月 4 日，省计委同意该厂于四季度进行试生产，并抓紧进行“三废”处理未完工程[④]。沙洋化纤厂从 1966 年动工兴建到 1975 年建成投产，用了近 10 年的时间，其建设进度之迟缓恰似湖北化纤工业发展的一个缩影。从企业规模及技术来源看，沙洋化纤厂无疑属于本地自建型的“小化纤”。

与地方性企业沙洋化纤厂相比，湖北化纤厂更具规模。该厂是第二汽车制造厂（简称二汽）的一个配套厂。1967 年 1 月，为配合二汽的兴建，纺织工业部决定在湖北襄樊市太平店建设一个年产 10000 吨的粘胶强力帘子布厂，此即湖北化纤厂的由来。该厂从工艺路线、设备制造到工厂设计，完全采用中国自己的技术，其生产所用的油剂也是经过科研攻关后自己制造的。因此，与二汽一样，湖北化纤厂可被视为“自力更生”的典型[⑤]。实际上，湖北化纤厂是在钱之光部长亲自过问下建立的，厂长是曾参与筹建保定厂的令吾。当时，因为要实行干部下放，为了保存干部，钱之光把纺织工业部一大批管理和技术人员下放到该厂。因此，湖北化纤厂技术力量较强，投产初期，技术人员即对工艺进行改进，使纤维质量达到了国际公认的“两超”强力帘子线的指标[⑥]。应该说，作为“大化纤”企业的湖北化纤厂起点是较高的。然而，建成投产后，该厂的运转并不顺利。

湖北化纤厂于 1972 年建成投产，比沙洋化纤厂的基建效率要高。然而，建成投产后，湖北化纤厂一直受困于短缺经济。1973 年，在湖北化纤厂开工第二年，省轻工业局即向轻工业部反映，该厂 1974 年由轻工业部安

---

① 《沙农军管字〔70〕第 001 号》，1970 年 1 月 14 日，湖北省档案馆藏档 SZ43-5-114。

② 《湖北省革命委员会计划委员会鄂革计〔70〕第 099 号》，1970 年 5 月 30 日，湖北省档案馆藏档 SZ43-5-114。

③ 《湖北省公安局劳改局鄂公劳计字〔75〕第 64 号》，1975 年 7 月 1 日，湖北省档案馆藏档 SZ43-5-798。

④ 《湖北省革命委员会计划委员会鄂计办工字〔75〕第 398 号》，1975 年 9 月 4 日，湖北省档案馆藏档 SZ43-5-798。

⑤ 《当代中国丛书》编辑部：《当代中国的纺织工业》，中国社会科学出版社 1984 年版，第 233 页。

⑥ 李瑞编著：《中国化纤工业技术发展历程——赤子的答卷》，中国纺织出版社 2004 年版，第 44 页。

排生产的二硫化碳需要硫磺3100吨（其中上半年1500吨），但湖北省商业局却称："1974年上半年我省只有硫磺资源4000吨，不能供应湖北化纤厂所需硫磺。"[①] 该厂设计能力为年产10000吨粘胶强力帘子布，由于锅炉蒸汽供应不上，至1974年时，仍不能全面投产。经清华大学、北京锅炉厂等单位共同研究试验，认为该厂的3台锅炉以改烧重油为宜，据估计每年约需45000吨。然而，燃料化学工业部告知该厂："因国内和外贸出口需要石油产品增长幅度较大，相应地可供烧油资源紧张，对湖北化纤厂要求的烧油，无法安排供给。"[②] 为了解决供汽、供电不足，1975年，该厂决定扩建自备热电站。该计划虽然得到了轻工业部的同意，但轻工业部同时指出："鉴于湖北渣油资源不足，烧原油又不符合国务院领导同志的指示精神，因此该自备热电站仍以烧煤为宜。"[③] 由于国家对强力粘胶帘子布供应汽车工业和农业机械的迫切需要，中央政府对湖北化纤厂的建设持支持态度，国家计委领导和轻工业部一再强调，湖北化纤厂热电分厂的建设，要按原定计划2年建成，1977年底投入生产[④]。这也就意味着，在自备热电厂建成前，该厂仍须忍受能源短缺之苦。1976年，湖北化纤厂仍希望改烧重油，9月21日，省轻工业局在给省计委的报告中称："省应该给予支持，有煤给煤，有油给油，至于重油的供应指标问题，在国家计委、石化部未正式批准该厂开户之前，请省工办、省物资局从荆门炼油厂的生产中，根据资源平衡情况，调度解决。"[⑤] 实际上，该厂从当年3月5日起，烧炭实际到货为4015吨，仅占供应计划72750吨的5.5%，由于煤炭不能保证供应，只能全面停产达7个多月之久。是故，10月13日，湖北省计委向国家计委与国家物资总局请示："请从11月份起，每月调剂烧油3000吨。妥否？"[⑥] 至1977年，国家已给湖北化纤厂投资100000000多元，但由于蒸汽不足和

① 《湖北省革命委员会轻工业局鄂革轻〔73〕供字第166号》，1973年12月22日，湖北省档案馆藏档SZ63-1-119。

② 《燃料化学工业部〔74〕燃分油字第5号》，1974年2月16日，湖北省档案馆藏档SZ43-5-640。

③ 《轻工业部〔75〕轻计字第96号》，1975年8月28日，湖北省档案馆藏档SZ43-5-769。

④ 《关于湖北化纤厂扩建自备热电分厂及综合烧制钙镁磷肥选址定点会议纪要》，1976年4月10日，湖北省档案馆藏档SZ99-6-303。

⑤ 《湖北省革命委员会轻工业局鄂革轻〔76〕供字第98号》，1976年9月21日，湖北省档案馆藏档SZ43-5-860。

⑥ 《湖北省革命委员会计划委员会鄂革计物字〔76〕第453号》，1976年10月13日，湖北省档案馆藏档SZ43-5-860。

湖北省电力供应紧张，该厂生产能力一直没有得到发挥[①]。事实上，直到1983年，由于陕西省澄合、蒲白等矿务局供应的5300吨煤仅发了3219吨，湖北化纤厂又“将因缺煤全部停产”[②]。如果说能源工业发展迟滞是制约湖北纺织工业的一大瓶颈，该瓶颈对于资本密集型的化纤工业之制约就尤为明显了。

1978年初，纺织工业部召开了全国化学纤维生产工作会议，会议确定在国家计划25万吨的基础上，部分地区应努力增产，合计完成全年30万吨化纤生产任务。在会议下发的《1978年化纤增产任务表》中，涉及的地区有四川、陕西、湖南、广西、广东、上海、江苏、浙江、福建、江西、山东、北京、天津、河北、山西、内蒙、辽宁、吉林和黑龙江，而没有湖北。同年，湖北只有麻袋增产任务[③]。可以说，湖北的被忽视是与其化纤工业发展落后有密切关系的。在1970—1978年间，湖北化纤工业处于持续性亏损状态中，累计亏损达7468200元，其中，武汉人纤厂在转向前共亏损6540000元，沙洋化纤厂亏损1860000元，湖北化纤厂虽能盈利，亦仅赚15000元[④]。相比国家对湖北化纤厂的投入，这一产出自然是太过微小了。1970—1978年湖北化纤工业的利润如下图所示：

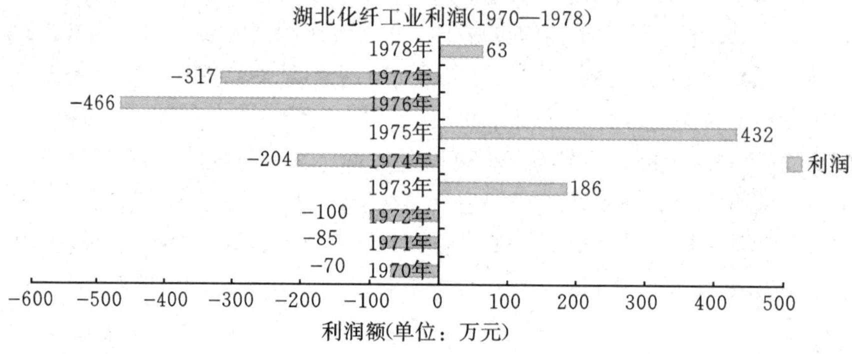

图6-6　湖北化纤工业利润（1970—1978）

整理自该书编纂委员会：《湖北省纺织工业志》，中国文史出版社1990年版，第281页。

---

① 《湖北省革命委员会计划委员会鄂革计财字〔77〕第100号》，1977年9月9日，湖北省档案馆藏档SZ43-5-1017。

② 《湖北省纺织工业局鄂纺〔83〕物字第3号》，1983年2月28日，湖北省档案馆藏档SZ34-11-501。

③ 《纺织工业部〔78〕纺计字第061号》，1978年5月27日，湖北省档案馆藏档SZ43-5-1142。

④ 该书编纂委员会：《湖北省纺织工业志》，中国文史出版社1990年版，第281页。

综上所述，在计划经济时代，湖北化纤工业甫一起步即发展不顺。究其原因，化纤工业属于资本密集型产业，需要大量资金投入，湖北发展该产业缺乏比较优势。同时，化纤工业对能源工业等资本密集型产业依赖度亦较高，而湖北省能源工业在当时亦不能充分供给，故化纤工业饱受短缺经济之苦，自然难以进步。

三、典型企业剖析：武汉人造纤维厂

在计划经济时代，武汉人纤厂是湖北 3 个化纤厂中较为典型的一家企业。相较沙洋化纤厂，武汉人纤厂虽同属于“小化纤”，但位于核心城市，且隶属于产业系统而非公安系统；相较湖北化纤厂，武汉人纤厂不属于其他企业的配套项目，拥有更多自主权。然而，与其他 2 个厂一样，在计划经济时代，武汉人纤厂的发展并不顺利。

武汉人纤厂也是“大跃进”时代的产物。1958 年，武汉市纺织科学研究所成立了化纤室，下设粘胶纤维与合成纤维这 2 个小组。其中，粘胶纤维小组计划搞日产 5 公斤粘胶纤维的小试验。当时的条件十分简陋，但试验小组居然纺出了丝，且试织了人造丝袜子和窗帘。不过，与大跃进时代的大部分项目一样，1961 年底，因试验资金不足等困难，试验小组解散。然而，该小组的试验为日后研究富强纤维提供了一定的数据。1963 年，武汉市纺织科学研究所所长蒋世显参加了中南地区一个合成纤维与人造纤维学术经验交流会，在会上看到有关日本研究“虎木棉纤维”的资料，遂于会后着手开展研究工作。1963 年底，在小试验取得成功后，又进行了扩大试验。1964 年，武汉市纺织工业管理局决定向国家科委申请建厂，其理由之一为：生产纤维的浆粕原料系采用棉籽短绒，其他如木材、甘蔗渣、棉甘等亦可利用，以往这部分资源均未被充分利用，造成无形的损失。当时，广州、上海也分别提出建厂要求，论条件，这两座城市都比武汉强，但国家考虑到纤维是武汉研究成功的，故还是决定在武汉建厂。1965 年 7 月 20 日，纺织工业部、纺织科学研究所、国家科委等有关单位，一致同意 1966 年在湖北建立“高湿模量粘胶纤维”工业生产性的中间试验厂，由国家科委拨款 300 万元，中间试验费不足部分由湖北省自行解决。1965 年第四季度，该中间试验厂开始筹建，1966 年 8 月，该厂开始破土动工[①]。由此可见，

① 武汉市毛纺织厂：《武汉市毛纺织厂厂志初稿（1965—1982）》，武汉市毛纺织厂 1983 年版，第 4—7 页。

湖北人造纤维工业的发展起点并不算太低。

1966 年，上述新建厂最初被定名为“武汉市人造纤维试验厂”，因其尚属中间试验阶段，兴建该厂是在市纺织科学研究所小试验和扩大试验取得成果的基础上提出的，大规模的工业生产还有待于进一步研究探讨，故该厂具有工业性生产的科学试验性质。然而，武汉市纺管局想把该厂作为一家生产型企业，故于 1969 年 3 月 1 日将其改名为“武汉市人造纤维厂”，去掉了“试验”二字。实际上，武汉市纺管局的这一定位改变了武汉人纤厂的性质。该厂设计产能为日产 5 吨、年产 1600 吨棉型富强纤维，原材料包括：(1) 浆粕，设计中采用棉短绒浆；(2) 烧碱，采用水银电解产品，拟请中国化学原料公司供应站安排供应；(3) 硫酸，亦由化工原料公司安排供应；(4) 二硫化碳，在设计中未考虑制造车间，在本市尚未生产该种原料前暂由外地供应，运来工厂后储存在工厂储库中备用。在厂房破土动工的同时，该厂将职工送往上海、福州培训，并派人前往学习南京化纤厂、杭州化纤厂等企业的先进生产经验。从 1967 年到 1970 年开车试生产为止，主车间生产人员已先后在新乡、上海、福州等地共培训 111 人次，生产骨干队伍已基本形成[①]。从人员培训来看，武汉人纤厂的起步是值得肯定的。

然而，由于“文革”的原因，武汉人纤厂从筹建到试车投产，共用了 3 年多的时间，建设工期一拖再拖，直到 1970 年 7 月 1 日方举行开工典礼。这种缓慢的施工建设进度，也可以说是“文革”时代客观环境所造成的。1970—1978 年间，武汉人纤厂生产富强纤维的产量如下：

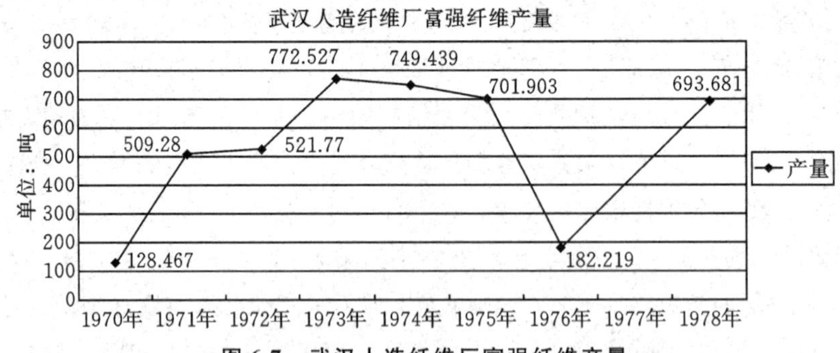

图 6-7　武汉人造纤维厂富强纤维产量

整理自武汉市毛纺织厂：《武汉市毛纺织厂厂志初稿（1965—1982）》，武汉市毛纺织厂 1983 年版，第 11 页。

---

① 武汉市毛纺织厂：《武汉市毛纺织厂厂志初稿（1965—1982）》，武汉市毛纺织厂 1983 年版，第 12—15 页。

从图 6-7 可见，武汉人纤厂历年富强纤维产量都未能达到当初设计的最大年产量，且若干年份产量波动较大，1977 年尚且全面停产，这反映出该厂运营上存在着不稳定性。实际上，该厂车间管理问题严重，操作人员往往不经考核就匆忙上车，影响到生产。不过，对武汉人纤厂影响最大的瓶颈恐怕还是资金匮乏以及原料短缺。从资金上说，武汉人纤厂的浆粕车间与二硫化碳车间原本计划投资 150 万元，设计能力为日产浆粕 12 吨，但 1971 年，根据国家调整基建计划精神，投资被削减，原计划日产 12 吨被压缩为日产 6 吨，这就大大制约了工厂的生产能力。实际上，该厂机修车间甚至无钱购置通用设备[①]。由于部分设备不配套，未达到设计水平，1978 年，武汉人纤厂日产量仅 3.7 吨[②]。从原料方面看，1973 年以后，该厂所需浆粕主要靠湖北化纤厂供应，硫酸靠大冶铁厂供应，烧碱靠武汉葛店化工厂供应，二硫化碳大部分由山西供应。该厂生产二硫化碳所需的木炭和硫磺原本由武汉市土产公司负责组织供应，后因用量过大，土产公司无法保证供应，而且须由工厂自己派汽车，翻山越岭，从恩施、京山等地的大山里将原料拖回。因此，在原料方面，人纤厂自认为“吃了上顿，愁下顿”，其近 10 年的生产可用“煎熬”一词来形容。由于该厂技术较差，产品质量亦差，武汉市内各纺织厂均不愿意要，遂造成产品大量积压，生产资金无法周转，原材料到货无款支付，有时连发工资也感到困难[③]。因此，武汉人纤厂自开工后的 9 年间一共亏损了 530 万元，1979 年 4 月下旬，该厂再次全面停产。此后，武汉人纤厂退出化纤行业，转产为毛纺织厂，才转危为安，一度欣欣向荣。

武汉人纤厂转型为武汉毛纺织厂，对于企业自身来说属于成功求存，但就整个湖北化纤工业而言，却是一种损失。实际上，当时中国各地化纤工业的发展都存在着长期性的挫折。例如，佛山于 1970 年初开始发展富强

---

① 武汉市毛纺织厂：《武汉市毛纺织厂厂志初稿（1965—1982）》，武汉市毛纺织厂 1983 年版，第 11—13 页。

② 《湖北省革命委员会纺织工业局鄂革纺〔78〕化字第 2 号》，1978 年 7 月 15 日，湖北省档案馆藏档 SZ86-2-39。

③ 武汉市毛纺织厂：《武汉市毛纺织厂厂志初稿（1965—1982）》，武汉市毛纺织厂 1983 年版，第 17—18 页。

纤维，因技术不过关，产量低而成本高，于1973年宣告停产。其发展氯纶纤维因为原料供应不稳定而于1974年下马，其发展涤纶纤维则因设备无法完全配套而推迟投产[①]。可以说，武汉人纤厂乃至整个湖北化纤工业在起步阶段遇到的困难，佛山化纤工业都经历过。但是，佛山市并未放弃发展化纤工业，而早期项目的失败，也为产业此后的发展积累了宝贵经验和培养了人才。浙江省的情形亦与之类似，该省早期的化纤项目“有的走了弯路，有的未建成投产”，但这些项目“做了大量的探索性工作，积累了经验，培养了人才”[②]。江西省的九江化学纤维厂建成投产后，第一批试产的浆粕“全部不合格”，经停机改进后方能继续开工[③]。由此可见，作为纺织工业中相对资本密集型的一个行业，化纤工业的建设对落后地区来说十分困难，其发展具有一定的战略性，需要长期持续性地注入资金，以积累产业能力。例如，上海纺织工业局从1970年代开始就致力于研发耐高温纤维，以期打破外国资本的垄断，经过上海市纺织科学研究院和上海市合成纤维研究所三代研究人员近30年的努力，才获得初步成功，由上海纺织控股公司于2006年正式启动耐高温纤维产业化一期项目[④]。因此，应辩证地去看待产业发展初期的失败，尤其对于落后地区来说，发展非比较优势产业需要战略意志，甘冒长期亏累的风险，使产业内部的企业有时间学习先进技术。然而，以武汉人纤厂来说，当时既无意愿，亦无条件从事能力积累，故只有退出产业一途。武汉人纤厂的挫折与转型，也反映了当时湖北化纤工业缺乏打破比较优势束缚的意志与能力。

综上所述，武汉人造纤维厂作为计划经济时代湖北最为典型的化纤企业，可谓命途多舛。从起步来看，武汉人纤厂建立在自主科研的基础上，底子并不算太差。然而，作为资本密集型产业，化纤工业需要大量资金投

---

① 佛山化纤联合总公司编：《佛山市化纤工业志》，广东科技出版社1992年版，第7—10页。

② 浙江省轻纺工业志编辑委员会：《浙江省纺织工业志》，方志出版社1999年版，第382页。

③ 该书编纂办公室：《九江化学纤维厂志》，纺织工业出版社1992年版，第61—62页。

④ 上海市华夏企业文化研究所：《转型：上海纺织集团调结构、转方式纪实》，上海人民出版社2012年版，第22页。

入，但武汉人纤厂只分配到区区150万元，还要被进一步压缩，这就注定了该厂难以正常运转。此外，原料供应不畅，则可以认为是短缺经济的通病了。然而，从另一个角度说，在计划经济时代，中央政府未在湖北投资兴建大型化纤原料厂，使湖北的企业在原料供应上依赖从省外调运，这本身就增加了湖北发展化纤工业的难度。进一步说，武汉人纤厂是一个规模很小的企业，该厂在退出化纤行业前，自己也意识到："现国家建有大化纤厂，小化纤厂难以生存，仍会继续亏损。"[①] 只可惜，在整个计划经济时代，除去与二汽配套的湖北化纤厂外，国家也并未在湖北投资建设其他大型化纤企业，这一投资不足实际上也是湖北化纤工业发展迟滞的重要原因。

小 结

1949年之后，中国大陆发生了翻天覆地的变化，产业发展所处的环境剧烈变动。一方面，社会主义国家对工业强化了国家权力的介入，原本以民营企业为主体的湖北纺织工业出现了国有化重组浪潮；另一方面，政府打造了一个计划经济体制，采取统购统销政策，使湖北纺织工业的原料、产品均受政府直接支配，企业由一个市场主体变异为接受行政指令的生产单位。这样一个巨变，既改变了产业发展所面临的宏观环境，又改变了产业演化的微观基础。从宏观上说，市场被政府严密控制后，企业间的自由竞争被取消，使此前饱尝过度竞争之苦的湖北纺织企业解放出来，基本上无生存危机之虞。甚至可以说，在计划体制的大一统之下，全国产业均受中央政府协调，各地区产业间的关系由竞争转为合作，无所谓追求竞争力之说。从微观上看，企业变为单纯的生产单位后，其行为逻辑也发生改变，由面向市场生产转为完成国家计划优先，其结果则是一种重视产量扩张胜过质量提升的企业文化导向。由此，在计划体制下，即以湖北纺织工业而言，在规模与产能上确有很大的进步，但这种进步不能完全视为产业竞争力的提升。

---

① 武汉市毛纺织厂：《武汉市毛纺织厂厂志初稿（1965—1982）》，武汉市毛纺织厂1983年版，第11页。

由于计划经济体制引发了短缺经济，因此，在几乎获得了一个保护性市场的同时，产业也要忍受各种物资短缺带来的困扰。以湖北纺织工业来说，在计划体制下，由于生产环节与流通环节的分离，作为生产单位的企业与作为流通单位的商业部门存在着一定的矛盾与冲突。其结果则是企业在原料供应和产品分配方面，会不时遇到阻碍，从而打乱了生产计划的安排。从这个角度说，计划经济体制恰好存在着很大的非计划性，这是该体制的内在缺陷。同时，由于能源工业和纺织机械工业这两个资本密集型关联产业发展的滞后，湖北纺织工业不得不在动力与设备供给方面亦忍受痛苦。进一步说，资本密集型关联产业的滞后，也反映了湖北纺织工业主业的技术投入水准较低。在计划体制大一统时代，湖北纺织工业的此类缺陷对产业本身来说并非大碍，然而，一旦市场化重启之后，这些缺陷就将削弱湖北纺织工业的竞争力。

此外，尽管计划经济体制抑制了自由市场，但在该体制下，湖北纺织工业的发展依然呈现出受自然资源比较优势诱导的态势。由于湖北为棉花生产大省，故在该省纺织工业各门类中，棉纺织业可谓一枝独秀，麻纺织业亦由于紧邻原料产地的关系而颇可观。然而，由于当时中央政府大力扶持的化纤工业需要大量的资本和技术投入，而这些要素是湖北相对缺乏的，故湖北的化纤工业发展相对迟滞，落后于大部分省份。换言之，在计划体制下，湖北纺织工业未从依赖自然资源比较优势的演化路径中挣脱出来，未能依靠资本与技术的投入发展不具比较优势的产业。综观湖北化纤工业起步阶段的发展，主要仍受困于能源、原料短缺和资本匮乏。然而，化纤工业在现代纺织工业中具有重要的战略意义，故湖北纺织工业未能在计划时代培育出具有规模的化纤产业，直接导致了纺织工业整体的低端化，与其他地区相比，是缺乏竞争优势的。

不过，值得一提的是，在中国的计划经济时代，熊彼特式企业家精神并未完全绝迹。要之，部分企业的党政干部扮演了企业家的角色，以需求为导向，积极创新。这似乎表明，计划体制在表面上的大一统之下，存在着多样性的现实，一些具有市场特征的要素仍然存在。当市场化作为一种国策实施之后，这些要素将具有多样化的演化方式。

第七章 重新市场化时代的湖北纺织业（1978—2012）

1978年以后，中国大陆逐渐开始改革开放，计划经济体制的大一统被打破，重新市场化成为延续至今的时代潮流。对湖北纺织工业而言，最剧烈的变化在于，数十年间由政策手段构筑的保护性机制被撤除，产业开始重新面临残酷的市场竞争，而其竞争对手遍及全球。由于湖北纺织工业在计划经济时代未能培育出某些产业能力，故重新市场化以后，该产业较缺乏技术上的竞争优势，对资源比较优势的依赖仍较严重。同时，由于中国经济自1978年以后逐渐朝向外向型模式演化，深居内陆的湖北纺织工业在地缘上亦缺乏优势，在新的雁阵结构中再度退居中游。因此，在市场化转型仍在持续的时代，湖北纺织工业如何在保持既有比较优势的前提下发展新的竞争优势，已成为该产业在中国纺织业梯度格局中求发展的关键所在。

第一节 剧烈环境变迁对湖北纺织业的冲击

在改革开放时代，湖北纺织工业面临的最大冲击就是产业生存环境的改变。在计划经济时代，虽然不存在严格意义上的市场，但由于政府对企业产品的去向进行分配，故实际上可以认为存在着一个保护性市场。当时，工业企业“只管生产，不愁销售”[①]。尤其是，在改革开放前，中国大陆与世界市场的联系因种种原因而大为收缩，故中国的产业虽不能最大限度地利用海外市场，但也不受跨国资本或他国产业的威胁。这一切，随着市场

① 沙市纺织工业志编纂委员会：《沙市市志·纺织工业》（送审稿），沙市纺织工业志编纂委员会1988年版，第20页。

化改革的深入而改变，对湖北纺织工业来说，挑战远远大过机遇。

一、改革开放初期湖北纺织业的重组

由于中国的经济体制改革采取了渐进方式，故重新市场化对湖北纺织工业的冲击也是逐渐扩大的，一开始，湖北纺织工业总体而言享受到了改革所释放的利好。所谓的改革，实际上是中共十一届三中全会以后对经济发展战略的一个大调整[①]。首先，在计划与市场问题上，中共最高领导层开始放弃计划经济体制，承认“经济生活中的某些方面可以用‘无政府’、‘盲目’生产的办法来加以调节”[②]。其次，在产业发展战略方面，中共开始摈弃重工业优先发展战略，提出要“加快轻纺工业的发展”，要“适当提高轻纺工业的投资比重，适当增加轻工业生产和建设所需要的外汇，多发展一些投资少、收效快、赚钱多、国内外市场需要的轻工业，少发展一些投资多、建设周期长的重工业”，强调“轻工生产所需要的煤、电和原材料要优先保证”[③]。这也就是林毅夫等学者津津乐道的比较优势战略。最后，在对外经济关系方面，中共一改此前与全球经济脱钩的被动锁国状态，提出要善于吸引国外资金、积极引进国外先进科学技术，并大力促进国内产品进入国际市场[④]。这些大方向上的调整重构了整个中国经济的发展模式，纺织工业亦受到深刻影响。

在中央战略调整的指引下，湖北纺织工业积极响应。例如，1980 年，该省采取的措施包括：(1) 扩大企业自主权，充分挖掘企业的经济潜力。如安陆五七棉纺织厂把全厂的生产经营活动分成 15 个经济责任关口，划归有关科室、车间“分兵把口”。当年 9 个月就实现利润 17710000 元，赚回了该厂的全部投资。(2) 提高加工精度和深度，不断改变产品结构，如“低升高，窄改宽，粗厚改细薄，纯棉改混纺，滞销改适销”，很显然是以

---

① 在十一届三中全会以前，由华国锋主政的近 2 年时间里，中国大陆实际上未完全转变经济发展战略，其战略又被称为“洋跃进”。见科斯，王宁：《变革中国：市场经济的中国之路》，徐尧等译，中信出版社 2013 年版，第 53 页。

② 陈云：《计划与市场问题》，中共中央文献研究室编：《三中全会以来重要文献选编》(上)，人民出版社 1982 年版，第 69 页。

③ 李先念：《在中央工作会议上的讲话》，中共中央文献研究室编：《三中全会以来重要文献选编》(上)，人民出版社 1982 年版，第 127 页。

④ 胡耀邦：《关于对外经济关系问题》，中共中央文献研究室编：《三中全会以来重要文献选编》(下)，人民出版社 1982 年版，第 1118 页。

市场需求为导向。(3) 积极组织计划外原料，“找米下锅”，主动承接外商来料和进料加工棉纱近 30000 件，既弥补了原料的部分缺口，增加了外汇收入，又盈利了 5000000 元。(4) 进一步加强经营管理，降低产品成本，从节约中求增收，例如，武汉国棉一厂实行了“三分三定三结合的定额管理”，再如，襄樊市袜厂对车间进行独立核算，令其自负盈亏①。这些措施仍带有强烈的计划经济时代的烙印，有些企业的举措如“三分三定三结合的定额管理”实际上也是改革开放前企业管理的老办法，但是，由于中国的经济体制转型是一个渐进过程，这些计划时代要素的残留亦无可厚非。上述举措的积极意义在于，它们将增强企业自主性与面向市场生产作为重要手段，而这是拆解计划体制微观基础的第一步。

前曾述及，在计划经济体制下，实际上仍然存在着某种形式的熊彼特式企业家精神。当计划经济体制被逐渐改造为市场经济时，这种企业家精神亦随之得到更大的释放。以湖北纺织工业而论，由武汉人造纤维厂改建成的武汉市毛纺织厂就颇为典型。由于技术落后、规模狭小且长期亏损，武汉人造纤维厂意识到继续留在资本密集型的化纤行业里是没有出路的。在考虑转行时，该厂起初曾计划转建为棉纺厂，因湖北乃产棉大省，武汉又有棉纺织工业传统。但该厂干部通过市场调研后，发现棉纺织品及化纤产品“已开始由卖方市场转变为买方市场”，故认为转产棉纺难以求存。与此同时，该厂干部发现“我国纺织品市场上毛纺织品品种少，数量不多，难以适应人民在生活水平提高后对高档衣料的不断追求的形势”，湖北虽无发展毛纺织业的原料优势，但该厂强调：“资源贫乏的日本在世界上不就是一个发达的工业大国吗?”② 于是，武汉人造纤维厂最终改组成为武汉市毛纺织厂。从武汉市毛纺织厂创建的过程中可以看到，该厂领导干部既注意调查市场需求，规避过度竞争的行业，又具有熊彼特所谓“逆着潮流游泳”的勇气，敢于打破资源比较优势的束缚，去追求人为构筑的竞争优势。此外，该厂于产品开发方面亦锐意创新。武汉市毛纺织厂早期的主打产品为军绿色的“将军呢”，在正式投产前，为给产品定向，该厂设计科工程师裴

---

① 《湖北省人民政府鄂政发〔1980〕131 号》，1980 年 11 月 5 日，湖北省档案馆藏档 SZ34-11-16。

② 武汉市毛纺织厂：《武汉市毛纺织厂厂志初稿（1965—1982)》，武汉市毛纺织厂 1983 年版，第 1—2 页。

学瑾曾带领技术员到武汉各商店走访调查，但得到的反馈较为消极，多建议该厂不要以军绿色为产品主色调。然而，裴学瑾等人认为："新厂子，不独辟蹊径，跟在别人后面跑，搞一样的产品，出路不大，得要有点创新才能打开局面。"他们亲自去街头做调查，发现过往行人中有不少穿着军绿色衣裤、套装等，就决定生产"将军呢"。结果，由于当时《知音》、《西安事变》、《佩剑将军》这三部军旅题材电影广受欢迎，"将军呢"上市后即供不应求①。自然，"将军呢"的成功是一个典型的熊彼特式创新。

除了注重产品创新外，武汉市毛纺织厂还注意人力资本的积累。早在1970年8月和9月，武汉市人造纤维厂就从黄陂招收了280名青工，其中绝大多数是武汉市的下放知识青年，他们进厂时"组织纪律性较强又具有创业精神"②，可以说构成了该厂发展的重要基础。当决定转建毛纺织厂后，该厂大搞技术培训，1980年上半年共派出142人去上海等地学习毛纺生产技术，又将各机台的操作工分别送到江苏、上海、天津等地的老厂学习③。通过这样的人力资本积累，武汉市毛纺织厂也实现了其技术能力的积累。当然，在至关重要的销售方面，该厂亦采取了多种策略，先在武汉市设立门市部推销，向各厂矿企业发送内销券、优惠券，迅速占领武汉市场，然后派出近百人次同上海、天津、北京、哈尔滨、沈阳、桂林、长沙、成都、贵阳等十几个城市建立联系，设立销售网点，在全国市场上扩张④。综上所述，在改革初期，武汉市毛纺织厂通过发挥熊彼特式企业家精神取得了成功，进一步说，该厂的发展意味着计划经济时代变异为单纯生产单位的企业又重新成了市场主体，在生存竞争的压力下发展图存。

除将企业重建为市场主体外，改革初期，湖北纺织工业的另一大新发展为积极拓展外贸。实际上，在计划经济时代，湖北纺织工业已然在国家安排下承担着一定量的出口换汇任务，不过，由于资本主义世界对中国的

---

① 武汉市毛纺织厂：《武汉市毛纺织厂厂志初稿（1965—1982）》，武汉市毛纺织厂1983年版，第22—23页。

② 武汉市毛纺织厂：《武汉市毛纺织厂厂志初稿（1965—1982）》，武汉市毛纺织厂1983年版，第24页。

③ 武汉市毛纺织厂：《武汉市毛纺织厂厂志初稿（1965—1982）》，武汉市毛纺织厂1983年版，第25页。

④ 武汉市毛纺织厂：《武汉市毛纺织厂厂志初稿（1965—1982）》，武汉市毛纺织厂1983年版，第29—30页。

封锁，这种出口量是相当有限的。而且，当时的某些出口具有援外性质，在经济上不划算，反而打乱了本国工业的正常生产计划。例如，1974 年，武汉市纺织局屡次要求减少当年对越出口棉纱计划 3600 件，但湖北省轻工业局考虑到该省其他纱厂亦无力承担生产对越出口的棉纱，因此，要求武汉市“为了不影响国家的声誉和贯彻执行毛主席革命外交路线，必须千方百计完成对越出口的棉纱任务”①。这样的“出口”自然是无经济理性可言的②。然而，在改革开放时期，中国工业开始嵌入全球化进程，纺织工业的正常性出口逐渐成为可能。同时，由于开放意味着加入世界体系，故中国工业亦开始与他国产业互动，包括加入跨国资本的全球生产体系。纺织工业是一个相对低端的产业，其竞争力在很大程度上取决于劳动成本，故该产业在全球体系中存在着不断向落后国家梯度转移的雁阵现象。二战后，中国大陆之外的东亚纺织工业即经历了从日本向“四小龙”等国家和地区转移的过程。当中国大陆改革开放之初，跨国资本受大陆廉价劳动力的吸引，又有推动纺织业从“四小龙”向中国大陆转移之势。一些港台商人亦来大陆投资或合作，湖北省也在其考虑范围之内。例如，1981 年之后，在湖北省国际信托投资公司的配合下，省纺织局直属蒲纺总厂东风纺织厂和香港宜丰贸易公司加工贸易发展很快，棉涤纶布加工出口从 1981 年的 160 万码发展到 1982 年的 490 万码，1983 年又增加到 906.80 万码，3 年之内增了 6 倍，为国家赚取外汇 142 万美元③。可以说，开放政策为湖北纺织工业开辟了更广阔的市场。

综上所述，在改革开放初期，湖北纺织工业出现了一个重新市场化的重组，一方面，企业开始成为真正的参与竞争的市场主体，另一方面，产业亦开始介入全球生产体系，成为其中的一个环节。这两种变化在短时期

---

① 《湖北省革命委员会轻工业局鄂革轻〔74〕计字第 45 号》，1974 年 9 月 11 日，湖北省档案馆藏档 SZ63-1-140。

② 不过，不可对计划经济时代的纺织品出口一概而论，当时也存在着较为正常的商品出口。例如，武汉金星鸭绒被服衬衣厂（金星服装厂前身）在 1959 年前曾对苏联出口羽绒被和羽绒枕。1975 年，日本客商来汉要求订购羽绒服装，由日商提供面料，由湖北省土畜产进出口公司供应羽绒原料，在武汉组织生产，产品全部出口，1976 年年产量达到 8000 件。事见该书编委会：《武汉纺织工业》，武汉出版社 1991 年版，第 373 页。

③ 《湖北省国际信托投资公司鄂信托秘字〔83〕第 017 号》，1983 年 5 月 7 日，湖北省档案馆藏档 SZ34-11-501。

内都为湖北纺织工业带来了较大的发展。实际上，此后30余年间，市场机制对湖北纺织工业的推动作用，也无非体现于微观主体重构后带来的竞争压力，以及在全球生产体系价值链中分享到的价值。然而，随着市场化改革的深化，湖北纺织工业所受到的冲击也越来越大。

二、市场化深化对湖北纺织工业的冲击

在市场化改革的初期，湖北纺织工业一度有所发展，部分企业释放出了被计划经济体制所束缚的活力。然而，随着市场化的深化，湖北纺织工业逐渐受到越来越大的冲击，其竞争力开始落后于沿海省市。究其原因，中国的市场化改革系以发展外向型经济为主导[①]，对纺织等消费品产业来说尤其如此，这就使地处内陆的湖北天然具有劣势。同时，纺织工业的市场化改革整体而言是对产业内国有经济的重组，湖北纺织业在计划经济时代形成的庞大国有经济体系，使转型过程愈发艰难。

（一）湖北纺织工业竞争力的下滑

从历史性的视角看，市场化深化对湖北纺织工业的冲击并非新现象。不如说，由于市场化改革打破了计划体制的人为控制，改革开放之后，湖北纺织工业重又面临1930年代曾经面临过的过度竞争局面。实际上，雪上加霜的是，尽管中国大陆的国民购买力较1930年代有了增长，但1958年后工业放权政策造成的企业遍地开花格局，也加剧了产能过剩。因此，湖北纺织工业尚未享受到太长时间的由改革带来的好时光，却几乎是立即感受到了改革带来的冲击。据武汉市纺织工业局自述，该市纺织业1978年产值达9亿，1981年产值飙升至18亿，达到“鼎盛时期”，然而，鼎盛时期刚过，形势就急剧变化，“纺织品由过去的卖方市场转变为买方市场，过去纺织品紧俏，‘皇帝的姑娘不愁嫁’，但到1982年开始出现纺织品滞销和降价问题”[②]。换言之，湖北纺织工业乃至整个中国大陆的纺织工业，开始由

---

① 1992年9月3日，山东省委书记姜春云在省直机关干部解放思想报告会上讲话时强调，要转变“重内向型经济、轻外向型经济”这一“陈旧”的观念。这是市场化改革以外向型经济为主导在地方政府层面的具体反映。见姜春云：《以改革开放为动力确保经济再上新台阶》，姜春云：《姜春云调研文集·山东改革与发展卷》上册，中央文献出版社2010年版，第115页。

② 武汉市纺织工业局编志办公室：《武汉市志·工业·纺织》（初稿），武汉市纺织工业局1984年版，第11页。

计划经济时代的短缺经济转变为市场经济时代的过剩经济，而此种过剩经济亦将成为中国纺织工业此后发展的常态。

1975—1986 年间，湖北纺织工业产值占全国纺织工业总产值的比例变化如下图所示：

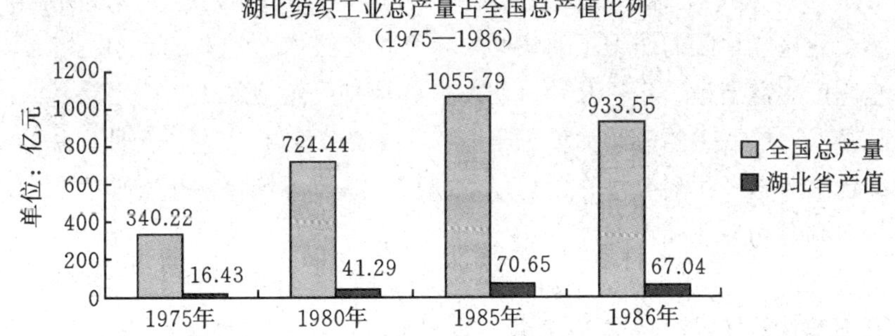

图 7-1　湖北省纺织工业总产值占全国总产值比例（1975—1986）

整理自该书编辑委员会：《中国纺织工业年鉴（1986—1987）》，纺织工业出版社 1988 年版，第 386—398 页。

由上图可知，1975 年、1980 年、1985 年与 1986 年，湖北省纺织工业总产值分别约占全国纺织工业总产值的 4.8%、5.7%、6.7%与 7.2%。这表明，改革开放之后数年间，湖北纺织工业确有发展，但总体而言进步不大，而这与中国转变为外向型经济有密切关系。在国家总体产业政策层面上，湖北纺织业没有受到重视。当时，纺织工业部制订的发展战略是“以发展出口为突破口”，为此，该部选定了广州、佛山、大连、上海、青岛、天津、苏州、无锡、常州、南通、杭州、北京这 12 个沿海或靠近海边的城市，希望将它们打造为“以深加工和高中档产品为主的外向型出口生产基地”①。此外，中共高层领导人也流露出了重点发展沿海纺织工业的思想倾向。1986 年，国务院总理赵紫阳在天津和青岛等地调研后，指出沿海地区应当着重发展外向型经济，尤其以轻纺工业为重点，“广州、大连、上海、青岛、天津和长江、珠江三角洲等沿海地区，经济的发展应该更快一点”②。1985 年，12 个沿海出口基地“换汇约占纺织出口换汇的 60%”，这

① 王代同：《我国将建立一批纺织品基地，主要生产深加工外向型产品》，该书编辑委员会：《中国纺织工业年鉴（1986—1987）》，纺织工业出版社 1988 年版，第 194 页。

② 该书编辑委员会：《中国纺织工业年鉴（1986—1987）》，纺织工业出版社 1988 年版，第 190—191 页。

是国家政策倾斜于沿海的重要基础[①]。湖北地处中部，自然无缘享受国家层面的政策倾斜。值得注意的是，在1986年国务院召开的会议上，明确指出当时中国的纺织工业“缺乏自我改造、自我发展能力，很难适应国际市场竞争的需要”，而发展深加工和高中档产品是提升中国纺织企业国际竞争力的手段[②]。这样一来，中央政府对12个沿海外向型纺织生产基地的培育，实际上使这些地区的纺织工业增强了以资本和技术为内涵的竞争力，使其在全国产业链上进一步攀升。这使本来就具有天然地缘优势的沿海纺织工业又多了一层人为的政策优势。反过来，在1980年代中期，僻处内陆的湖北纺织工业已经面临着潜在的危机。此后，随着市场化深化，与沿海地区相较，湖北纺织业亦每况愈下。

进入1990年代以后，中国纺织工业遭遇了一个整体性的行业不景气，湖北亦难独善其身。1992年7月，纺织工业部部长吴文英在谈话中指出，纺织工业全行业大亏损的原因之一在于“工业库存增加，商业和外贸库存减少”，为此，该部采取的应对措施包括限制棉纱产量，“多次发文发电，要求各地务必从全局出发，严格控制总量，按计划均衡组织生产”。然而，该政策成效有限[③]。吴文英的谈话反映出了当时中国纺织工业的一种新形势，即已由短缺经济转化为过剩经济。在计划体制下形成的各地相对独立的纺织工业体系[④]，在市场化改革中成了互相竞争的主体，以最大限度地占有市场作为目标，以大量生产为实现该目标之手段，由此亦拉低了整个行业的盈利水平[⑤]。纺织工业部的限产政策可谓对症下药，但在计划经济

---

① 《纺织工业部何正璋副部长在全国纺织工业厅局长会议结束时的讲话》，该书编辑委员会：《中国纺织工业年鉴（1986—1987）》，纺织工业出版社1988年版，第175页。

② 《纺织工业部吴文英部长在全国纺织工业厅局长会议上的报告摘要》，该书编辑委员会：《中国纺织工业年鉴（1986—1987）》，纺织工业出版社1988年版，第170—171页。

③ 《吴文英部长在全国纺织工业厅局长座谈会上的讲话》，该书编辑委员会：《中国纺织工业年鉴1993》，中国纺织出版社1993年版，第115页。

④ 计划体制下中国各地独立工业体系的建立，被一些学者称为“蜂窝状经济”，由此导致了在改革时代，“中国形成的是关税同盟而不是共同市场。这就是说整个国家有着共同的拒绝外部世界的贸易壁垒，但国境内并没有自由贸易”。在这种形势下，“中国的地方当局经常为当地生产者提供高度的行政保护”。见奥德丽·唐尼索恩：《中国的蜂窝状经济：文化革命以来的某些经济趋势》，帕金斯等：《走向21世纪：中国经济的现状、问题和前景》，陈志标译，江苏人民出版社1992年版，第33—50页。

⑤ 实际上，有学者认为，1990年代中国工业发展的“首要特色”即是“大多数制造业行业的生产能力严重过剩”。见卢荻：《变革性经济增长——中国经济的结构与制度分析》，经济科学出版社2001年版，第165页。

时代，该部犹有政策杠杆来指挥各地，早期市场化改革却以削弱中央集权为导向，该部之“发文发电”易流为具文[①]，而所谓“按计划均衡组织生产”之话语更显出与市场化这一时代新风向相脱节。在这种过度竞争的格局下，湖北纺织工业与先进省市相比，差距愈形拉大。1992年，湖北纺织工业总产值为142.9亿元，约占全国总产值2391.5亿元的6.0%。同年，湖北省纺织工业企业40%以上开始实行全员劳动合同制、上岗责任制、一厂两制、厂内模拟市场等多种形式的企业人事、劳动、分配制度改革[②]。1995年，湖北纺织工业总产值273.79亿元，约占全国总产值5986.32亿元的4.6%，已低于1975年的水平。当年湖北纺织工业“遇到了前所未有的困难”，其主要原因系棉花价格上调幅度超出了企业消化涨价因素所承受的能力，造成成本直线上升，且由于关税下调，大量纱线织物进入中国，挤占了市场。与此同时，湖北纺织业技术装备较为落后，棉纺设备中淘汰设备比重高达11%[③]。1999年，湖北纺织工业总产值为318.38亿元，占全国总产值7424.78亿元的4.3%，比1995年水平更低。实际上，1998—1999年是中国大陆国企改革的关键时期，纺织工业也实行了以“压锭”为主要措施的国有经济收缩性重组，而其目标之一亦在于制止“重复建设”[④]。可以说，90年代末的压锭与90年代初的限制棉纱产量是一脉相承的，但中央政府在90年代末已更为强势，故其政策亦能得到更有效的推行。在这两年中，湖北纺织工业共压缩落后纱锭66.84万枚，实际分流安置下岗职工13.26万人[⑤]。这一重组自然是痛苦的。总之，到20世纪末，湖北纺织工业在全国的地位已大不如前，遥想世纪之初开风气之先的辉煌，已成隔世。

---

① 在1980年代末及1990年代初，部分地方政府对于中央的宏观调控政策显然没有严格执行。例如，1988年，中央出台了限制投资的紧缩性宏观调控政策，但山东省认为该省“冷热适度”，不宜“一刀切”地执行中央政策，故继续增加投资。见姜春云：《跨入全国经济大省行列——山东改革与发展回眸（1980—1994年）》，姜春云：《姜春云调研文集·山东改革与发展卷》上册，中央文献出版社2010年版，第15—16页。

② 该书编辑委员会：《中国纺织工业年鉴1993》，中国纺织出版社1993年版，第57、204页。

③ 该书编辑委员会：《中国纺织工业年鉴1996》，中国纺织出版社1997年版，第56、216页。

④ 该书编辑委员会：《中国纺织工业年鉴2000》，中国纺织出版社2001年版，第2页。

⑤ 该书编辑委员会：《中国纺织工业年鉴2000》，中国纺织出版社2001年版，第34、136页。

由于1990年代末的国有经济重组具有帮企业降低成本的作用，兼以中国于2001年加入WTO扩大了外部市场，21世纪初的中国纺织工业有所起色。2000年，中国纺织工业规模以上（年销售额500万元以上）企业1.94万户，从业人员738.48万人，总产值8894.52亿元，到2010年，规模以上企业发展到5.46万户，从业人员增加到1151.89万人，总产值则增长到47612.80亿元。在这十年间，以较能衡量产业竞争力的贸易顺差来看，中国纺织工业全行业的国际贸易顺差从391.54亿美元增加到1862.79亿美元，增长了3.76倍①。可以说，中国纺织工业重写了世界纺织业格局②。湖北纺织工业在这一新的形势下亦较前有所发展，但其在全国纺织工业中所占地位则远不如改革初期。到2005年时，湖北纺织工业总产值为4110745万元，而全国总产值为206333677万元，湖北占全国的比重约为2.0%；2006年，截至12月份，湖北纺织工业总产值统计为5132565万元，全国纺织工业总产值则为250168914万元，湖北占全国的比重约为2.1%③。这两组数据较1975年的4.8%更低，未及其半数，亦远低于1986年的7.2%，反映出改革开放以来湖北纺织工业竞争力的持续性下降。2011年，中国纺织工业规模以上全行业总产值547865028万元，湖北省为19279677万元④，鄂省占全国比重约为3.5%，较前有所进步，但地位仍不及历史鼎盛时期。湖北纺织工业竞争力的提升，仍然任重道远。

（二）湖北纺织工业国有经济的重组

湖北纺织工业在改革开放时代的相对衰落是由多种因素造成的，其结构性原因可追溯至计划经济时代未能培育出具有规模优势的资本密集型部门。然而，在宏观层面上，产业所处环境的剧烈变迁，亦是重要原因。简单地说，市场化深化从两个方面对湖北纺织工业造成了冲击：其一，湖北纺织工业庞大的国有经济体系，不能适应新的市场形势，而国有企业改革

---

① 中国纺织工业联合会：《建设纺织强国纲要（2011—2020年）》，中国纺织出版社2014年版，第9页。

② Timothy Minchin: *Empty Mills: The Fight Against Imports and the Decline of the U. S. Textile Industry*, Plymouth: Rowman & Littlefield Publishers, INC., p.200.

③ 中国纺织工业协会：《中国纺织工业发展报告2006/2007》，中国纺织出版社2007年版，第307页。

④ 中国纺织工业联合会：《中国纺织工业发展报告2011/2012》，中国纺织出版社2012年版，第329页。

非常复杂，不可一蹴而就；其二，湖北位居内陆，在整个中国经济日益嵌入世界体系的时代，不易发展外向型经济，这一地缘劣势扩大了湖北纺织工业与沿海地区竞争者本就存在的差距。地缘劣势乃无可改变的外部因素，无须多言，国有经济体系重组的艰难则是制约湖北纺织工业竞争力的内部原因。

在 1949 年之后，中国大陆国有工业经济体系的建立，本身包含着克服市场危机的内在动因。在近代，湖北纺织工业曾饱尝过度竞争之苦，企业发展一遇波折，工人生活即不稳定，造成社会动荡，甚至威胁到政权的统治。因此，社会主义国有经济体系对工业企业摆脱危机有着双重意义：其一，政府全面控制产业后，扼杀了市场竞争，企业遂无破产、倒闭之虞；其二，国有企业建立了较好的福利制度，使工人生活的保障度大为提高，降低了因大规模失业危机而带来的社会风险。然而，一旦重新市场化之后，形势就将发生变化。首先，企业再度面对市场竞争，也就重新产生了破产倒闭的可能性。其次，在这样残酷的生存环境中，国有企业的福利制度提高了运营成本，不利于市场竞争。例如，1991 年，武汉国棉一厂拥有包括退休工人在内的职工达万人以上，仅每月需支出的医药费、托幼费就达 20 多万元，全年共计 240 多万元，这还不包括住房等大额开支。而该厂全年留存的福利基金平均仅为 256 万元，因此福利基金超支日趋严重，截至 1991 年 3 月，该厂福利超支 996 万元，迫使银行增加贷款 124 万元。然而，该厂由国家财政拨付的流动资金与自有流动资金加起来仅 282 万元，其中国家拨付资金仅 2000 元，尚不如居民个人存款多，这就造成了该厂巨大的资金压力。1991 年，武汉国棉一厂的银行贷款已达 8000 多万元。然而，其资金匮乏的现象却已持续了 6 年多①。该案例表明，自 1980 年代中期开始，湖北纺织企业就面临资金紧张的压力，而国有企业特有的高福利开支无疑使资金紧张局面更形恶化。与武汉国棉一厂这样的国有企业相比，改革后重新形成的非公有制企业几乎没有福利制度负担，于是运营成本更低，也就更具竞争力。因此，国有企业改革成为市场化深化后的必然要求。然而，国企改革意味着又一个漫长的调整与重组阶段，并伴随着种种困难，对产

① 李治秀，肖永江：《武汉市纺织行业流动资金奇缺的现状及原因——来自武汉国棉一厂的报告》，《银行与企业》1991 年第 12 期，第 13—14 页。

业发展是不利的。只是，作为一个老纺织工业基地，湖北纺织工业中的国有经济体系特别庞大，这也就成为转型时期沉重的包袱。

面对残酷的市场环境，湖北纺织工业的国有经济体系进行了不少调整与改革。从宏观上说，如前所述，湖北纺织工业进行了压锭与裁员，希望提高技术效率与压缩劳动力成本。从微观上说，国有企业也力图发挥熊彼特式企业家精神，积极开拓市场。例如，武汉国棉一厂曾于1990年代初期尝试向下游产业扩张。此前，在政府的要求下，武汉国棉一厂已兼并了武昌服装厂等企业，按当时国棉一厂领导张保新的说法："国棉一厂要扩张，兼并系统内的企业是条捷径。它一使我们企业跟消费者走得接近，二让企业形成深加工的产业链。"1990年代初，武汉国棉一厂生产的成衣布深受上海、深圳等地厂家的欢迎，然而，由于纺纱织布与成衣加工壁垒森严，上游纺织厂赚取的附加值较低。以武汉国棉一厂来说，其生产的最好的衬衣面料1米只卖到30多元，但下游服装企业用1.4米这种面料制成的衬衣则可以卖到300多元。因此，武汉国棉一厂试图通过向下游产业扩张的纵向一体化战略，赚取更高的附加值。1994年，该厂创建了自己的衬衣品牌"蒂梦"。1997年，蒂梦牌衬衣产量达到了近10万件[①]。由此可见，在1980年代后期至1990年代中期，武汉市地方政府试图以行政力量推动国有企业的兼并重组，希望增强企业的规模竞争力。同时，大型国有企业自身也积极致力于产业链扩张。此外，1995年，在武汉市局有关部门的支持下，武汉毛巾厂收购了已破产的白云织布厂[②]。这表明纺织业的兼并重组亦在较小规模的企业中展开。

遗憾的是，以行政手段推动的兼并重组并不能让企业真正优化整合。例如，1987年，在武汉市纺织工业公司的安排下，武汉国棉一厂和武汉印染厂组建了武汉天一纺织印染集团公司，期望促进武汉纺织、印染、服装等产业形成"大纺织"工业，但由于管理和人事关系没有充分协调好，实际上并未真正合并。再如，武汉国棉一厂此后兼并的武昌被服厂等企业，并非国棉一厂事先所希望合并的，而国棉一厂考虑兼并的企业却不在政府

---

① 张保新口述，徐志刚整理：《我所经历的国棉一厂兼并》，《武汉文史资料》2008年第Z1期，第101—102页。

② 该书编辑委员会：《中国纺织工业年鉴1996》，中国纺织出版社1997年版，第58页。

提出的名单上[①]。此外，尽管武汉国棉一厂等企业从事产业链扩张的战略方向是正确的，但在1990年代已经过度竞争的中国纺织服装品市场上，企业的成功并非单靠正确的战略所能保证。武汉国棉一厂的蒂梦品牌最终遭市场淘汰，即可为证。又如，在1980年代初曾兴盛一时的武汉市毛纺织厂，1988年固定资产达2422万元，拥有职工2243人，不仅生产呢绒面料，还向下游产业扩张，引进德国生产流水线，生产劲士牌高档西服，年产可达10万套，曾被国内贸易部评为全国畅销产品“金桥奖”。1994年，该厂完成工业总产值1亿元，实现销售收入1.04亿元[②]。1990年代中期，武汉毛纺织厂改制为武汉毛纺织实业股份有限公司后，与武汉市冰川实业股份有限公司合组为“武汉冰川集团股份有限公司”[③]。合并之后，武汉毛纺公司一如既往地发挥了创新精神，形成面料与制衣的互补机制，大量采用自主研发的“金蕾”牌细格牙签呢绒面料生产劲士牌西装，抢占了市场。1996年，公司还计划投资1.2亿元扩大改造3万毛纺锭，向高端市场进军[④]。然而，好景不长，此后武汉毛纺公司出现亏损，并持续性地处于停产、半停产状态，直到企业彻底退出生产，靠出租厂房、设备办起“劲士工业园”[⑤]。武汉毛纺织行业逐步萎缩，至2000年时，该市已基本上没有生产毛产品的企业，又恢复了“不毛之地”的产业结构[⑥]。由此可见，单纯的企业合并重组无法从根本上解决国有经济的竞争力问题，某些合并甚至拖累了企业的发展。

因此，在市场化深化阶段，湖北纺织工业的国有经济体系改革，最终触及最核心的产权改革。实际上，这一产权改革与1950年代初的国有化重组恰成逻辑上的对应关系。与1950年代初相似的是，在1990年代的产权

---

① 张保新口述，徐志刚整理：《我所经历的国棉一厂兼并》，《武汉文史资料》2008年第21期，第100页。

② 洪跃增：《抓党建，促发展——在实施名牌战略中发挥党的工作优势》，《学习与实践》1995年第7期，第28—29页；《“劲士”西服》，《中国对外贸易》1996年第11期，第62页。

③ 《兼并联合谱新章》，《政策》1997年第11期，第32页。

④ 肖鸿光：《顺应市场需求，不断树立消费者心目中的名牌》，《学习与实践》1996年第11期，第57—58页。

⑤ 彭继汉：《武汉劲士公司千余职工重新上岗》，《中国纺织报》2003年1月22日。

⑥ 武汉地方志编纂委员会：《武汉市志（1980—2000）》第3卷（上），武汉出版社2006年版，第288页。

改革过程中，也出现了企业间的破产、兼并及重组。以老工业基地武汉为例，其占有绝对优势的纺织业国有经济体系在1990年代逐渐改变了产权结构，在这一过程中，出现了"国有民营"、"公有私营"等改组方式，又恰与1950年代的公私合营相对应。具体来说，武汉的几个大棉纺织企业重组情形如下：

表7-1 武汉大棉纺织企业重组概况（1990年代）

企业名称	企业历史	重组时间	重组前概况	重组方式
武汉市国棉四厂	原裕华纱厂	1994年	组建武汉裕大华实业股份公司	改组为武汉裕大华（集团）公司
武汉市国棉五厂	原震寰纱厂	1995年	资产总额1.25亿元，负债总额2.55亿元，累计亏损1.5亿元，在册职工6313人，退休职工3034人	由武汉江南实业集团有限公司收购，1996年，国棉五厂破产终结
武汉市国棉三厂	原申新四厂	1998年	1991—1998年累计亏损1.37亿元，资产总额2.4亿元，总负债3.07亿元，职工7296人，离退休职工3143人	1998年破产，由武汉国棉一厂收购
武汉市国棉六厂	原第一纱厂	1999年	资产总额1.63亿元，总负债2.88亿元，职工11986人，离退休职工7111人	破产后由武汉第一棉纺织厂收购
武汉市国棉二厂	—	1996年	—	改组为武汉江南实业集团有限公司
武汉市国棉一厂	—	1996年	—	改组为武汉一棉集团股份有限公司

整理自武汉地方志编纂委员会：《武汉市志（1980—2000）》第3卷（上），武汉出版社2006年版，第273—279页。

由上表可见，在1990年代，武汉的棉纺织工业经历了一个去国有化的改组浪潮，以1949年后的新建大型国有纺织企业为主体，形成了新的纺织企业集团，历史上曾烜赫一时的民营四大纱厂，除裕华再度恢复旧名外，皆因破产而被新企业集团收购。

总体而言，直到21世纪初，国有经济在湖北纺织工业中仍占有较大比重，而且，由于僻居内陆，湖北嵌入全球产业体系的程度较沿海地区为浅，故不能充分享受外向型经济的好处。2001年，湖北纺织工业中国有经济的优势地位如下：

表7-2 湖北纺织工业中国有经济的优势地位（2001）

项目	湖北	与江苏比较	与浙江比较	与广东比较	与山东比较	与福建比较	与全国平均水平比较
固定资产投资投向国有经济比重	30.19%	+5.42%	+20.28%	+25.86%	—	+28.69%	+6.32%
所有者权益实收资本国家所占比重	41.98%	+27.13%	+35.59%	+32.68%	+25.58%	+37.24%	+21.29%
所有者权益实收资本港澳和外商所占比重	10.18%	−17.87%	−7.88%	−54.22%	−11.56%	−64.69%	−20.04%

整理自王洪章：《有差距就有潜力——湖北纺织工业的现状分析与发展思考》，《中国纺织》2003年第5期，第35—37页。

由上表可见，21世纪初湖北纺织工业中的国有经济占据着优势地位，高于全国平均水平，而港澳和外商投资较少，低于全国平均水平。这意味着湖北纺织工业相对于沿海地区更为传统，且参与全球经济的程度更低。然而，纺织工业本身是面向全球市场的劳动密集型产业，国有化程度更高意味着企业劳动力成本更高，参与全球经济程度更低意味着产品市场更窄，因而更加缺乏竞争力。不过，在某种程度上，改革开放后，湖北核心城市武汉纺织工业中的国有经济成为拖累，虽然与国有企业本身的制度症结有关，但也与国有资产的管理模式有关。武汉的纺织企业虽然在国企改制大潮中兼并重组，形成了三大集团，但这三大集团是三个分化独立的实体，且已渐次脱离国家资本的范畴。与之相对应的，则是此前的地方产业管理机构渐趋萎缩，从嵌入产业的计划经济模式中较大程度地脱嵌。与之相比，上海的国有资产管理模式演变呈现出不同的路径。尽管同样存在着压锭、分流工人、产权改制等脱嵌过程，但上海纺织工业的国有经济体系以上海纺织控股公司（简称上海纺控）的形式保留着相当程度的国家资本，而上海纺控在全面退出棉纺织、毛纺织等初级加工行业的同时，全力向新型化纤及材料、产业用纺织品及品牌服装等高端领域进军，从而能使国家产业资本在纺织工业的高附加值领域占据一席之地[①]。因此，有学者称上海式工业发展模式为“地方性发展型国家”（local developmental state）[②]，同为老工业基地，上海模式比武汉更具竞争优势。当然，从历史的角度看，上海纺织工业本身就具有更雄厚的基础。

值得一提的是，进入21世纪后，武汉一棉集团、武汉江南实业集团有限公司与武汉裕大华集团有限公司皆迁出主城区，而搬迁至阳逻、江夏等远郊的新厂区。2004年，武汉纺织业初步形成了2个棉纺基地（阳逻、蔡甸姚家山）、2个服装工业园（江北、汉正街）、3大主导产品（服装面料、装饰布、产业用布）的新格局[③]。这也反映了在市场化时代，随着城市的扩张，老工业基地纺织工业的微观布局有所改变。武汉纺织工业的变迁，可由下表窥见一斑：

表7-3　武汉市纺织行业规模以上企业产品产量表（2005—2009）

产品名称	单位	2005年	2006年	2007年	2008年	2009年
纱	吨	92897	89679	86198	73773	56850
布	万米	33625	50563	51541	48184	63397
印染布	万米	1163	1197	762	803	563
服装	万件	7662	6025	6249	7767	8641
羽绒服	万件	81	64	39	40	43
针织服装	万件	3127	3381	4016	4614	5126

资料来源：袁善腊主编：《武汉年鉴（2010）》，武汉年鉴社2010年版，第195页。

---

① 上海市华夏企业文化研究所：《转型：上海纺织集团调结构、转方式纪实》，上海人民出版社2012年版，第15—16页。

② Eric Thun: *Changing Lanes in China: Foreign Direct Investment, Local Governments, and Auto Sector Development*, Cambridge: Cambridge University Press, 2008, p.100.

③ 武汉年鉴社：《武汉年鉴（2005）》，武汉年鉴社2005年版，第171页。

由上表可见，2005—2009年间，武汉纺织业的传统产品棉纱的产量是逐年下滑的，印染布、羽绒服生产亦呈衰落之势。这至少说明，自张之洞时代即开始生产棉纱的武汉纺织工业，已逐渐丧失其传统竞争力。这固然是市场选择的结果，但也包含政策干预的成分。2000年前后，湖北省政府在进行产业规划时，有意识地调整棉纺织产业布局，令中心城市逐步退出纺织初加工领域，使棉纺织生产向作为棉花产地的小城镇集中转移①。这一政策取得了一定的效果。例如，至2005年，汉川市马口镇即形成了新的纺织基地，仅当年上半年，该镇即引进纺织项目17个，资金2.2亿元②。至2011年，汉川的纺织规模已达200多万锭，成为湖北省最大的纺织县市，形成了从纺纱制线到制衣织造的完整产业链③。由此可见，进入21世纪后，湖北的纺织工业进一步从核心城市向小城市与市镇扩散，决定棉纺织等初级产业布局的因素，更加体现为原料资源的比较优势。

随着老国有企业的纷纷改制，湖北纺织工业亦从1990年代最困难的时期逐步恢复过来。至2002年，武汉一棉集团已连续3年利润超过1000万元，“鄂东服装走廊”亦初具规模，服装业中的爱帝、元田服饰等企业发展势头良好④。毫无疑问，湖北纺织工业的好转，与国家资本的收缩有直接关系。由于一批长期亏损企业被“销号”，剩下的企业自然是更具竞争力的⑤。仍以武汉为例，2006年，老国企武汉一棉集团有限公司正式签订国有产权转让合同，拉开了改制大戏的序幕⑥。与之相应的是，尽管武汉纺织业的传统优势消失了，但行业仍有所发展。2010—2012年，武汉市纺织行业规模以上企业的工业总产值，由100.74亿元增长到152.47亿元，利润则从3.02亿元增长为4.87亿元⑦。随着中国加入WTO，廉价劳动力的比较优势得到进一步发挥，产业优势被引向纺织业等劳动密集型的低端化产业，湖北纺织工业亦得以享受利好。2011年，湖北省纺织工业总产值超

---

① 程超：《湖北棉纺织生产将向产棉小城镇转移》，《中国纺织报》2000年12月29日，第4版。

② 晓芝：《湖北汉川马口形成新纺织基地》，《中国纺织报》2005年8月15日，第6版。

③ 熊国春：《汉川跻身湖北最大纺织县市》，《中国纺织报》2011年3月16日，第1版。

④ 彭继汉：《武汉大力发展纺织服装业》，《中国纺织报》2002年8月28日，版面不详。

⑤ 该书编辑委员会：《中国纺织工业年鉴2000》，中国纺织出版社2001年，第35页。

⑥ 袁善腊主编：《武汉年鉴（2007）》，武汉年鉴社2007年版，第182页。

⑦ 贾耀斌主编：《武汉年鉴（2013）》，武汉年鉴社2013年版，光盘。

过1200亿元，跃升为千亿元产业[①]，其进步显而易见。不过，在此种外向型经济结构下，湖北纺织工业与沿海地区产业还是有较大差距，其产值占全国总产值比重的降低可为证明。此外，在开放型市场中，湖北纺织工业被锁定至产业链的低端部分，主要为沿海工业提供棉纱、棉布等初级产品，在具有更高附加值的服装制造业中，湖北虽具有一定的竞争力，但本地品牌的发展受到较大挤压。自然，在化纤、印染等资本密集型领域内，湖北纺织工业的瓶颈亦长期存在。

第二节　传统比较优势的路径依赖

总体而言，在重新市场化时代，湖北纺织工业对于其传统比较优势产生了某种路径依赖，因此，在不具备比较优势的化纤、染整等领域内，长期存在着瓶颈制约。换言之，湖北纺织工业的产业竞争力仍然主要基于资源比较优势，而非技术竞争优势。改变这种格局既需要企业自身的努力，也需要地方政府从旁协助。同时，重新市场化对中国纺织工业而言意味着整体性的大洗牌，类似于1930年代的雁阵已然形成，在这一新的雁阵之内，地区间的产业转移重塑着中国纺织工业的经济地理格局，而这种产业转移既可能强化湖北纺织业的传统比较优势，也可能成为湖北纺织业发展新型竞争力的契机。

一、比较优势诱导的演化路径

纺织工业作为一种整体上较依赖原料供应的低端产业，受比较优势的影响比其他某些产业更大，故该产业顺应比较优势并无不妥。实际上，尽管打破比较优势的熊彼特式企业家精神非常重要，但如果原料供应成本过大，对以快速生产大宗消费品应对充分竞争性市场的纺织工业来说，“逆着潮流游泳”是得不偿失的。以武汉市的毛纺织工业为例，武汉市毛纺织厂是以熊彼特式企业家精神创建的企业，在建厂之初刻意忽略了远离原料产地的现实，以创新精神放手一搏，结果大获成功。然而，也就在建厂之初，

---

① 黄莹：《湖北纺织跃升为千亿元产业》，《纺织服装周刊》2011年12月19日，第15页。

武汉市毛纺织厂就须远赴外地购买原料。例如，在试生产之前，该厂即派员赴广东与外商洽谈货源，于 1981 年 3 月 5 日签订了购买 45 吨澳毛毛条和 50—55 吨涤纶条的定货合同[①]。这实际上意味着，广东或其他沿海地区的厂商通过同样渠道购进相同原料的话，其成本将比武汉毛纺织厂低得多。而如果武汉市毛纺织厂不能通过生产技术的进步抵消原料购置上的高额成本，终将丧失竞争优势。事实上，这正是后来实际发生的事情。因此，就纺织工业而论，在初加工领域和其他低附加值领域内，如果不能在技术上求得竞争优势，则顺应比较优势反而是最佳选择。故湖北纺织工业在计划经济时代以棉纺织业独大的格局是无可厚非的。改革开放以后，湖北纺织工业依然沿着这一固有的路径演化。

以湖北纺织工业来说，其 1975—1986 年间棉纱产量占全国总产量的比重如下：

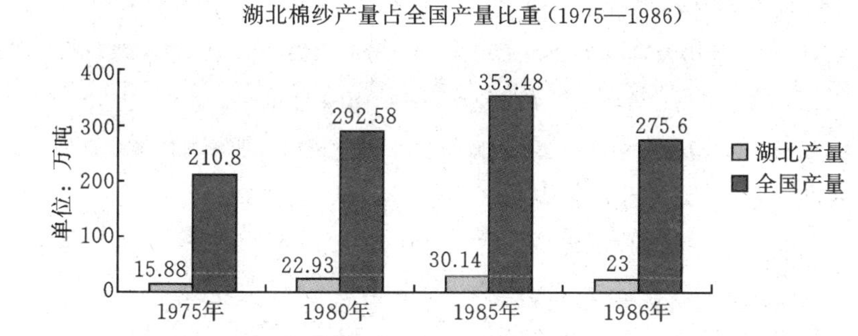

图 7-2　湖北棉纱产量占全国产量比重（1975—1986）

整理自该书编辑委员会：《中国纺织工业年鉴（1986—1987）》，纺织工业出版社 1988 年版，第 386—398 页。

由上图数据计算可知，1975 年、1980 年、1985 年、1986 年湖北棉纱产量占全国总产量比重分别为 7.5%、7.8%、8.5%、8.3%。这组数据平均要高于图 7-1 所示总产值比重，可见在湖北纺织工业中，棉纱生产是具有相对优势的。到 2003 年，湖北的棉纺织生产能力位居全国第 3 位[②]。

① 武汉市毛纺织厂：《武汉市毛纺织厂厂志初稿（1965—1982）》，武汉市毛纺织厂 1983 年版，第 27 页。

② 王海峰：《实施新型工业化发展规划，建设湖北纺织服装强省》，《湖北日报》2004 年 5 月 20 日，第 T00 版。

2006年，湖北棉纱产量虽仅排在全国第5位，但湖北的增长速度超过了全国平均水平①。2011年，湖北省棉纱产量仍占全国总产量的6.01%②。这足以说明棉纺织工业在湖北纺织工业中的主导地位了。在棉布生产方面，1990年代以来大致的趋势如下图所示：

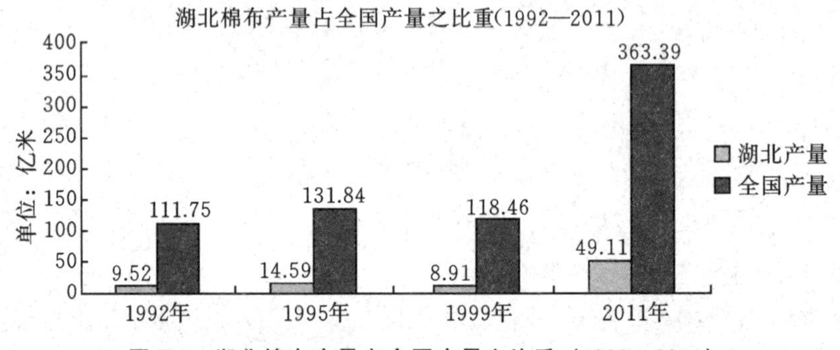

图7-3 湖北棉布产量占全国产量之比重（1992—2011）

整理自该书编辑委员会：《中国纺织工业年鉴1993》，中国纺织出版社1993年版，第205页；该书编辑委员会：《中国纺织工业年鉴1996》，中国纺织出版社1997年版，第217页；该书编辑委员会：《中国纺织工业年鉴2000》，中国纺织出版社2001年版，第137页；中国纺织工业联合会：《中国纺织工业发展报告2011/2012》，中国纺织出版社2012年版，第358页。

由上图数据计算可知，1992年、1995年、1999年与2011年，湖北纯棉布产量分别占全国棉布总产量的比重为8.52%、11.07%、7.52%与13.51%。从这一结果来看，湖北的棉布生产在全国确可占据一席之地。在湖北纺织工业内部，纯棉布、棉混纺布、化纤布与印染布的生产动态如图7-4所示。

图7-4清楚地表明，1992—2011年间，湖北各种布的产量中，以纯棉布占绝对优势，尤其是进入21世纪后，纯棉布生产呈现出急剧增长之势。棉混纺布由于使用了棉花，产量虽不如纯棉布，但大体上仍高于化纤布和印染布。化纤布和印染布的产量则在一个比较低的水平上徘徊。由此更加

---

① 中国纺织工业协会：《中国纺织工业发展报告2006/2007》，中国纺织出版社2007年版，第22页。

② 中国纺织工业联合会：《中国纺织工业发展报告2011/2012》，中国纺织出版社2012年版，第357页。

证明了湖北纺织工业的演化依赖于传统比较优势，以棉纺织业的发展最为突出。

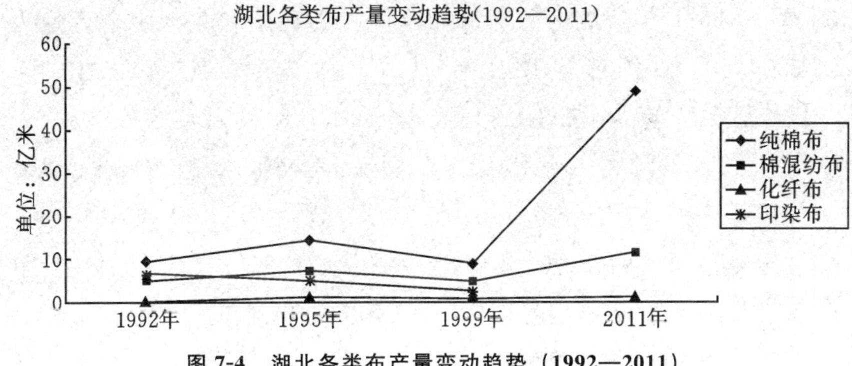

图 7-4 湖北各类布产量变动趋势（1992—2011）

整理自该书编辑委员会：《中国纺织工业年鉴 1993》，中国纺织出版社 1993 年版，第 205 页；该书编辑委员会：《中国纺织工业年鉴 1996》，中国纺织出版社 1997 年版，第 217 页；该书编辑委员会：《中国纺织工业年鉴 2000》，中国纺织出版社 2001 年版，第 137 页；中国纺织工业联合会：《中国纺织工业发展报告 2011/2012》，中国纺织出版社 2012 年版，第 358 页。原资料印染布类无 2011 年数据。

不过，对湖北来说，略显尴尬的事实是，该省纺织工业的优势产业在纺织工业各行业中属于初加工的低端部门，一些沿海省市，如上海，甚至主动退出该领域。1994 年，广东、浙江、上海、江苏、山东五省市的棉纺锭比 1991 年减少了 6%，而全国平均减少水平仅为 0.8%。但与此同时，包括湖北在内的原料产区的棉纺锭，在 1990—1994 年间增长了 177 万锭[①]。可是，在最能体现现代纺织工业特征的化纤工业中，湖北竞争力较弱。1992 年，湖北化纤产量为 2.87 万吨，全国总产量 211.12 万吨，湖北占全国比重为 1.36%；1995 年，湖北化纤产量为 5.92 万吨，全国总产量为 320.23 万吨，湖北占全国比重为 1.85%；1999 年，湖北化纤产量为 9.00 万吨，全国总产量 602.04 万吨，湖北占全国比重为 1.49%[②]。由此可见，在

① 该书编辑委员会：《中国纺织工业年鉴 1996》，中国纺织出版社 1997 年版，第 96 页。

② 该书编辑委员会：《中国纺织工业年鉴 1993》，中国纺织出版社 1993 年版，第 204 页；该书编辑委员会：《中国纺织工业年鉴 1996》，中国纺织出版社 1997 年版，第 216 页；该书编辑委员会：《中国纺织工业年鉴 2000》，中国纺织出版社 2001 年版，第 136 页。

1992—1999年间，湖北化纤生产能力是有所提升的，然其在全国之地位则无足重轻。进入21世纪后，湖北的化纤产能有所扩大，但在全国的地位仍相对靠后。2011年，湖北化学纤维产量为144482吨，全国总产量为33623596吨，是则湖北占全国的比重约为0.43%，这一数据甚至低于1990年代。同样是2011年，浙江省化纤产量占全国44.78%，江苏省占33.42%，两省共计占78.20%①。由此可见，中国的化纤生产呈现出集聚现象，湖北在该领域处于被边缘化状态。

在印染这一能够提升纺织业初级产品附加值的部门，湖北亦缺乏竞争力。实际上，中国的印染业也存在着向东部沿海地区聚集的趋势。2006年，中国大陆印染布的生产概况如下：

表7-4　中国大陆主要省市印染布生产分布（2006）

产地	全国	浙江	江苏	山东	广东	福建	五省合计
产量（亿米）	430.30	226.61	59.88	41.32	32.12	29.24	389.17
同比（%）	10.47	8.37	14.91	13.11	12.35	14.67	—
占全国比重（%）	100	52.66	13.92	9.60	7.46	6.80	90.44

整理自该书编辑委员会：《中国纺织工业年鉴（1986—1987）》，纺织工业出版社1988年版，第63页。

由上表可知，2006年，东南沿海的浙江、江苏、山东、广东和福建集中了中国大陆印染布90.44%的产能，在这一大背景下，湖北印染业之缺乏竞争力是不足为奇的。2008年前后，湖北年产优质坯布约30亿米，印染布的年产量却不足2亿米，服装行业每年又需要约30亿米的面料②。因此，湖北纺织工业实际上被锁定在产业链的底端，生产结构低附加值化，对东部沿海地区存在着事实上的依附关系。换言之，在雁阵之中，东部沿海纺织业位居核心，湖北则属于核心地区的腹地。这一产业序列格局与明清时期和近代不无相似之处，体现了市场的结构性力量。

---

① 中国纺织工业联合会：《中国纺织工业发展报告2011/2012》，中国纺织出版社2012年版，第365页。

② 王洪章：《湖北纺织要发展，印染瓶颈先突破》，《中国纺织报》2008年3月3日，第7版。

在纺织工业的下游产业服装业中，湖北具有一定的竞争力，不过，与沿海省份相比，仍存在较大差距。2011 年，中国部分地区服装行业经济指标完成情况如下表所示：

表 7-5 中国部分地区服装行业经济指标完成情况（2011）

地区	企业数（家）	出口占比（%）	工业总产值占比（%）	销售收入占比（%）	利润占比（%）
全国合计	10451	24.90	100.00	100.00	100.00
湖北	380	18.22	4.07	3.98	3.72
上海	389	23.42	3.14	3.49	5.78
江苏	1973	23.64	20.08	20.51	22.50
浙江	1364	40.55	10.93	11.02	12.63
福建	763	27.22	8.19	8.30	11.36
广东	2261	27.81	20.16	19.51	9.45
山东	882	23.23	10.00	10.07	10.87

整理自中国服装协会：《2011—2012 中国服装行业发展报告》，中国纺织出版社 2012 年版，第 139—140 页。仅统计规模以上企业。

从上表之数据可知，湖北服装工业在全国有一定地位，但是，与东部沿海省市相比，仍有较大差距。实际上，受 2008 年全球金融危机的影响，中国的出口导向型经济遭遇较大挫折，加之近年来劳动力成本上升与国际资本撤离中国，部分沿海省市的服装工业发展不如以往。即使如此，在诸多经济指标上，东部沿海省市仍然全面领先于湖北。即使某些地区如上海的部分指标不如湖北，但考虑到两者规模的不对等，上海与湖北发展指标之持平，表明上海的竞争力仍然是强大的。从这一点来看，湖北服装工业如欲赶超沿海先进，仍须付出较大努力。进一步说，由于服装工业在很大程度上是劳动密集型的加工业，故湖北拥有一定的优势，但在化纤、印染等资本密集型部门内，湖北纺织工业存在着真正的瓶颈。

然而，如前所述，湖北纺织工业在资本密集型部门中的瓶颈是历史形成的结构。以印染业来说，湖北最早初具规模的印染企业，本身就是 1957 年由上海迁入武汉的天一染织厂。因此，与沿海地区相比，湖北印染业相对发展滞后。在产业演化过程中，这种先发优势与后发劣势是不得不正视的现实。产业落后地区要想改变既存产业格局，亦只有通过高强度的资本与技术投入，使本地区产业增强学习能力，积累以技术为导向的竞争优势。只不过，这种积累竞争力的赶超过程既艰辛，又绝非一日之功可毕。

二、产业转移背景下的竞争力重构

自改革开放以后，中国逐渐发展出以出口为导向的外向型经济，被嵌入全球产业体系中，沿海地区由于地缘优势而得以最先发展起来。一方面，沿海地区航运便利，与全球市场的地理衔接度较高，出口物流成本低，因此，外资亦更愿意在沿海地区投资建厂或外包业务，利用中国的廉价劳动力生产供应发达经济体的大宗消费品。另一方面，沿海地区从海外进口原料与设备更为便利，进口物流成本亦低，有利于快速兴建制造工厂。

如前文所述，湖北地区的化纤工业发展较东部沿海地区迟滞，而沿海地区化纤工业在改革之初的兴起得益于与海外的便捷联系。例如，1979 年，印尼华侨商人陈云康有意愿在广州出资兴建化纤厂，并在香港纺织专家的指导下，选定了欧洲生产的先进设备。由于各种因素作用，最终，该厂改建于广东省新会县。陈云康投资了 1000 万美元，并同意每年代销 30%的产品，以应对中国国内市场发展缓慢的可能性。1981 年，化纤厂破土动工，1983 年正式开业。该厂年产 5000 吨涤纶织物，到 1986 年底即收回全部建厂投资，另一家年产 7500 吨的新厂同时投产。总计两厂投资总额为 1.27 亿元，其中外汇投资 1900 万美元。在该项目的带动下，1985 年，新会一家小厂购买了新式设备，1986 年便生产了 5000 吨丙纶纤维。同样在 1985 年，一家年产能力为 4000 吨合成纤维布的企业亦在新会投产①。新会化纤工业的崛起可视为沿海地区化纤工业兴起的一个缩影。而沿海地区化纤工业在改革初期取得的先发优势，又形成了有利于其后期不断扩张的路径依赖，这是沿海化纤工业竞争优势的重要来源。然而，新会化纤工业的案例亦表明，沿海地区化纤工业的崛起离不开外商投资，一方面，外资介入可以解决资金不足的困难，另一方面，外资介入也降低了国内市场需求不足的风险。而外资之选择在广东投资，很大程度上是由广东地理上的区位优势决定的。

---

① 傅高义：《先行一步：改革中的广东》，凌可丰等译，广东人民出版社 2008 年版，第 157—159 页。

进一步说，新会化纤工业的兴起亦不过是全球纺织业梯度转移的一个缩影。第二次世界大战后，东亚地区的纺织工业经历了一个由日本向“四小龙”转移的过程。中国大陆改革开放后，追逐廉价劳动力的国际资本又选择了中国大陆，由此带来纺织工业从“四小龙”向大陆的转移。事实上，这种产业转移力度之大，从移出地区所受冲击亦可感知一二。下图为1976—2004年香港服装制品业劳工人数的变动趋势：

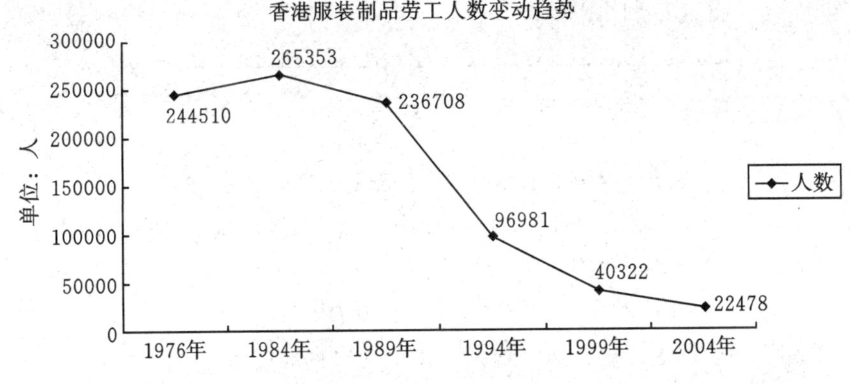

图 7-5 香港服装制品业劳工人数变动趋势（1976—2004）

整理自蔡宝琼主编：《千针万线：香港成衣工人口述史》，进一步多媒体有限公司 2010 年版，第 17 页。

由上图可知，自 1980 年代末，香港服装制品业劳工就业人数急剧下降，至 2004 年时几乎不足 1980 年代巅峰时期的 1/10。与之相应的是，1984 年，该业劳工占全香港劳工总数的 15.5%，到 2004 年，则仅占 0.9%[①]。服装工业在香港的萎缩程度是惊人的。然而，与香港纺织业的衰落相伴生的现象，则是当地厂商纷纷“北上”珠三角。这个例子很典型地揭示了东亚纺织工业产业转移的实态。

由于全球体系中纺织工业的演化具有这种高度流动性，因此，该产业的地区竞争力差异也具有高度变动性，这一点尤其体现在产业的低端部分，即最依赖廉价劳动力的那些部门。同时，在第二次世界大战后的全球纺织产业体系中，形成了发展中经济体向发达经济体出口廉价制成品的结构，故在发展中经济体内部，那些最便于衔接世界市场的地区具有较大优势，

---

① 蔡宝琼主编：《千针万线：香港成衣工人口述史》，进一步多媒体有限公司 2010 年版，第 17 页。

例如中国的东部沿海地区。2005 年，湖北纺织品服装出口额在全国的 31 个省、自治区、直辖市中位居第 14 位，而排名前 15 位的地区排序为：

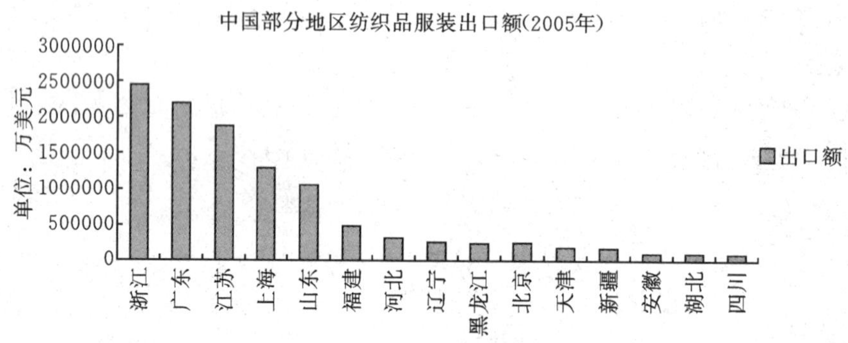

图 7-6　中国部分地区纺织品服装出口额（2005 年）

整理自中国纺织品进出口商会：《中国纺织品服装对外贸易年鉴 2005/2006》，中国农业科学技术出版社 2006 年，第 155 页。

2005 年，中国纺织品出口的前三甲分别为浙江、广东和江苏，其出口金额亦大幅度超过排在后面的地区。在领先于湖北的地区中，大部分不是东部沿海地区，就是边疆地区，地缘特征明显。领先于湖北的内陆省份安徽亦比湖北更靠近沿海。当年，湖北纺织品服装出口金额为 98474 万美元，仅为浙江 2558361 万美元的 3.85％，而排在湖北之后的四川为 94925 万美元，与湖北差距不大。可见，湖北在出口导向型经济中并无特殊优势。

2011 年，中国部分地区纺织工业的出口交货值如下图所示：

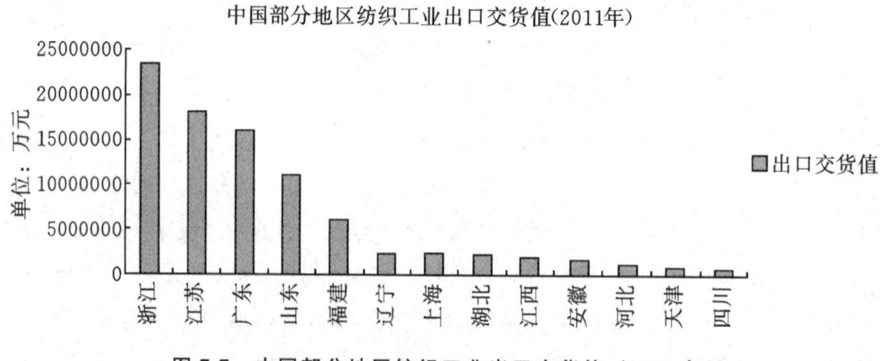

图 7-7　中国部分地区纺织工业出口交货值（2011 年）

整理自中国纺织工业联合会：《中国纺织工业发展报告 2011/2012》，中国纺织出版社 2012 年版，第 329 页。

由上图可见，2011 年中国纺织工业的出口交货值仍是浙江、江苏和广东以较大优势位居前列，山东、福建、辽宁、上海等沿海省市则紧随其后。然则，仅以交货值而论，湖北在纺织品出口领域中与上海的差距尚不算大，更领先于江西、安徽、四川等中西部内陆省份，较之2005年，似取得了一定的进步。究其原因，2008年全球金融危机之后，中国纺织工业的出口因发达经济体市场疲软而备受打击，同时，东部沿海地区各种生产成本上涨，使纺织工业出现了向内陆地区梯度转移的趋势。更为重要的是，自2008年之后，湖北省政府主动采取了一些产业政策，利用产业转移的规律来发展该省纺织工业。2009年，湖北省出台了《湖北省纺织产业三年调整振兴实施方案（2009—2011）》，该方案明确提出了要主动承接产业转移，将高档染整、高档服装、高档针织及家纺确定为湖北承接纺织、服装产业转移的重点领域[①]。因此，地方政府对于产业升级是提出了明确目标的，在这种受重视的环境下，湖北纺织工业如能利用东部沿海地区产业转移的机遇，将有可能重构产业竞争力。

综上所述，在市场化改革时代，湖北纺织工业的演化呈现出很明显的对传统比较优势的依赖。由于湖北素来是产棉大省，适宜发展棉纺织工业，故该省棉纺织业保持了相对较强的竞争力。相反，在计划经济时代，湖北的化纤、印染等资本-技术密集型纺织部门的发展本就不充分，改革之后亦未能扭转这一格局。然而，湖北纺织工业的路径依赖又不是单纯由湖北自身决定的，它与整个中国乃至东亚纺织工业的地理演化有密切关系。实际上，湖北对棉纺织的依赖，恰与中国沿海地区退出棉纺织，构成同一历史进程的正反两面。换言之，沿海纺织工业靠发展资本-技术密集型部门而重新成为中国纺织业的核心，湖北等天然原料产区的纺织业则顺势成为其腹地。这一核心—腹地结构在近代乃至明清时期就已存在，只是在计划经济体制的大一统之下，被人为地抑制并遮蔽了。随着市场化的重启，中国纺织工业的核心-腹地结构再度形成，而这一持续至今的演化进程，实为湖北纺织工业最近之发展史的主要内涵。然而，随着中国纺织工业进一步的产业转移，湖北纺织业未来的演化，也增添了摆脱传统路径的新的可能性。

---

① 彭继汉：《湖北纺织提出四大目标突出六大重点》，《中国纺织报》2009年11月17日，第1版。

小 结

1978年至今，湖北纺织工业的命运可谓跌宕起伏。随着市场化改革的开启，产业内部潜伏的熊彼特式企业家精神得以极大地激发，使得改革初期的湖北纺织工业呈现出繁荣景象。但事实证明，这种繁荣只是短缺经济在转化为自由市场进程中的过渡性现象，一旦市场化全面铺展开来，过度竞争即回归为湖北纺织工业面临的市场常态，而此前受到计划经济体制过度保护的产业，就将被暴露于残酷竞争的环境中，接受适者生存的演化选择。

由于市场成为1978年以后支配湖北纺织工业演化的主导力量，故该产业的发展更加受制于资源禀赋比较优势的诱导。在湖北纺织工业各门类中，棉纺织业不仅延续了计划经济时代的优势地位，而且成为湖北纺织业在全国范围内最具竞争力的门类，这充分反映了比较优势的力量。然而，在另一方面，更依赖于资本和技术的化纤、印染等门类却长期成为制约湖北纺织工业发展的瓶颈，其背后的原因既包括历史形成的后发劣势，又包括本质上的投入不足。因此，与明清及近代相仿的是，在中国大陆纺织工业的雁阵中，湖北纺织工业位居中游，形成了对东部沿海核心地区的依附，而这种依附体现为湖北向核心地区输出低附加值的初级产品，输入高附加值的复杂产品。不过，与明清及近代不同的是，在当代，东部沿海地区不仅仅是在产品技术上领先于中西部内地，而且拥有内地所欠缺的印染深加工能力和化纤原料生产能力。换言之，东部沿海地区纺织工业在资本密集型部门中取得了领先优势，并造成支配劳动密集型产业腹地的经典中心-腹地结构。

因此，在未来，湖北纺织工业欲图更大的发展，须在比较优势的基础上构筑竞争优势。一方面，对于传统上具有一定竞争力的棉纺织、服装等产业，要保持其发展态势；另一方面，面对足以占据产业制高点的化纤、印染等部门，惟有强化资本要素的投入，方能解除瓶颈制约。然而，在东部沿海地区已利用先发优势构筑起产业壁垒的情形下，此种打破瓶颈制约的努力将格外艰辛。因此，利用产业转移的契机，进一步扩大下游产业的规模与质量，不失为顺势强化上游产业的一条路径。在这一过程中，单凭企业的力量显然难以成功，地方政府应利用产业政策予以指导、协助。

结论　产业持续进化能力与湖北纺织业

湖北纺织工业在1800—2012年间经历了漫长的演化，其总的趋势是不断升级，其间既有外力的推动作用，也有产业自身的努力。未来，湖北纺织业自然还会不断演化，而且，可以说，只要人类还需要穿衣，纺织业就不会消亡，故湖北纺织工业具有广阔的发展前景。然而，从该产业数百年来的历史进程亦可知，产业的发展不会一帆风顺，演化过程永远会孕育出危机与挑战，若不能有效应对，则地区产业的萎缩或衰亡亦是常态。为此，产业必须构筑在变动环境下的持续进化能力。对湖北纺织工业而言，其能力提升应主要着眼于打破比较优势束缚，寻求竞争优势，同时与政府、关联产业、学术机构形成有效的协同演化。

一、两百余年的产业竞争力演化史

从1800年到2012年，湖北纺织工业经历了两百余年的发展，而这两百余年的产业发展史，也是一部产业竞争力的演化史。

作为最古老的产业之一，纺织业在湖北地区的存在可追溯至早期文明时代。对湖北纺织业而言，1800年并非一个具有变化意义的转折点，相反，它只是一个寻常无奇的年份。然而，就在这一年，大清帝国虽称不上河清海晏，但康乾盛世的落日余晖尚未褪尽，中国传统社会与文化在没有外力冲击的自然环境中，发展到了巅峰状态。于是，1800年的湖北纺织业，可以说体现了中国传统纺织业的最典型形态。自元代开始，中国的棉纺织业逐渐取代丝、麻两业，成为纺织业之骨干，而湖北由于适宜植棉，亦逐渐发展成为棉纺织业大省。1800年，湖北的棉纺织业虽不及江南，但利用原料优势，仍形成了强大的竞争力，更依靠汉口作为中心市场的区位优势，而辐射西北、西南。可以说，当时的湖北纺织业，已经在自然资源比较优势的基础上形成了最原始的产业竞争力。不过，放眼世界，此时工业革命已在英国如火如荼地展开，棉纺织业更成为这场革命的主力军，以小农经济为基础的湖北传统纺织业，难免相形见绌。

第一次鸦片战争改变了中国的历史轨迹，却并没有立即改变中国的传统经济，直到第二次鸦片战争后，清帝国才步履蹒跚地踏上了工业化的道路，而深入内地的通商口岸，也使中国传统产业被真正卷入资本主义世界体系中。1861 年，汉口开埠，湖北传统纺织业被推到了与曼彻斯特现代化大工厂竞争的最前线。然而，在湖北手工纺纱业溃不成军的同时，手工织布业却利用曼彻斯特的机制棉纱获得新生，这可以说是近代中国工业化进程最奇特的图景之一。于是，在棉纺织业中，进口机制棉纱横行于市场，成为传统织布业的新原料，而传统织布业竟以此为契机，获得了对抗进口机制棉布的竞争力。这一竞争力的取得，可以说是新技术对湖北传统纺织业演化路径的重新塑造。与此同时，多少出于偶然因素，湖广总督张之洞在武汉开办了真正的曼彻斯特式的纺织工厂，这使湖北纺织业有了脱胎换骨的蜕变。而由于张之洞的举措开风气之先，在中国大部分省份都还没有现代纺织工业的清朝末年，湖北纺织工业的竞争力自然能排在前列。因此，在清帝国大厦将倾之时，湖北纺织工业展露出了勃勃生机。

但是，即使在张之洞时代，湖北纺织工业与上海同行相比，仍逊色一筹，辛亥鼎革以后，双方差距则逐渐拉大。究其原因，在于在上海及其周边地区，现代纺织工业有着更加多元化的投资主体，不似湖北长期仅有官办企业。第一次世界大战为中国工业带来了短暂的繁荣，棉纺织工业获利尤大，湖北的核心城市武汉亦借助这一外部环境，建立起了民营“四大纱厂”体系。然而，“四大纱厂”体系建成之日，也是中国棉纺织工业战争景气结束之时，湖北纺织工业的勃兴可谓时不利兮。于是，不待 1930 年代全球经济危机的打击，湖北纺织工业在 1920 年代末已呈现出结构性的不景气，大萧条只不过是进一步摧残了该产业的竞争力。然而，当东部地区的纺织工业一路西进，挤压湖北纺织业的生存空间时，湖北纺织工业尚能向产业技术更为落后的西南腹地拓展，求得一线生机。这种梯度差异反映了近代湖北纺织工业竞争力在全国位居中游的真实水平。值得一提的是，自清末以来一直与现代纺织工业并行发展的湖北传统纺织业，虽一度利用机纱而发展出新式织布业，但与江南、华北的同类产业相比，湖北竞争力较弱，而其逐渐被现代纺织工业淘汰，亦只是时间问题。

抗战军兴，湖北纺织工业在战争初期一度出现畸形繁荣，但随着日寇进逼武汉，湖北大型纺织企业纷纷内迁，这对于湖北纺织业是一个致命的打击。抗战胜利后，湖北纺织工业亦未恢复元气。因此，1937—1949年整体而言，是湖北纺织工业发展史上一段最不幸的插曲。

中华人民共和国成立后，湖北纺织工业在政府的救助下得到转机，同时，新政权以实现工业化为目标，又进一步推动了产业的大发展。不过，在计划经济体制下，由于市场被取消，企业不再作为市场主体存在，各地区的产业间也不存在经济上的竞争关系，故亦无所谓产业竞争力可言。然而，计划经济时代对于中国工业的发展而言，是不能一笔带过的。正是在计划经济体制下，由于中央政府的选择偏好，以及地方政府的投资不足，湖北未能发展起大规模的化纤工业，这直接导致改革开放后湖北纺织工业依然以棉纺织为骨干，而以化纤为瓶颈。实际上，中国大陆1970年代末的改革开放，在本质上是以发展外向型经济为主导的市场化改革，如此一来，地处内陆而又拥有庞大国有经济体系的湖北纺织业，面临着开放与改革的双重困境。随着时间的推移，湖北纺织工业总产值占全国总产值比重持续下降，很鲜明地反映了双重困境所导致的竞争力衰退。而在市场化改革这一历史新阶段，湖北纺织工业继续依赖天然资源比较优势，又重新依附于东部沿海资本-技术密集度更高的纺织工业，可谓历史性核心-腹地关系的重现。

综上所述，湖北纺织工业两百余年来的历史，总体来看是向前发展的，但其间不乏曲折与起伏，至于产业竞争力的演变，则更呈现出阶段性特征。在开埠通商前，湖北传统纺织业依靠适宜植棉的自然环境，发展出了在全国颇具竞争力的传统棉纺织业。开埠通商后，传统棉纺织业整体上是趋于没落的，但在特定时期，利用机制纱，手工织布业尚能繁兴一时。更为重要的是，通过张之洞移植新式工业体系，湖北纺织业得以一度领先于全国大部分地区，即使到了1930年代，仍在西南腹地市场上保持着强劲的竞争力。然而，也是在1930年代，中国纺织工业已经出现了明显的梯队结构，处于领先地位的是东部尤其是沿海地区的纺织工业，位居中部的湖北纺织业的竞争力，亦只能达到中游水平。1949年后，棉纺织业虽然仍然长期充当着中国纺织工业的骨干行业，但更少依赖天然资源的化纤工业的兴起乃大势所趋。在这一新形势下，湖北纺织工业的竞争力仍然以天然资源为基础，造成棉纺织业壮大而化纤业发展不充分的格局，这就使湖北纺织工业的整体竞争力落后于东部地区，依然处于全国的中游水平。

历史的经验总结已如上述，而从湖北纺织工业两百余年的竞争力演化史中，可以作进一步的推导，建构“产业持续进化能力”这一演化发展经济学理论。

二、变动环境中的产业持续进化能力

湖北纺织工业在1800—2012年间的发展历程表明，产业演化和生物演化有相似之处，两者皆属于对环境变动进行适应的过程，如果适应成功，则能存续下去，如果失败，则将惨遭淘汰。因此，对产业发展而言，环境这一外部因素其实是异常重要的。

在湖北纺织工业的发展进程中，面对着三个层次的环境。首先，是基础性的自然环境。在化纤工业兴起前，纺织工业是以自然资源为直接原料的工业，故自然资源的地理分布在很大程度上左右着产业发展。自元朝后，尽管中国帝制政府屡次在全国范围内推广棉业，但该产业只在湖北等少数省份扎根，湖北境内的传统棉纺织业分布又不平衡，都是受到自然环境的影响。只有在那些适合种植棉花的地区，传统棉纺织业才能够兴旺发达。清末开埠通商以后，湖北现代棉纺织工业能异军突起，虽得益于张之洞推行的政策，但也与湖北作为产棉大省的事实息息相关。在计划经济时代，湖北纺织工业各门类中，棉纺织业独大，亦因为该省能获得较为充分的棉花供应。改革开放至今，棉纺织业依然是湖北纺织工业内部最具优势的产业，这充分说明湖北纺织工业在很大程度上仍将竞争力建立在自然资源的优势之上。因此，资源环境是产业演化的基础性环境，因为它决定了比较优势原则这一市场自然选择的支配性力量。

其次，在自然资源环境下，主导产业演化的是市场环境。不同的市场结构会导致不同的演化路径，而这些路径有可能不受自然资源的束缚。也可以说，在市场环境这一层次内，人的因素开始发挥更大的作用。例如，尽管湖北拥有丰富的棉产资源，但这未能保证湖北棉纺织业在明清与近代取得最强的竞争力，相反，在民国时期，东部地区的棉纺织工业已大大领先于湖北。同时，即使在湖北省内，亦并非所有棉产区都能建立现代纺织工业，相反，大部分棉产区对其他地区形成了依附结构，输出附加值低的原料而输入附加值高的制成品。因此，产业的竞争力显然不取决于资源环境。至少，在市场环境这一层次上，起决定性作用的是构成产业的企业自身的能力。因为所谓市场其实正是一个个独立的企业之间的互动关系，这就意味着市场环境对企业的选择在很大程度上是企业间的互动结果，而企业自身内部因素的变化，能直接影响到外部的互动结果。故在市场环境中，产业的竞争力主要由构成产业的企业的竞争力实现，而企业的竞争力在竞争环境下取决于熊彼特式企业家精神。这当然不是说熊彼特式企业家精神能无条件地打破资源环境的束缚，相反，在纺织工业中，这往往是很困难的。但是，熊彼特式企业家精神体现了产业在市场环境中的适应能力。

最后，在市场环境之上，政治环境构成对产业的高层次制约，该层次几乎完全由人的意志主导，并与其他两个层次的环境发生互动关系。无论是资源环境也好，还是市场结构也好，都是由各种要素构成的，并且，这些要素会在“看不见的手”的作用下自由流动、组合，形成符合比较优势的结果。然而，在市场层次上，企业这一人为组织已经可以采取手段改变各种要素的流向与组合，从而扭曲固有比较优势。在政治环境里，国家权力更是可以通过更大规模的组织力量来改变自然要素的分配。因此，政府是否扶持产业发展，或者政府要如何规制市场，这些问题都不是无关紧要的。例如，1950年代，政府通过计划体制扭曲市场后，产业的行为逻辑就发生了很大的变化，由此亦带来产业演化路径的更改。改革开放后，政府又令市场重启，就再度改变了产业的演化路径。再如，抗日战争时期，受战争影响，湖北纺织企业几乎全部内迁，这令湖北纺织工业元气大伤，这也是政治环境变动左右产业发展的显例。在某种程度上，政治环境虽亦由人的互动构成，但对产业来说常常是不可控的，因为政府与产业的互动关系并非企业相互之间那么直接，两者并非关系平等的市场主体，而是包含着权力支配关系。故如何处理政-商关系是产业适应政治环境的关键所在。

产业发展须面临的环境，及其在每种环境中所要求的特殊适应能力，可由下表示意：

表 8-1 产业对环境的适应能力

环境层次	影响产业的主要方式	变动性高低	产业所需特殊适应性能力
政治环境	产业政策及社会稳定度	高	处理政-商关系
市场环境	企业间的相互竞争	中	熊彼特式企业家精神/学习能力
资源环境	资源的比较优势	低	无

在产业面临的环境中，变动性最低的是资源环境，这也从反面说明了比较优势原则在产业演化进程中起到基础性作用。然而，正因为资源环境变动性较低，产业几乎不需要发展特殊的适应性能力，只须利用既有资源顺其自然地发展即可。相对而言，市场环境的变动性要高得多，因此，产业内部的企业必须发展出熊彼特式企业家精神才能够在市场环境变动时把握机会，从事创新性竞争。然而，市场环境的变动并非绝对的，在一定时期内，市场也可能形成相对稳固的结构，直到下一次创造性毁灭过程发生。在这样一个相对稳定的时期内，对构成产业的企业而言，并非可以高枕无忧、无所事事，相反，学习能力是至关重要的。也就是说，产业必须在市场环境的平静期保持内部的进化不中断，在市场环境的变动期到来后，才能更成功地去适应。至于政治环境，则可以说是变动性最高的，也是最具有偶然性的。例如，一场战争的爆发，或一场政治运动带来的动荡，完全有可能改变市场环境自身的变动周期，从而使产业被迫适应新环境。面对该层次的环境，产业所需的特殊能力为处理政-商关系的能力，例如，通过行业组织或行业协会为自身争取权益等。但总的来说，产业对于政治环境的改变是较为被动的，而产业对政治环境变动产生适应性的能力基础，仍然是较低层级环境中所需的熊彼特式企业家精神和学习能力。

但是，换一个角度看问题，站在政府的立场上，政治环境对产业演化能够施加影响，意味着产业政策的成立是有可能的。换言之，政府可以有条件地嵌入产业，协助产业改变某些不适于发展的要素，强化某些积极的要素，从而帮助产业更好地适应环境。当然，除了特殊的产业政策外，政府对社会稳定、国家安全等公共产品的供应，对产业而言，实为最大的帮助。

综上所述，通过湖北纺织工业 1800—2012 年间的演化，可以从理论上构建产业持续进化能力的简单模型，辨析在不同层次环境中，产业发展所需要的特殊适应性能力。同时，该理论也论证了政府实施产业政策的合理性乃至必要性。

三、产业持续进化能力对湖北纺织业的启示

前文通过历史研究总结了产业持续进化能力这一理论，换言之，该理论具有重视历史结构的特征。从产业持续进化能力来看湖北纺织业的发展，既能看到该产业长期演化过程中的症结所在，又能给出具有一定针对性的政策建议。

从湖北纺织工业数百年来的演化过程看，该产业发展最大的特征即在于高度依赖自然资源的比较优势，而未能向产业链高端的资本密集型部门发展。不错，纺织工业确实是依赖自然资源与廉价劳动力的劳动密集型产业，但在该产业演化过程中，受到不少资本密集型关联产业的推动。湖北纺织工业发展的一大症结就在于其资本密集型关联产业发展不充分。在古代，由于整个中国未能演化出现代意义上的机械工业，湖北传统纺织业实际上是不可能发生英国式工业革命的。在近代，由于缺乏专业化的纺织机械制造业，湖北纺织工业的技术改进相对滞后。新中国成立初期，正是因为中央政府大力发展纺织机械工业，湖北才能在短时期内建立比旧民营企业更具活力的新国企。然而，计划经济时代湖北本省纺织机械工业发展的滞缓，还是给该省纺织企业的技术更新乃至正常生产带来了较大阻碍。同时，计划经济时代湖北能源工业不能实现充分供给，也极大地影响了纺织工业的发展。除此之外，纺织工业不仅与外部的资本密集型关联产业有紧密联系，纺织工业内部亦包含着资本密集型部门，如化纤与染整行业。受历史原因影响，湖北纺织工业的资本密集型部门原本就落后于沿海地区，加之计划经济时代投资不足，亦未能从战略上贯彻资本密集型部门的发展，直到今天，湖北纺织工业仍未完全解决资本密集型部门落后带来的瓶颈。然而，与劳动密集型部门相比，资本密集型部门占据着产业链的制高点，创造着更高的附加价值，故在地区间产业分工中，一般情况下，资本密集型部门领先的地区占据着更有利的地位。因此，在不久的将来，如果湖北纺织工业希望能在产业链上进一步爬升，发展资本密集型部门乃必由之路。

因此，从历史角度看，湖北纺织工业竞争力不强的症结，即在于陷入了棉产资源比较优势的路径依赖中。然而，由表 8-1 可知，对产业来说，利用比较优势发展几乎不需要特殊的适应性能力，故无法有效完成产业内

部的能力积累，在更高层级的环境中发展时便不易形成竞争力。

进一步说，利用表 8-1 的理论框架，可以对湖北纺织业未来的发展提出某些建议，如下表所示：

表 8-2　对湖北纺织业发展的建议

环境层次	建议对象	建议内容
政治环境	地方政府	1. 落实产业政策，为产业发展营造稳定的环境，承接东部地区产业转移 2. 争取中央政府的政策性支持
	产业	加强行业协会的作用，协调同业发展，为产业争取政策支持
市场环境	地方政府	1. 发展石化、先进装备、新材料等战略性关联产业 2. 加强对化纤、印染行业的扶持与投入
	产业	1. 引进先进技术，加快对技术的消化吸收能力 2. 与高校、研究机构合作，推动技术发展
资源环境	地方政府	维持棉纺织业、服装业、麻纺织业的相应产能及升级

总而言之，湖北纺织业未来的发展，既取决于产业的资本密集化程度，又取决于承接东部地区产业转移的程度。然而，由于地理区位的关系，湖北纺织工业在开拓海外市场的同时，实际上应该深入挖掘面向国内市场的固有优势，经历了 2008 年的全球金融危机后，这一点尤为明显。同时，尽管承接东部地区产业转移有助于跨越式发展，但对产业转移不可太过乐观。一方面，东部地区相对高端的产业未必会向中西部地区转移；另一方面，低端产业的转移则具有较大不稳定性，因为在东南亚、南亚和非洲，总会有劳动力更廉价的地区兴起，则发展低端纺织业既无法长久保持竞争力，亦不能确保所承接的企业不会迅速地再度转移。因此，包括发展配套产业与提升化纤、染整行业竞争力在内的资本密集化战略，将是湖北纺织工业获取长期竞争优势的首选策略。不过，由于资本密集化是一个周期性较长的过程，所以，亦不可对棉纺织等传统优势产业掉以轻心。湖北应利用本地科研院所的优势，促进产—学—研有机结合，在保持传统优势产业产能并提升其技术的同时，投入资源于资本密集型部门，使纺织工业这一传统产业获得战略性新兴产业的协助，从而在产业价值链上向着高端部分提升。

参考资料

一、档案：

[1] 湖北省档案馆藏档，全宗号：LS1，LS19，LS31，LS45，LS74，SZ1，SZ10，SZ26，SZ34，SZ43，SZ48，SZ63，SZ81，SZ83，SZ86，SZ87，SZ88，SZ89，SZ90，SZ99，SZ124，SZ139.

[2] 上海市档案馆藏档，全宗号：B134.

[3] 上海市社会科学院经济研究所藏中国经济统计研究所档案：04-023，04-055，04-229，04-230，04-254，04-255，04-308.

[4] 武汉市档案馆藏档，全宗号：18，104，108，109，113，114，119.

二、资料汇编：

[1] 陈旭麓，等．盛宣怀档案资料选辑之六：上海机器织布局［G］．上海：上海人民出版社，2001.

[2] 戴鞍钢，黄苇．中国地方志经济资料汇编［G］．上海：汉语大词典出版社，1999.

[3] 该书编辑组．裕大华纺织资本集团史料［G］．武汉：湖北人民出版社，1984.

[4] 该书编辑组．中国资本主义工商业的社会主义改造：湖北卷武汉分册［G］．北京：中共党史出版社，1991.

[5] 湖北省工业厅．湖北省1957年地方工业会议资料汇编［G］．武汉：湖北省工业厅，1957.

[6] 湖北省乡镇企业管理局．湖北近代农村副业资料选辑［G］．武汉：湖北省乡镇企业管理局，1987.

[7] 李文海．民国时期社会调查丛编（二编）：乡村经济卷［G］．福州：福建教育出版社，2009.

[8] 聂宝璋. 中国近代航运史资料：第1辑上册 [G]. 上海：上海人民出版社，1983.

[9] 彭泽益. 中国近代手工业史资料：第2卷 [G]. 北京：中华书局，1962.

[10] 全国人大财政经济委员会办公室，等. 建国以来国民经济和社会发展五年计划重要文件汇编 [G]. 北京：中国民主法制出版社，2008.

[11] 涂文学. 沦陷时期武汉的经济与市政 [G]. 武汉：武汉出版社，2007.

[12] 中共中央文献研究室. 建国以来重要文献选编 [G]. 北京：中央文献出版社，2011.

[13] 中共中央文献研究室. 三中全会以来重要文献选编 [G]. 北京：人民出版社，1982.

[14] 中华人民共和国国家经济贸易委员会. 中国工业五十年 [G]. 北京：中国经济出版社，2000.

三、志书：

[1] 保定化学纤维联合厂. 保定化学纤维联合厂厂史（1957—1987）[M]. 保定：保定化学纤维联合厂，1988.

[2] 厂志编写小组. 湖北省沙市棉纺织厂厂志（1965—1985）[M]. 沙市：沙市棉纺织厂，1986.

[3] 道光《安陆县志》.

[4] 道光《鹤峰州志》.

[5] 佛山化纤联合总公司. 佛山市化纤工业志 [M]. 广州：广东科技出版社，1992.

[6] 该书编写组. 沙市第一棉纺织厂厂志（1930—1981）[M]. 沙市：沙市第一棉纺织厂，1983.

[7] 该书编纂办公室. 九江化学纤维厂志 [M]. 北京：纺织工业出版社，1992.

[8] 该书编纂领导小组. 武汉市第二棉纺织厂厂志（1958—1982）[M]. 武汉：武汉市第二棉纺织厂，1983.

[9] 该书编纂委员会. 湖北省纺织工业志 [M]. 北京：中国文史出版社，1990.

[10] 该书编纂委员会．郑州纺织机械厂厂志（1949—1985）[M]．郑州：郑州纺织机械厂厂志编辑室，1990.

[11] 该书编纂委员会．上海纺织工业志 [M]．上海：上海社会科学院出版社，1998.

[12] 光绪《巴东县志》.

[13] 光绪《德安府志》.

[14] 光绪《汉阳县识》.

[15] 光绪《黄冈县志》.

[16] 光绪《江陵县志》.

[17] 光绪《荆州府志》.

[18] 光绪《武昌县志》.

[19] 光绪《应城县志》.

[20] 弘治《八闽通志》.

[21] 洪湖市地方志编纂委员会．洪湖县志 [M]．武汉：武汉大学出版社，1992.

[22] 湖北省地方志编纂委员会．湖北省志·工业 [M]．武汉：湖北人民出版社，1995.

[23] 湖北省商业厅．湖北省商品简志·纺织品商业志 [M]．武汉：湖北省商业厅，1988.

[24] 湖北省咸宁市地方志编纂委员．咸宁市志 [M]．北京：中国城市出版社，1992.

[25] 湖北省应山县志编纂委员会．应山县志 [M]．武汉：湖北科学技术出版社，1990.

[26] 湖北省钟祥县县志编纂委员会．钟祥县志 [M]．武汉：湖北人民出版社，1990.

[27] 黄冈县志编纂委员会．黄冈县志 [M]．武汉：武汉大学出版社，1990.

[28] 民国《湖北通志》.

[29] 民国《麻城县志续编》.

[30] 民国《昭通县志》.

[31] 乾隆《汉阳府志》.

[32] 乾隆《汉阳县志》.

[33] 硚口织布厂修志领导小组．武汉市硚口织布厂厂志（1938—1982）[M]. 武汉：武汉市硚口织布厂，1983.

[34] 沙市纺织工业志编纂委员会．沙市市志·纺织工业（送审稿）[M]. 沙市：沙市纺织工业志编纂委员会，1988.

[35] 石首市地方志编纂委员会．石首县志 [M]. 北京：红旗出版社，1990.

[36] 实业部国际贸易局．中国实业志·山东省 [M]. 山东：实业部国际贸易局，1934.

[37] 同治《公安县志》.

[38] 同治《汉川县志》.

[39] 同治《汉阳县志》.

[40] 同治《黄陂县志》.

[41] 同治《来凤县志》.

[42] 同治《利川县志》.

[43] 同治《宣恩县志》.

[44] 同治《枝江县志》.

[45] 武汉地方志编纂委员会．武汉市志（1980—2000）[M]. 武汉：武汉出版社，2006.

[46] 武汉纺织器材厂．武汉纺织器材厂志（1958 年 6 月—1982 年 12 月）[M]. 武汉：武汉纺织器材厂，1983.

[47] 武汉市纺织工业局编志办公室．武汉市志·工业·纺织（初稿）[M]. 武汉：武汉市纺织工业局，1986.

[48] 武汉市汉阳针棉织总厂．武汉市汉阳针棉织总厂厂志 [M]. 武汉：武汉市汉阳针棉织总厂，1985.

[49] 武汉市毛纺织厂．武汉市毛纺织厂厂志初稿（1965—1982）[M]. 武汉：武汉市毛纺织厂，1983.

[50] 宣统《宣威州乡土志》.

[51] 章学诚．湖北通志检存稿.

[52] 浙江省轻纺工业志编辑委员会．浙江省纺织工业志 [M]. 北京：方志出版社，1999.

[53] 朱羲农，朱保训．湖南实业志［M］．长沙：湖南人民出版社，2008.

四、年鉴：

[1]《湖北统计年鉴》，2012 年.

[2]《武汉年鉴》，2003—2013 年.

[3]《中国纺织工业发展报告》，2006—2012 年.

[4]《中国纺织工业年鉴》，1975—2000 年.

[5]《中国纺织品服装对外贸易年鉴》，2005—2006 年.

[6]《中国服装行业发展报告》，2011—2012 年.

[7]《中国工业经济统计年鉴》，2012 年.

五、著作：

[1]《当代中国丛书》编辑部．当代中国的纺织工业［M］．北京：中国社会科学出版社，1984.

[2] Adam Smith. *The Wealth of Nations* [M]. New York: Bantam Dell, 2003.

[3] Andrew G. Walder. *Communist Neo-traditionalism: Work and Authority in Chinese Industry* [M]. Berkeley: University of California Press, 1986.

[4] Andrew H. Wedeman. *From Mao to Market: Rent Seeking, Local Protectionism, and Marketization in China* [M]. Cambridge: Cambridge University Press, 2003.

[5] Dorothy J. *Solinger. From Lathes to Looms: China's Industrial Policy in Comparative Perspective*, 1979-1982 [M]. Stanford: Stanford University Press, 1991.

[6] Eric Thun. *Changing Lanes in China: Foreign Direct Investment, Local Governments, and Auto Sector Development* [M]. Cambridge: Cambridge University Press, 2008.

[7] Gordon White. *Riding the Tiger: The Politics of Economic Reform in Post-Mao China* [M]. Stanford: Stanford University Press, 1993.

[8] Jacob Jan Krabbe. *Historicism and Organicism in Economics: The*

Evolution of Thought[M]. Dordrecht: Kluwer Academic Publishers, 1996.

[9] Juanjuan Peng. *Yudahua: The Growth of an Industrial Enterprise in Modern China*, 1890-1957 [M]. Baltimore & London: Johns Hopkins University, 2008.

[10] Laurence F. Gross. *The Course of Industrial Decline: The Boott Cotton Mills of Lowell, Massachusetts*, 1835-1955[M]. Baltimore & London: The Johns Hopkins University Press, 1993.

[11] Mary B. Rose. *Firms, Networks and Business Values: The British and American Cotton Industries since 1750* [M]. Cambridge: Cambridge University Press, 2000.

[12] Max Weber. *The Protestant Ethic and the Spirit of Capitalism*, translated by Talcott Parsons[M]. New York: Charles Schribner, 1958.

[13] Nai-Ruenn Chen and Walter Galenson. *The Chinese Economy under Maoism: The Early Years, 1949-1969* [M]. New Brunswick: Aldine Transaction, 2011.

[14] Timothy Minchin, Empty Mills. *The Fight Against Imports and the Decline of the U. S. Textile Industry* [M]. Plymouth: Rowman & Littlefield Publishers, INC., 2013.

[15] 埃里克 S 赖纳特，贾根良．穷国的国富论：演化发展经济学论文选 [M]. 贾根良，等，译．北京：高等教育出版社，2007.

[16] 艾瑞克·霍布斯鲍姆．革命的年代 [M]. 王章辉，等，译. 南京：江苏人民出版社，1999.

[17] 巴里·诺顿．中国经济：转型与增长 [M]. 安佳，译．上海：上海人民出版社，2010.

[18] 坂本雅子．财阀与帝国主义——三井物产与中国 [M]. 徐曼，译．北京：社会科学文献出版社，2011.

[19] 薄一波．若干重大决策与事件的回顾 [M]. 北京：中共党史出版社，2008.

[20] 保尔·芒图．十八世纪产业革命——英国近代大工业初期的概况 [M]. 杨人楩，等，译. 北京：商务印书馆，1997.

[21] 保罗·萨缪尔森，威廉·诺德豪斯．经济学 [M]. 萧琛，等，

译．北京：人民邮电出版社，2004.

[22] 北宁铁路经济调查队．北宁铁路沿线经济调查报告［M］．北宁：北宁铁路管理局，1937.

[23] 彼得·迪肯．全球性转变——重塑21世纪的全球经济地图［M］．刘卫东，等．北京：商务印书馆，2009.

[24] 彼得·罗澜．中国的崛起与俄罗斯的衰落：市场化转型中的政治、经济与计划［M］．隋福民，译．杭州：浙江大学出版社，2012.

[25] 蔡宝琼．千针万线：香港成衣工人口述史［M］．香港：进一步多媒体有限公司，2010.

[26] 查尔斯·辛格，等．技术史［M］．辛元欧，等，译．上海：上海科技教育出版社2004.

[27] 陈本立．湖北历史文化论集［M］．北京：中国档案出版社，1998.

[28] 陈诚．陈诚回忆录——抗日战争［M］．北京：东方出版社，2009.

[29] 陈锦华．国事忆述［M］．北京：中共党史出版社，2005.

[30] 陈锦华．国事续述［M］．北京：中国人民大学出版社，2012.

[31] 陈钧，任放．世纪末的兴衰——张之洞与晚清湖北经济［M］．北京：中国文史出版社，1991.

[32] 陈维稷．纺织工业与国家工业化［M］．中华全国科学技术普及协会，1954.

[33] 城山智子．大萧条时期的中国：市场、国家与世界经济（1929—1937）［M］．孟凡礼，等，译．南京：江苏人民出版社，2010.

[34] 大河内一男．过渡时期的经济思想——亚当·斯密与弗·李斯特［M］．胡企林，等，译．北京：中国人民大学出版社，2000.

[35] 大卫·兰德斯．解除束缚的普罗米修斯：1750年迄今西欧的技术变革和工业发展［M］．谢怀筑，译．北京：华夏出版社，2007.

[36] 大卫·李嘉图．政治经济学及赋税原理［M］．周洁，译．北京：华夏出版社，2005.

[37] 道格拉斯·诺思．理解经济变迁过程［M］．钟正生，等，译．北京：中国人民大学出版社，2008.

[38] 邓玉函口授，王徵译绘．远西奇器图说［M］．北京：商务印书馆，1936.

[39] 杜晓燕．中韩纺织业竞争力比较［M］．杭州：浙江大学出版社，2010.

[40] 渡边京二．看日本：逝去的面影［M］．杨晓钟，等，译．西安：陕西人民出版社，2009.

[41] 樊树志．江南市镇：传统的变革［M］．上海：复旦大学出版社，2005.

[42] 范锴原．汉口丛谈校释［M］．武汉：湖北人民出版社，1999.

[43] 方行等．中国经济通史：清代经济卷下册［M］．北京：经济日报出版社，2000.

[44] 方显廷．中国之棉纺织业［M］．北京：商务印书馆，2011.

[45] 冯天瑜，陈锋．武汉现代化进程研究［M］．武汉：武汉大学出版社，2002.

[46] 冯天瑜，何晓明．张之洞评传［M］．南京：南京大学出版社，1991.

[47] 傅高义．先行一步：改革中的广东［M］．凌可丰，等，译．广州：广东人民出版社，2008.

[48] 该书编辑组．荣德生义集［M］．上海：上海古籍出版社，2002.

[49] 该书编委会．武汉纺织工业［M］．武汉：武汉出版社，1991.

[50] 该书编委会．中国近代纺织史［M］．北京：中国纺织出版社，1997.

[51] 该书编写组．湖北农业地理［M］．武汉：湖北人民出版社，1980.

[52] 该书编写组．钱之光传［M］．北京：中共党史出版社，2011.

[53] 高王凌．经济发展与地区开发——中国传统经济的发展序列［M］．北京：海洋出版社，1999.

[54] 龚胜生．清代两湖农业地理［M］．武汉：华中师范大学出版社，1996.

[55] 顾琳．中国的经济革命：二十世纪的乡村工业［M］．王玉茹，等，译．南京：江苏人民出版社，2009.

[56] 国营武汉第一棉纺织厂工会委员会．我们厂工会是怎样发挥组织作用的［M］．北京：工人出版社，1957.

[57] 湖北省农村调查委员会．湖北省农村调查报告·汉阳县［M］．武汉：湖北省政府秘书处统计室，1937.

[58] 湖北省农村调查委员会．湖北省农村调查报告·监利县［M］．武汉：湖北省政府秘书处统计室，1938.

[59] 湖北省政府民政厅．湖北县政概况［M］．武汉：湖北省政府民政厅，1934.

[60] 黄敬斌．民生与家计：清初至民国时期江南居民的消费［M］．上海：复旦大学出版社，2009.

[61] 黄宗智．中国乡村研究：第3辑［M］．北京：社会科学文献出版社，2005.

[62] 加藤繁．中国经济社会史概说［M］．杜正胜，等，译．台北：华世出版社，1978.

[63] 贾根良，徐建民．红豆道路？［M］．北京：社会科学文献出版社，2012.

[64] 姜春云．姜春云调研文集·山东改革与发展卷［M］．北京：中央文献出版社，2010.

[65] 金志焕．中国纺织建设公司研究（1945—1950）［M］．上海：复旦大学出版社，2006.

[66] 久保亨．戦間期中国の綿業と企業経営［M］．东京：汲古书院，2005.

[67] 卡尔·波兰尼．大转型：我们时代的政治与经济起源［M］．冯钢，等，译．杭州：浙江人民出版社，2007.

[68] 卡洛M奇波拉．欧洲经济史（第2卷）［M］．贝昱，等，译．北京：商务印书馆，1988.

[69] 科大卫．近代中国商业的发展［M］．周琳，等，译．杭州：浙江大学出版社，2010.

[70] 李伯重．江南的早期工业化（1550—1850年）［M］．北京：社会科学文献出版社，2000.

[71] 李伯重．理论、方法、发展趋势：中国经济史研究新探［M］．

北京：清华大学出版社，2002.

[72] 李伯重．中国的早期近代经济——1820年代华亭－娄县地区GDP研究［M］．北京：中华书局，2010.

[73] 李景汉．定县社会概况调查［M］．上海：上海人民出版社，2005.

[74] 李瑞．中国化纤工业技术发展历程——赤子的答卷［M］．北京：中国纺织出版社，2004.

[75] 李斯特．政治经济学的国民体系［M］．陈万煦，译．北京：商务印书馆，1997.

[76] 李细珠．张之洞与清末新政研究［M］．上海：上海书店出版社，2003.

[77] 李约瑟．中国科学技术史：第4卷第2分册［M］．鲍国宝，等，译．北京：科学出版社，1999.

[78] 理查德·尼尔森．经济增长的源泉［M］．汤光华，等，译．北京：中国经济出版社，2001.

[79] 梁方仲．中国经济史讲稿［M］．北京：中华书局，2008.

[80] 林刚．长江三角洲近代大工业与小农经济［M］．合肥：安徽教育出版社，2000.

[81] 林举百．近代南通土布史［M］．南京：南京大学学报编辑部，1984.

[82] 林毅夫，蔡昉等．中国的奇迹：发展战略与经济改革［M］．上海：上海三联书店，1999.

[83] 林毅夫．新结构经济学：反思经济发展与政策的理论框架［M］．苏剑，译．北京：北京大学出版社，2012.

[84] 刘献廷．广阳杂记［M］．北京：中华书局，1997.

[85] 刘玉堂．楚国经济史［M］．武汉：湖北教育出版社，1996.

[86] 龙登高．中国传统市场发展史［M］．北京：人民出版社，1997.

[87] 卢荻．变革性经济增长——中国经济的结构与制度分析［M］．北京：经济科学出版社，2001.

[88] 罗福惠．湖北通史：晚清卷［M］．武汉：华中师范大学出版社，1999.

[89] 罗纳德·科斯，王宁．变革中国：市场经济的中国之路［M］．徐尧，等，译．北京：中信出版社，2013.

[90] 罗苏文．高郎桥纪事：近代上海一个棉纺织工业区的兴起与终结(1700—2000)［M］．上海：上海人民出版社，2011.

[91] 马克思．资本论：第2卷［M］//中央编译局．马克思恩格斯文集：第6卷．北京：人民出版社，2009.

[92] 迈克尔·波特．国家竞争优势［M］．李明轩，等，译．北京：中信出版社，2012.

[93] 梅村又次，山本有造．日本经济史·开港与维新［M］．李星，等，译．北京：生活·读书·新知三联书店，1997.

[94] 梅俊杰．自由贸易的神话：英美富强之道考辨［M］．上海：上海三联书店，2008.

[95] 尼尔·寇，等．当代经济地理学导论［M］．刘卫东，等，译．北京：商务印书馆，2012.

[96] 帕金斯，等．走向21世纪：中国经济的问题、现状和前景［M］．陈志标，译．南京：江苏人民出版社，1992.

[97] 彭慕兰．大分流：欧洲、中国及现代世界经济的发展［M］．史建云，译．南京：江苏人民出版社，2003.

[98] 彭南生．半工业化——近代中国乡村手工业的发展与社会变迁［M］．北京：中华书局，2007.

[99] 彭南生．行会制度的近代命运［M］．北京：人民出版社，2003.

[100] 皮埃尔-菲利普·库姆斯，蒂里·迈耶，等．经济地理学：区域和国家一体化［M］．安虎森，等，译．北京：中国人民大学出版社，2011.

[101] 皮明庥，涂文学．武汉通史：中华民国卷［M］．武汉：武汉出版社，2006.

[102] 平汉铁路经济调查组．老河口支线经济调查 乙篇 樊城经济调查报告，1937.

[103] 平汉铁路经济调查组．老河口支线经济调查 乙篇 枣阳经济调查报告，1937.

[104] 乔尔·莫基尔．富裕的杠杆：技术革新与经济进步［M］．陈小白，译．北京：华夏出版社，2008.

[105] 乔万尼·阿里吉，滨下武志．东亚的复兴：以 500 年、150 年和 50 年为视角 [M]. 北京：社会科学文献出版社，2006.

[106] 全国经济委员会．机械工业报告书 [M]. 北京：全国经济委员会，1936.

[107] 全国手工业生产合作社联合总社筹委会生产局．手工业生产经验选编——棉织业 [M]. 北京：财政经济出版社，1957.

[108] 全国政协文史资料委员会．中华文史资料文库·经济工商编：第 12 卷 [M]. 北京：中国文史出版社，1996.

[109] 任放．明清长江中游市镇经济研究 [M]. 武汉：武汉大学出版社，2003.

[110] 森时彦．中国近代棉纺织业史研究 [M]. 袁广泉，译．北京：社会科学文献出版社，2010.

[111] 上海市华夏企业文化研究所．转型：上海纺织集团调结构、转方式纪实 [M]. 上海：上海人民出版社，2012.

[112] 施坚雅．中国封建社会晚期城市研究 [M]. 王旭，等，译．长春：吉林教育出版社，1991.

[113] 施穆勒．重商制度及其历史意义 [M]. 郑学稼，译．北京：商务印书馆，1936.

[114] 实业部国际贸易局．武汉之工商业 [M]. 实业部国际贸易局，1932.

[115] 水野幸吉．汉口 [M]. 上海：上海昌明公司，1908.

[116] 斯波义信．宋代江南经济史研究 [M]. 方健，等，译．南京：江苏人民出版社，2001.

[117] 宋亚平等．辛亥革命前后的湖北经济与社会 [M]. 中国社会科学出版社，2011.

[118] 宋应星．天工开物 [M]. 潘吉星，译注．上海：上海古籍出版社，2008.

[119] 苏云峰．中国现代化的区域研究之湖北省：1860—1916 [M]. 台北："中央研究院"近代史研究所，1981.

[120] 速水佑次郎，神门善久．发展经济学——从贫困到富裕 [M]. 李周，译．北京：社会科学文献出版社，2009.

[121] 田子渝，黄华文．湖北通史·民国卷［M］．武汉：华中师范大学出版社，1999.

[122] 王菊．近代上海棉纺业的最后辉煌（1945—1949）［M］．上海：上海社会科学院出版社，2004.

[123] 王绍光，胡鞍钢．中国：不平衡发展的政治经济学［M］．北京：中国计划出版社，1999.

[124] 威廉·拉让尼克．创新魔咒：新经济能否带来持续繁荣［M］．黄一义，等，译．上海：上海远东出版社，2011.

[125] 温铁军等．八次危机：中国的真实经验 1949—2009［M］．北京：东方出版社，2013.

[126] 文史资料工作委员会．工商史料（1）［M］．北京：文史资料出版社，1980.

[127] 巫仁恕．品味奢华：晚明的消费社会与士大夫［M］．北京：中华书局，2008.

[128] 吴承明．市场近代化·经济史论［M］．昆明：云南大学出版社，1996.

[129] 吴承明．中国的现代化：市场与社会［M］．北京：生活·读书·新知三联书店，2001.

[130] 吴迎新．区域纺织业发展实证研究——基于集聚、规模与效率［M］．广州：中山大学出版社，2011.

[131] 李廷等．全球产业网络重构中的中国纺织产业转移［M］．上海：上海人民出版社，2012.

[132] 西川俊作，阿部武司．日本经济史·产业化的时代［M］．杨宁一，等，译．北京：生活·读书·新知三联书店，1998.

[133] 襄樊市政协文史资料委员会，襄樊市纺织工业公司．勤俭创业，地久天长——襄樊市棉织厂史料专辑［M］．襄樊：襄樊市政协文史资料委员会，1992.

[134] 熊彼特．经济发展理论［M］．何畏，等，译．北京：商务印书馆，2014.

[135] 熊彼特．资本主义、社会主义与民主［M］．吴良健，译．北京：商务印书馆，2007.

[136] 徐鹏航．湖北工业史［M］．武汉：湖北人民出版社，2008.

[137] 徐新吾，黄汉民．上海近代工业史［M］．上海：上海社会科学院出版社，1998.

[138] 徐新吾．鸦片战争前中国棉纺织手工业的商品生产与资本主义萌发问题［M］．南京：江苏人民出版社，1981.

[139] 徐新吾．江南土布史［M］．上海：上海社会科学院出版社，1992.

[140] 许涤新，吴承明．中国资本主义发展史［M］．北京：人民出版社，2005.

[141] 许维雍，黄汉民．荣家企业发展史［M］．北京：人民出版社，1985.

[142] 雅诺什·科尔奈．社会主义体制：共产主义政治经济学［M］．张安，译．北京：中央编译出版社，2007.

[143] 严鹏．战略性工业化的曲折展开：中国机械工业的演化(1900—1957)［M］．上海：上海人民出版社，2015.

[144] 严中平．中国棉纺织史稿［M］．北京：商务印书馆，2011.

[145] 杨虎涛．演化经济学讲义——方法论与思想史［M］．北京：科学出版社，2011.

[146] 杨小凯，张永生．新兴古典经济学与超边际分析［M］．北京：社会科学文献出版社，2003.

[147] 苑书义等．张之洞全集［M］．石家庄：河北人民出版社，1998.

[148] 张建民．湖北通史·明清卷［M］．武汉：华中师范大学出版社，1999.

[149] 张萍．地域环境与市场空间［M］．北京：商务印书馆，2006.

[150] 张夏准．富国陷阱：发达国家为何踢开梯子？［M］．肖炼，等，译．北京：社会科学文献出版社，2009.

[151] 张宇，卢荻．当代中国经济［M］．北京：中国人民大学出版社，2007.

[152] 章开沅，朱英．对外经济关系与中国近代化［M］．武汉：华中师范大学出版社，1990.

[153] 赵德馨．中国近现代经济史（1842—1949）[M]．郑州：河南人民出版社，2003.

[154] 赵冈，陈钟毅．中国棉业史 [M]．台北：联经出版事业公司，1983.

[155] 中村哲．东亚近代经济的历史结构 [M]．北京：人民出版社，2007.

[156] 中村哲．东亚近代经济的形成与发展 [M]．北京：人民出版社，2005.

[157] 中共沙市市委政策研究室．沙市市现代工业历史调查资料（1919—1952）[M]．沙市：中共沙市市委政策研究室，1953.

[158] 中国纺织工业联合会．建设纺织强国纲要（2011—2020 年）[M]．北京：中国纺织出版社，2014.

[159] 中国人民政治协商会议湖北省委员会文史资料委员会：湖北文史集粹（三）[M]．武汉：湖北人民出版社，1999.

六、论文：

[1] Juanjuan Peng. The Development of Social Welfare Programs in the Yudahua Business Group, 1921-1957 [J]. *Frontiers of History in China*, 2013,8(1).

[2] 鲍殿臣．略述解放前湖北棉花的产销概况 [J]．湖北文史资料，1987（20）.

[3] 曾令玉，刘奎．湖北纺织企业品牌建设存在的问题与对策探讨 [J]．武汉科技学院学报，2007（6）.

[4] 陈关龙．明清时期沙市商品市场探索 [J]．华中师范大学学报：哲学社会科学版，1989（1）.

[5] 戴鞍钢．中国资本主义发展道路再考察——以棉纺织业为中心 [J]．复旦学报：社会科学版，2001（5）.

[6] 邓葆光．谈谈湖北商场中的“黄帮” [J]．湖北文史资料，1987（20）.

[7] 段超．试论清代宜昌城市的发展 [J]．华中师范大学学报：哲学社会科学版，1989（1）.

[8] 冯锦卿．宜昌土布行业概述 [J]．湖北文史资料，1982（5）.

[9] 冯长菁．猇亭纺织今昔谈 [J]．枝江文史资料，1990，10 (5)．

[10] 耿明英．加快实施湖北纺织服装企业“走出去”战略的探讨 [J]．武汉科技学院学报，2006 (3)．

[11] 洪跃增．抓党建，促发展——在实施名牌战略中发挥党的工作优势 [J]．学习与实践，1995 (7)．

[12] 胡柱云口述，夏循海整理．旧时荆沙的土布业 [J]．沙市文史资料，1989，6 (5)．

[13] 黄师让．简述张之洞创办的湖北纱布麻丝四局 [J]．湖北文史资料，1984 (10)．

[14] 江海波．高万顺织布厂 [J]．宜昌市文史资料，1988，12 (9)．

[15] 姜铎．略论旧中国裕大华资本集团 [J]．江汉论坛，1983 (3)．

[16] 蒋乃镛．张之洞在湖北创建的布、纱、丝、麻、呢五局 [J]．湖北文史资料，1984 (10)．

[17] 黎祥垲．创办宜昌第一家纺织厂——记黎阴三与“宜人组织机厂” [J]．宜昌市文史资料，1988，12 (9)．

[18] 李伯重．明清江南与外地经济联系的加强及其对江南经济发展的影响 [J]．中国经济史研究，1986 (2)．

[19] 李约德．宜昌海关十年报告 (1882—1891) [J]．周勇，译．湖北文史资料，1987 (20)．

[20] 李治秀，肖永江．武汉市纺织行业流动资金奇缺的现状及原因——来自武汉国棉一厂的报告 [J]．银行与企业，1991 (12)．

[21] 林刚．1928—1937 年间民族棉纺织工业的运行状况和特征 (上) [J]．中国经济史研究，2003 (4)．

[22] 刘孟熙．辛亥革命时期的洪湖商贸市场 [J]．洪湖文史，1992，2 (7)．

[23] 刘南午口述，李绪贵整理．白洋“长盛永”的土布为何走俏 [J]．枝江文史资料，1990，10 (5)．

[24] 刘源清．湖北纱布丝麻四局经营始末 [J]．湖北文史资料，1984 (10)．

[25] 罗萍．城乡产业互动与近代内地民族棉纺织企业的发展——以裕大华纺织集团为中心 (1919—1937) [J]．江汉论坛，2012 (7)．

[26] 马俊亚．工业化与土布业：江苏近代农家经济结构的地区性演变[J]．历史研究，2006 (3).

[27] 梅莉．清代湖北纺织业的地理分布 [J]．湖北大学学报：哲学社会科学版，1993 (2).

[28] 彭南生，严鹏．技术演化与中西“大分流”——重工业角度的重新审视 [J]．中国经济史研究，2012 (3).

[29] 彭南生，严鹏．近代东亚工业技术的演化：以丰田织布机为例[J]．安徽史学，2012 (5).

[30] 彭南生，严鹏．清末民初湖北乡村棉织业发展缓慢的因素——兼与华北、江南地区的比较 [J]．江汉论坛，2008 (8).

[31] 彭南生．中国早期工业化进程中的二元模式——以近代民族棉纺织业为例 [J]．史学月刊，2001 (1).

[32] 任延平整理．李紫云与初创时期的一纱厂 [J]．武昌文史，1990 (6).

[33] 史建云．农村工业在近世中国乡村经济中的历史作用 [J]．中国经济史研究，1996 (1).

[34] 王洪章．有差距就有潜力——湖北纺织工业的现状分析与发展思考 [J]．中国纺织，2003 (5).

[35] 王子观．吴正之改进织布机 [J]．枝城市文史资料，1989，12 (3).

[36] 吴承明．要重视商品流通在传统经济向市场经济转换中的作用[J]．中国经济史研究，1995 (2).

[37] 肖鸿光．顺应市场需求，不断树立消费者心目中的名牌 [J]．学习与实践，1996 (11).

[38] 谢少安．湖北纺织服装出口的问题、原因与对策 [J]．武汉纺织大学学报，2012 (2).

[39] 胥朝阳，等．湖北纺织产业发展的并购透视 [J]．武汉纺织大学学报，2013 (1).

[40] 徐凯希．抗战时期鄂西地区手工业的兴衰 [J]．江汉论坛，2006 (10).

[41] 徐凯希．抗战时期后方手工业研究——以湖北、湖南为例 [J]．华中师范大学学报：人文社会科学版，2007 (1).

[42] 徐凯希．略论近代沙市社会经济的变迁 [J]．江汉论坛，2003 (7).

[43] 徐凯希．清末民初的沙市棉花贸易与城市经济［J］．江汉论坛，1988（4）．

[44] 严鹏．“除去永豫申新之气味”——论棉铁联营初期苏纶纱厂的科学管理改革［M］//武汉大学历史学院．珞珈史苑2011年卷．武汉：武汉大学出版社，2012．

[45] 严鹏．1930年代武汉棉纺织工业的危机与应对［J］．江汉大学学报：社会科学版，2012（1）．

[46] 严鹏．中国的机械进口与工业化道路：基于亚洲间贸易的视角（1912—1937年）［J］．国际贸易问题，2012（3）．

[47] 杨庆礼整理．刘鹄臣及其家族企业［J］．武昌文史，1990（6）．

[48] 姚会元．“裕大华”及其经营管理［J］．中南财经政法大学学报，1988（1）．

[49] 袁永友．后配额时代湖北纺织服装业新型工业化与出口对策［J］．武汉科技学院学报，2005（4）．

[50] 张保新口述，徐志刚整理．我所经历的国棉一厂兼并［J］．武汉文史资料，2008（Z1）．

[51] 张东铭．对解放前安福寺一带农村经济的回顾［J］．枝江文史资料，1990，10（5）．

[52] 张家炎．明清江汉平原的农业开发对商人活动和市镇发展的影响［J］．中国农史，1995（4）．

[53] 张忠民．近代上海农村地方工业的演变及其趋向［J］．上海社会科学院学术季刊，1994（2）．

[54] 张仲甫．民国时期的江口工商业［J］．枝江文史资料，1990，10（5）．

[55] 赵振业．荆庄大布［J］．千年风雨话沙洋，1991（12）．

[56] 周新民，程霖轩．武汉棉纱商业之兴衰［J］．武汉工商经济史，1983，9（1）．

[57] 周子开．纱布丝麻四局略史［J］．武昌文史，1990（6）．

[58] 诸定一．杜月笙与沙市纺织股份有限公司［J］．湖北文史资料，2001（1）．

后　记

本书之缘起及主旨，已详于自序，此处不赘。所当感谢者，除自序中提到的彭南生、朱荫贵、贾根良等几位老师外，自然还有很多。2011年纪念辛亥革命百年会议在武汉召开，我作为最年轻的参会者，得以见到众多仰慕已久的学者。会议期间，我曾有幸陪同当代经济史学界的大家赵德馨老先生考察，并向其请教。赵老知我研究德国历史学派，甚有兴致，谓他曾致力于效仿该学派，创设“中国经济发展学”。与赵老的一席话，对我触动很大，也坚定了我复兴历史学派的决心。会上，我还遇见了森时彦、久保亨这两位研究中国近代棉纺织工业史的权威学者，并得到热情的鼓励，至今犹铭感于心。惭愧的是，本书出版之后，我对于纺织工业史的研究也将暂告一段落，实有负于厚望。

我的博士论文《战略性工业化的曲折展开：中国机械工业的演化（1900—1957）》已于2015年5月出版，在一年不到的时间内，我又要出版第二本个人专著，有些话就不必多说了。两本书，都是所谓在历史学派视野下考察工业化问题。实际上，我的同门关云平的著作《中国汽车工业的早期发展（1920—1978）》亦秉持同一宗旨。关兄于我，帮助甚大，但博士论文出版时，后记中的感谢被编辑误删了，只好在此补上。自然，我既希望能积累更多的个案——目前我已开始研究钢铁工业——也希望有更多战友能加入这一事业。

自博士论文出版后，半年来的工作只能以疲于奔命来形容，幸得一众同事、师友支持，在此表示感谢！尤其感谢华中师范大学历史文化学院在财政紧张的情况下对本书的出版予以资助！在学院工作，如何平衡科研与教学，无疑是一大挑战。有些事情，比如学工口的工作，现在看来是不太成功的，但本着专业精神，作为高校教师最基本的科研与教学，尚令人满意。身处师范大学，对于师范生的培养，我一直尽心尽力。也很高兴的是，在来找我指导学年论文、毕业论文的2012级师范生中，挑到几个投缘的学生：柯梦婷、焦凤蝶、梅雨婷、张红。这些免费师范生只有当中学教师这一条路可走，学术研究云云，于她们未免遥远。我在指导时，给自己没太多想法的学生布置了“命题作文”，其中就有涉及纺织工业史的题目，如九江一棉厂、武汉单织厂的发展等。在她们从事写作的过程中，有时也会给我提供灵感或资料线索。因此，我虽不打算系统研究纺织工业史，却仍会关注一些个案，并以与指导学生相结合的方式展开研究。这种增量研究日积月累，或亦可观。另外，学生张红的两位姑妈曾是武汉国棉一厂的工人，我也委托她进行了问卷调查，虽然在这本书中最终未能用上，但假以时日，或可与更大规模的口述研究结合起来。经吾友赵晋介绍，我曾向杨奎松教授请教当代工业史研究的方法问题，杨教授强调口述访谈具有档案所不能替代的价值。惟口述访谈非有大量资金、人力支持不能成规模，自然不是眼下我所能触碰的。

武汉曾为纺织工业重镇，我的一些亲戚曾为该业从业者，我的不少朋友家中情况亦相仿。因此，解释武汉的纺织工业为什么会衰败——这是我写作此书时萦绕在心头的问题——对我来说不是一个学院派的智力消遣，而是日常生活生存斗争的一部分。我在书中试着进行了部分的回答，例如专门分析了我的舅伯张汉生曾供职的武汉毛纺厂为何盛极一时却最终倒闭——这段历史，我曾亲眼见证。当然，正如自序所言，本书限于主旨及其他客观条件，对工业衰退的研究还相当不够。然而，既然“凡是过去，皆为序章”，我期待这本小书能抛砖引玉，引发更多有志之士投入相关问题的研究。

最后，在写下这篇后记时，我正期待着内子李宗奇腹中的小生命降临人世。我要感谢内子身怀六甲仍不辞辛劳帮我联系本书的出版事宜，也要感谢母亲张国香一直帮我们操持家务。教父维托·唐·科莱昂说过：“不抽空陪家人的男人不是真正的男人。”我希望，在未来我能有更多的时间陪我的家人们。

2015 年 10 月 30 日

在写完上面的话后，差不多过了二十来天，我的女儿降临到这个世界上。入职以后，我开始系统地重新阅读中国古代经典，曾见韩非子谓“圣人见微以知萌”，当时便决定如果将来生女儿，就起名为“知萌”。因此，严知萌小朋友，愿你健康快乐，茁壮成长！

2016 年 3 月 2 日补记